KB209079

보리도차제광론 1

나란다불교학술원총서 ①

쫑카빠 지음 | 박은정 옮김

༄། །མཉམ་མེད་ཙོང་ཁ་པ་ཆེན་པོས་མཛད་པའི་ བྱང་ཆུབ་ལམ་རིམ་ཆེ་བ་བཞུགས་སོ།།

비할 데 없는 스승 쫑카빠 대사께서

지으신 보리도차제광론

보리도차제광론 I

菩提道次第廣論

목차

부 록

쫑카빠(1357~1419)와 스승들의 계보 탱화, 작자 미상.

이 탱화는 '라마 롭상 툽왕 도르제 창'이라고 하며 이는 네 분의 존재를 상징한다. 먼저 람림의 가르침을 주시는 스승(라마)의 외형(外)은 정 중앙에 있는 쫑카빠(롭상)의 모습이다. 쫑카빠의 가슴에 석가모니불을 모시고 있듯이 내면(內)은 석가모니불(툽왕)과 같고 그 속에 존재하는 비밀스런(密) 모습은 금강지불(도르제 창)과 같다. 쫑카빠를 중심으로 상부 오른쪽은 방편 보살행 법맥의 스승들을, 왼쪽은 지혜 공사상의 법맥 스승들을, 그의 뒷쪽에는 수행과 가피 법맥의 스승들을 나타낸다. 쫑카빠의 가장 가까이는 무상요가 탄트라의 본존(yidam)을 비롯하여 4종 탄트라의 본존이 각 층마다 계신다. 그 아래에는 서른 다섯 분의 현교 부처님과 8대보살을 비롯한 보살성현들, 그리고 상좌부의 성문과 연각 등이 각 층을 이룬다. 맨 하단은 다끼니와 호법신장들이며 그들 역시 모두 성현의 지위를 얻은 승보이다. 모든 존재는 각기 다른 모습을 하고 있지만 상부 중앙에 태양처럼 떠 있는 금강지불과 본질적으로 다르지 않다. (77 x 51cm. 액자 및 유약 처리. 개인소장. 영국)

추천의 글

중관학中觀學 전공자로서 강의 부탁을 받을 때마다 항상 마음에 걸리는 점이 있었다. 반야경에서 가르치는 공空에 대해 논리적으로 해명하는 중관학의 핵심은 환멸연기還滅緣起에 근거한 사구비판四句批判의 반反논리적인 논법에 있기 때문에, 이를 소개하고자 할 경우 한두 시간의 강의만으로도 충분하지만 현란한 공의 논리가 불교 초심자에게는 오히려 해로울 수도 있겠다는 우려 때문이었다. 용수의 『대지도론大智度論』에서는 공만 알려고 하고 세속의 가르침을 무시하면 공견空見에 빠질 수 있다고 경고한다. '공에 떨어졌다'라는 의미에서 이를 낙공落空 또는 타공墮空이라고도 하며 공을 잘못 이해했다는 의미에서 악취공惡取空이라고 부르기도 한다. 그래서 필자는 중관학을 강의하기 전에 그 비판의 대상이었던 아비달마 교학에 대해 먼저 설명하였다. 이와 아울러 '보시布施하고, 지계持戒하면, 생천生天한다'는 차제설법次第說法 역시 소개하였는데, 수강자 대부분이 탈세속의 열반이 아니라 세속적인 복락을 추구하는 재가불자들이었기 때문이었다. 요컨대 불교신행의 방식을 '세속인을 위한 길'과 '전문수행자를 위한 아비달마 교학' 그리고 '아비달마교학의 법유法有 사상을 비판하는 중관학'의 3단계로 구분하여 강의하였다.

그러던 중 우연한 기회에 『보리도차제광론菩提道次第廣論』을 펼쳐 보았다. 불서佛書 전문 출판사인 민족사에 들렀다가 눈에 띄었는데 그 제목과 저자 이름이 모두 생소하여 구입했던 책이었다. 저자는 종객파宗喀巴라고 되어 있었다. 중국의 법존[法尊, 1902-1980] 스님이 1931년에 한역漢譯한 것을 중국의 조선족 동포 몇몇이 함께 번역한 책이었다. 목차를 펼쳤는데 하사도, 중사도, 상사도, 삼사도三士道와 같은 단어들이 눈에 들어왔다. 이 역시 처음 보는 불교용어들이었다. 그 의미가 궁금해서 이곳저곳을 읽어보았다. 생경한 한자 용어가 많이 섞인 북한식 어투의 문장들이었기에 난삽한 곳이 많았지만, 군데군데

읽어 내려가다가 그야말로 '갈지 않은 보석'을 발견하였다는 생각과 함께 환희심이 솟았다. 필자가 중관학을 강의하기 위해서 어렴풋이 구분했던 3단계의 불교신행을 『보리도차제론』에서는 삼사도라고 명명하였고, 각 단계의 수행을 위한 체계적인 지침들이 감동적인 비유와 함께 너무나 방대하고 상세하게 제시되어 있었다. 곧이어 법존 스님의 한역본을 구하여 대조하면서 그 내용 하나하나를 노트에 요약, 정리하였다. 그리고 종객파가 티벳불교의 위대한 학장學匠 쫑카빠[Tsong Kha Pa, 1357-1419]이며 『보리도차제론』을 람림[Lam Rim, 道次第]이라고 부른다는 사실, 중관학을 현교顯教의 교학의 정점으로 삼는다는 점 등도 차츰차츰 알게 되었다.

그 당시 필자는 서구에서 들어온 '인문학적 불교학'의 문제점을 절감하고서, 불교학의 새로운 방법론을 모색하고 있었는데, 『보리도차제론』에 바로 그 해답이 있었던 것이다. 『보리도차제론』은 '신앙과 수행을 위한 불교학'의 전범典範이었다. 얼마 후 필자는 동국대학교 경주캠퍼스 불교학과 교수로 부임하였고(2000년 3월) '불교의 종교학적 이해'라는 교양과목을 통해 수년 동안 『보리도차제론』을 강의하였다. 또 기회가 있을 때마다 신문이나 잡지의 칼럼을 통해 『보리도차제론』의 가치와 중요성을 역설하였다. 마치 기독교의 조직신학(Systematic Theology)이 신앙으로서의 기독교를 가르치듯이 『보리도차제론』은 신행체계로서의 불교학을 제공한다. 그래서 필자는 『보리도차제론』과 같은 방식의 불교학을 체계불학(Systematic Buddhology)이라고 명명하였고 「Systematic Buddhology와 보리도차제론」(불교학연구, 2001년)이라는 제목의 논문을 통해 이를 발표하기도 하였다. 한국불교를 위해서 『보리도차제론』은 보약과 같은 역할을 할 것이라고 확신한다. 한국불교에서 부족한 기초수행과 감성수행을 위한 감동적인 가르침들이 가득하기 때문이다.

필자가 『보리도차제론』을 강의하고 그 가치를 우리 사회에 널리 알리면서 항상 아쉬웠던 것은 『보리도차제론』의 정전正典인 『보리도차제광론』에 대한 제대로 된 번역서가 없었다는 점이었다. 앞에서 소개했던 조선족동포들이 번역한 『보리도차제론』은 티벳어 원문이 아니라 법존 스님의 한역을 중역重譯한 것이었고, 북한식 말투도 어색하지만 오역도 적지 않았기에 누군가에게 일독一讀을 권할 수 없었다. 아쉽긴 했지만 초펠 스님이 편역한 『깨달음으로 가는 올바른 순서』(1998년)와 『람림 – 티벳 스승들에게 깨달음의 길을 묻는다면』(2005년 8월)이 우리 사회에 『보리도차제론』을 알리는 데 다소 역할을 하였다. 그러던 중 청전 스님께서 『보리도차제광론』을 티벳어 원본에서 직접 번역하여 2005년 12월에 『깨달음에 이르는 길』이라는 제목의 책으로 출간하셨다. 조선족동포 번역본에 뒤이어 두 번째로 세상에 선보인 우리말 번역이었다. 그런데 대학원 수업에서 참고도서로 사용하면서 문장 하나하나를 검토해 보니 미흡한 점이 많았다. 특히 중관학에 대해 설명하는 마지막 장章에는 오역도 적지 않았다. 앞으로 언젠가 이 책의 개정판이 나오기를 기대한다.

그로부터 10여 년 후인 2017년에 너무나 반갑고 기쁜 소식을 듣게 되었다. 박은정 선생님이 티벳불교의 연구와 교육의 거점으로 삼기 위해서 경주에 '나란다(Nalanda)불교학술원'을 설립한 후, 그 첫 작업으로 『보리도차제광론』을 번역하고 있다는 것이었다. 21세기가 시작되는 해에 인도 다람살라의 티벳 승가대학인 사라학교에 한국인으로서 최초로 입학하여 공부하면서 달라이 라마 존자님의 한국어 전문 통역사로 일해 온 박 선생님은 티벳불전 번역가로서의 전문성, 불교에 대한 깊은 이해와 맑고 강력한 신심信心, 일을 완수하는 추진력 등 모든 면에서 『보리도차제론』 번역에서 최고의 적임자가 아닐 수 없다. 박 선생님이 티벳불전의 역경譯經에서 앞으로 큰 역할을 하시리라는 기대는 하고 있었는데, 나란다불교학술원의 '티벳대장경 논서 역경사업'에서 첫 번째 문헌으로 『보리도차제광론』을 선택하였다는 것이 너무나 감사했다.

지금부터 10년 전인 지난 2008년에 동국대학교 경주캠퍼스 손동진 총장님이 의료봉사단을 이끌고 다람살라를 방문했을 때, 달라이라마 존자님께서 "그동안 책을 발간하면서 모아 놓은 인세印稅가 있는데 한국과 티벳의 불교 교류를 위해 20만 달러를 지원하겠다."는 약속을 하셨다. 너무나 소중한 정재淨財였다. 그 재원을 바탕으로 동국대 경주캠퍼스에 티벳장경연구소(현재의 티벳대장경역경원)를 설립하기로 하였고, 필자에게 초대 소장의 임무가 부여되었다. 그때 박은정 선생님이 인도에서 잠시 귀국하여 동국대 경주캠퍼스를 방문하였고, 저녁식사 모임에서 박 선생님을 처음 만났다. 박 선생님으로부터 티벳불교와 다람살라에 대해 많은 얘기를 들으면서, 그곳의 척박한 환경에서 생활하는 것 자체가 고행일 것이라는 생각이 들었다. 더구나 우리나라의 비구스님 강원에 해당하는 사라학교에 한국인으로서는 처음 입학하여 공부하고 있다는 것도 놀라웠고, 유학한 지 얼마 지나지 않아 달라이라마 존자님의 한국어 전문 통역사로 발탁되었다는 점도 참으로 대단했다. '보통 분이 아니구나.'라는 생각이 들었다. 여러 해가 지났지만 지금도 그 생각은 조금도 달라지지 않았다.

그 후 우여곡절 끝에 1년여가 지나 달라이라마 존자님의 뜻 깊은 정재가 도착하였고 2009년 12월 9일 동국대학교 경주캠퍼스 100주년기념관 2층에 마련된 공간에서 티벳장경연구소가 문을 열었다. 존자님께서 보내신 정재는 영구보전하기로 결정한 후 후원금 모금을 통해 연구소를 운영하기로 했다. 이 모든 과정에서 박은정 선생님의 도움이 컸다. 필자가 소장의 소임을 본 것이 만 2년에 불과하지만 박 선생님께서 참으로 많은 일을 하셨다. 『티벳어 한글 표기안』의 제작에도 참여하고 『불교철학의 보물꾸러미』도 번역하셨지만, 가장 큰 도움은 2011년 1월 17일부터 2월 25일까지 5주 동안 진행한 '현대 티벳어 특강'이었다. 수강자를 모집하여 40분짜리 강의를 총 60회 진행하였는데, 누구나 티벳어를 배울 수 있도록 모든 강의를 동영상으로 촬영하여 티벳장경연구소 홈페이지에 올리는 것이 특강 행사의 주된 목적이었다. 소수이긴 했지만 서울, 부산, 대구 등 여러 곳에서 모인 수강자를 대상으로 강의를 시작하였다. 한 달 이상을 매일 여러 차례 강의해야 하는 강행군이었는데 박 선생님의 놀라운 정진력으로 '문자발음'에서 '표현법'까지 60회의 모든 강의를 무사히 마칠 수가 있었다. 그야말로 보살과 같은 이타利他의 원력이 아니면 이룰 수 없는 '용맹정진의 강의불사講義佛事'였다.

『보리도차제론』을 보면 '정진바라밀다'에 대한 설명 가운데 '세간이든 출세간이든 모든 성취는 정진에서 온다'는 가르침이 있다. 박은정 선생님은 그 비범한 정진력을 이번에는『보리도차제광론』의 우리말 번역에 쏟으셨다. 그리고 그 첫 권이 세상에 선을 보이게 되었다. 참으로 경사스러운 일이 아닐 수 없다. 박 선생님이 티벳어와 티벳불교에 정통함에도 불구하고, 대풍 로쎌링 게셰이신 툽텐소남 스님을 다람살라에서 초청하여 애매한 구절에 대해 자문을 받으면서 번역에 정확을 기하였다고 한다. 또 『보리도차제광론』에 대한 티벳의 여러 주석들을 일일이 참조하면서 번역하셨다고 한다. 공자孔子께서 말씀하신 술이부작述而不作의 정신으로 이루어진 최고의 번역이 아닐 수 없다. 박 선생님이 번역한 『보리도차제광론』이 앞으로 모든 한국불자들의 필독서가 되는 날이 오기 바란다. 그때 한국은 불국정토로 변해 있을 것이다.

티벳어 실력과 불교에 대한 깊은 신심 그리고 일을 위한 추진력 모두를 갖추고 있는 박 선생님이기에 앞으로 『보리도차제광론』의 마지막 장章인 관품觀品에 이르기까지 모든 번역이 무난하게 이루어져, 『보리도차제광론』의 한글번역에서 영원한 정본定本이 탄생하게 될 것이라고 확신하며, 이 위대한 역경불사譯經佛事에 시방十方의 불보살님과 차방정토此方淨土 세주世主님들의 가피가 항상 함께 하시기를 기원한다. (초판의 추천사)

『보리도차제광론』 제1권 개정판 출간에 감사드리며, 이 책에 실린 보석 같은 가르침을 몸과 마음으로 받아들여 실천하시는 모든 분께서 항상 건강하시고 행복하고 편안하시기를 삼보 전에 기원합니다.

불기 2567년 9월 25일

동국대 명예교수 김성철 합장 정례

역자 서문

2016년 11월, 사단법인의 허가를 얻게 되면서 '나란다불교학술원'이라는 이름에 걸 맞는 첫 사업은 나란다의 교학과 수행 법통이 온전히 담겨있는 논서를 번역하는 것이었다. 학술원의 지도위원으로 모신 대풍 로쎌링 사원 출신의 게셰 툽텐소남 스님께 『보리도차제광론』을 번역하자고 제안했을 때, 스님은 인도에서 가져 온 짐 가방에서 『광론』의 해설서로 알려진 『사가합주』 두 권을 꺼내들며 활짝 웃어 보이셨다. 그리고 이 책을 왜 가져오게 되었는지 이제야 그 이유를 알겠다고 하셨다. 두껍고 무거워서 평소에 가지고 다니지도 않는 책이였지만 한국행이 결정되었을 때 스님의 머리 속에 홀연히 『사가합주』가 떠올랐고 무엇인가에 홀린 듯이 짐 가방에 넣었다고 한다. 여담이지만 스님은 정말 무거운 것을 싫어하신다. 여하튼 스님은 그 일로 우리가 『광론』을 번역하게 된 것을 운명처럼 느끼셨다.

『보리도차제론』이 티벳 불교사에서 차지하는 위상과 가치는 티벳불교에 관심을 가지고 있는 사람이라면 누구나 쉽게 알 수 있는 것이다. 그도 그럴 것이 달라이라마 존자님의 법문에서 늘 회자되고 법문 주제로 자주 채택되곤 해서 존자님의 법문을 접한 대부분의 사람들은 이 책이 얼마나 중요한지 잘 알고 있다. 그러나 그것이 아무리 훌륭한 역작이고 티벳 수행자들에게 사랑받는 필독서라 하더라도 우리 한국 불자에게 큰 도움이 되지 않는다면 무슨 소용이 있겠는가.

『보리도차제론』에서 필자가 주목한 것은 말 그대로 깨달음의 길이라는 도의 과정을 해설하는 책이라는 점도 있지만 우리사회가 가진 문제를 해결하고 현 시대를 살아가는 사람들에게 도움이 될 해법을 제시한다는 점이다. 14세기라는 다른 시간과 공간에서 나온 이 역작은 쫑카빠라는 인물의 시대적 고민에서 나온 시대적 산물이다. 대사의 저작 속에 고스란히 투영되어 있는 시대상과 문제를 읽으면 지금 우리에게 이 저작이 왜 필요한가에 대한 답을 발견하게 된다. 이 저작은 당시 티벳 불교사회가 안고 있던 제 문제를 해결하는 데 지대한 영향을 미쳤으며 지금까지 티벳 불교를 지탱하는 힘이 되어 왔다. 스승의 부재, 교리적 오해, 맹목적인 믿음, 가치관의 혼란 등 대사의 시대가 그랬듯이 이 시대에 우리가 직면하고 있는 문제에 대한 해법을 제시해 줄 것이라 확신한다.

취지와 목적의식이 명확해야 겨우 움직이는 게으른 필자가 그것도 900쪽이 훌쩍 넘는 방대한 분량의 번역작업을 한다는 것은 쉽지 않은 결정이었다. 역자의 능력에서 번역 자료와 번역 환경 등 여러가지를 숙고한 끝에 결정을 내렸고, 2016년 12월 25일(티벳력 10월 25일) 쫑카빠 대사의 열반일에 『보리도차제광론』의 번역을 처음 시작하였다. 그러나 번역은 예상했던 것보다 몇 곱절 더 어렵고 고된 작업이었다.

불교원전을 번역하는 모든 번역자가 가지는 어려움은 아마 비슷할 것이다. 원문을 훼손하는 불경不敬을 저지르지 않고, 있는 그대로를 번역해야 한다는 중압감은 직역直譯이라는 방식을 선택하게 한다. 그랬다가 이내 문법과 통사구조, 그리고 문화적 차이에서 오는 상이성이 발생하면 '과연 읽는 사람이 직역한 이 의미를 이해할까?'하는 회의감에 빠진다. 의미가 통하지 않는 직역은 번역 본래의 목적과 취지가 상실될 수밖에 없다는 사실을 떠올렸다가도 '독자의 이해에 주안점을 두어 매끄럽고 유려한 의역意譯을 선택한다면 원문이 주는 깊이와 미묘함을 놓치고 의미를 한정 짓는 것이 아닌가?' 하는 생각이 들어 슬며시 다시 직역 쪽으로 고개를 돌리게 된다. 그러다가 '직역이란 틀에 갇혀 의미 전달에 걸림돌이 된다면 무슨 소용이 있는가?'하고 고민의 원점으로 회귀하고 만다.

고민 끝에 내린 결론은 지극히 당연한 답일지 모르겠으나 역자의 입장을 버리고 온전히 읽는 사람의 입장에서 번역하는 것이었다. 그럼에도 불구하고 1권의 번역(초판)은 의역에 보수적인 태도를 가지고 가능한 한 직역을 고수하였다. 그 대신 의미를 이해할 수 있도록 풍부한 해설을 달자고 생각했다. 그것은 번역 과정에서 '얼마큼, 어떻게 균형 잡힌 설명을 달 것인가'라는 또 다른 문제에 직면하게 만들었다. 생경한 용어를 일일이 다 설명하자니 백과사전이 될 것 같아 독자의 수준과 어떤 기준에 맞추어 해설을 달 것인지를 정하는 데에도 적지 않은 고민을 해야 했다. 그러나 불행하게도 『보리도차제광론』 1권을 번역하면서 가졌던 이 악몽 같은 고민이 하근기와 중근기 편의 번역에서도 반복되었다. 그러던 중 2019년 나란다불교학술원에서 개최한 대승전법륜대회로 한국을 방문하신 삼동린포체께 이러한 고민을 토로하였다. 티벳어는 물론이고 산스크리트어, 힌디어, 영어에 능통하시고 인도의 철인哲人들이 존경해 마지 않는 대석학이신 린포체의 대답은 명료했다. '직역은 불가능하다'였다.

그로써 직역에 대한 나의 고민을 최종적으로, 아니 많이 내려놓게 되었다. 그러나 여전히 직역의 집착을 완벽히 떨쳐내지 못했음을 고백한다. 의역으로 원문이 훼손될지 모른다는 우려도 우려거니와 의역이라는 것은 번역자가 이해하여 옮긴 것이므로 번역자의 주관적 생각이 들어갈 수밖에 없다는 점이, 스스로 용납되지 않았던 것 같다. 역자의 주관이 들어가는 것이 당연하다는 해이함을 버리고 그것을 최소화하려는 노력은 역자가 가져야 할 태도라는 생각 때문에 학술원 지도위원인 게셰 툽텐소남 스님을 괴롭히고, 티벳의 많은 강백 스님과 여러 어른 스님들을 몹시 번거롭게 해 드렸다.

『보리도차제광론』의 번역은 직역과 의역에 대한 선택뿐만 아니라 원전의 내용에서부터 문맥, 전체의 맥락, 전거典據로 제시된 인용문과 본문과의 연관성을 파악하는 것까지 녹록치 않은 작업이었다. 원문을 직역해 보면 비문非文이 되는 경우가 허다했는데, 원문 자체가 비문인 경우도 많았지만 한국어와 티벳어의 통사구조나 어법 차이에서 오는 문제도 적지 않았다. 이 부분은 특히 직역이라는 틀에 갇히면 도저히 해결이 되지 않는 부분이었다. 막상 우리말로 번역해 놓고 보니 한국어의 표현상 불필요한 조사나 보조사, 지시대명사들도 골치였다. 원전에 인용되어 있는 인도의 경론은 지시대명사의 대향연이다. '저', '그', '이', '무엇' 등등 도대체 무엇을 지시하는지 거의 암호를 해독하는 수준이다. 원문의 의미를 놓치지 않기 위해, 보조사나 지시어 등이 원문에서 어떤 의미와 뉘앙스를 가지는지 그야말로 글자 하나하나를 다 뜯어 해체하는 작업을 하였다. 번역작업을 함께 한 게셰 툽텐소남 스님은 보조사 하나도 그냥 넘기는 법 없이 까탈스럽게 따지는 필자 때문에 심히 괴로운 시간을 보내셨다. 스님께 심심한 위로와 감사를 표하는 바이다.

인도에 머문 13년 동안 겔룩파의 전통 학제에서 경론과 티벳어를 공부한 것이 번역하는 데 큰 밑거름이 되었지만 심심찮게 등장하는 티벳의 옛 스승들의 지방 사투리나 고어古語 앞에서는 그러한 지식도 속수무책이었다. 방언과 고어를 시작으로 수많은 난제들을 풀어가는 과정은 그야말로 지난한 인욕의 길이었다.

원문의 기본적인 내용은 네 분 대가의 해설을 집대성한 『사가합주』를 근거로 번역하였다. 대가들의 해설은 저마다의 특징이 있는데 그 중에 가장 인상적인 것은 잠양 세빠의 해설이었다. 특히 맥락에 대한 의문이 생길 때마다 잠양 셰빠의 해설을 발견할 수 있었으며 거기에는 어김없이 소제목과 해설이 달려 있었다. 나의 의문을 마치 예상하기라도 한 듯한 그의 해설을 볼 때마다 대가의 예지력에 탄복하였다. 사실 『사가합주』는 『보리도차제광론』의 가장 유명한 대표적 해설서이지만 대중적으로 읽히는 책은 아니다. 달라이라마 존자님조차 『사가합주』를 보면 되레 더 헷갈린다고 토로하실 정도로 네 분의 설명이 서로 뒤엉켜 있다. 그 속에 얽혀 있던 실타래를 풀어 우리가 원하는 주옥같은 해설을 발견했을 때의 기쁨은 그 무엇과도 바꿀 수 없는 것이었다.

『사가합주』 이외에도 광론의 고어를 해설한 『람림다뙬(lam rim brda bkrol)』, 불교용어를 전문적이고 현대적으로 해설한 『곰데칙죄(sgom sde tsig mzod)』, 불교사와 인물사전인 『둥깔칙죄(dung dkr tsig mzod)』 등이 없었다면 이 책의 번역은 요원한 일이었을 것이다. 이 모두가 티벳의 걸출한 역경사와 논사들의 해설서가 있었기에 가능한 것이었다.

그 밖의 의문점들은 다른 여러 관련 서적과 해설서를 비교 대조하여 참고하였다. 관련 문헌과 자료 가운데 가장 도움이 컸던 것은 링린포체의 강설집이었다. 그 강설집은 1981년 세라사원에서 3개월간 링린포체께서 광론의 내용을 한 자 한 자 강설하신 법문의 녹취를 활자로 옮겨 놓은 3천 쪽에 달하는 방대한 자료이다. 전무후무한 린포체의 강설이 담긴 녹취를 102대 겔룩파 종정을 역임하신 리종린포체께서 사비를 털어 활자로 옮겨 놓으신 것은 뛰어난 선견지명이 아닐 수 없다. 만약 링린포체의 강설 자료가 없었다면 크고 작은 난제들을 해결하기 매우 어려웠을 것이다.

또 어떤 부분은 처음부터 해설이 아예 없거나 혹은 해설서마다 각기 다르게 해석하고 있어 어떤 해석을 채택할 것인지를 선택하는 것도 쉽지 않았다. 그럴 때마다 지도위원인 게셰 툽텐소남 스님을 비롯해 인도, 네팔, 미국, 말레이시아 등 세계 각지에 계시는 여러 게셰(박사) 스님들과 수차례 문답을 하여 결정하였다. 지금에서야 이야기하지만 때로는 한 줄을 가지고 며칠씩 문답하고 논쟁을 해서 겨우 결정하기도 하고, 때로는 많은 시간을 할애하고도 미제謎題로 남기기도 했다. 그때마다 깊은 실의에 빠졌다가 나오기를 수없이 반복했다.

특히 2019년 가을에 한국을 방문하신 게셰 예셰 탑게 스님께 많은 도움을 받았다. 스님은 망명 전 1940년대 티벳 삼대三大 총림에서 경론에 뛰어난 학인으로 가히 천재라는 소리를 듣던 전설적인 인물이다. 『보리도차제론』의 영역본을 있게 한 장본인이기도 하다. 말로만 듣던 대강백을 모시고 여러 의문점을 직접 여쭤볼 수 있었던 것은 다시없을 희유한 기회였다. 당시 90세가 넘는 노구를 이끌고 한국을 방문하셨던 스님의 정정하신 모습과 법에 대한 열정에 놀라움을 금치 못했다. 스스로를 성찰하고 많은 생각을 하게 한 계기였다.

그 때 한국에 머무시던 스님을 사흘간 경주 황룡원에 모시고 끝까지 풀지 못했던 의문들을 모두 모아 밀도 있게 질의하는 시간을 가졌다. 아침 9시부터 질의를 시작하기로 했음에도 스님께서는 30분 전에 먼저 나와 계셨으며, 한 타임마다 세 시간 내내 이어지는 질문과 응답, 토론에도 지치는 기색이 전혀 없으셨다. 그분의 열정과 법의 담론에 대한 열의는 도저히 따라갈래야 따라갈 수 없는 위대한 대학자의 풍모 그 이상이었다. 그 이후에도 인도와 미국에 계시는 동안 긴밀하게 연락하며 의문이 있을 때마다 답을 주시곤 하셨다. 늘 후학들을 독려하시고 애정 어린 조언을 아끼지 않으시며 모든 도움을 주시는 스님의 은혜를 어떻게 다 갚을 수 있을까 하는 생각이 든다.

은혜를 입은 스승들이 어디 이뿐이랴. 리종린포체께서는 람림의 역경 불사에 보시금을 보내주신 것부터 링린포체의 강설을 자료로 만들어 주신 덕분에 번역에 실질적인 도움을 받기까지 헤아릴 수 없는 은혜를 입었다. 삼동린포체께서도 학술원에서 주최한 법문에서 받으신 공양금을 역경불사 기금으로 모두 내어 주셨고 어려움이 있을 때마다 길을 밝혀 주는 등불이 되어 주셨다.

이 한 권의 책이 번역되기까지 얼마나 많은 역경사와 선지식, 그리고 스승들을 비롯해 많은 이들의 애정과 헌신이 있었는지를 생각할 때마다 깊은 무게감을 느낀다.

끝으로 이 모든 역경 불사가 가능하도록 물심양면으로 도움을 주시는 나란다불교학술원 이사장 동일 스님과 여러 지원을 아끼지 않으시는 관음사 회주 지현 스님, 이사님들께 감사드린다. 가장 많은 고생을 하신 대풍 로쎌링 게셰 툽텐소남 스님에게 모든 공을 돌린다. 학술원의 모든 활동을 지지하고 깊은 신심으로 후원해 주시는 모든 회원분들과 이 역서가 나오기까지 크고 작은 도움을 주신 모든 분들께 머리 숙여 깊은 감사의 말씀을 드린다. 아울러 평생 고집스런 딸을 묵묵히 응원해 주시는 부모님께도 감사드린다.

이 번역으로 불보살과 스승들 그리고 중생들의 은혜에 조금이나마 보답할 수 있게 되어 무척 기쁘고 다행스럽게 생각한다.

역경불사로 지은 선업善業으로 달라이라마 존자님을 비롯한 나란다 법통의 모든 스승들이 이 땅에 오래 머무시어 부처님의 법이 널리 전해지고 계승되기를 발원 회향하며, 이 책을 접하는 모든 이들에게 쫑카빠 대사의 가르침이 잘 전해져서 원하는 바를 이루고 진정한 행복을 얻기를 바란다.

불기 2567년 10월

경주에서

박은정 합장

해제

이 책은 티벳어로 장춥람림첸모(བྱང་ཆུབ་ལམ་རིམ་ཆེན་མོ།)이다. '장춥(보리菩提, བྱང་ཆུབ་)'은 깨달음이란 의미이며 '람'은 길(도道, ལམ་), '림(차제次第, རིམ་)'은 단계, 순서, 과정 따위를 말한다. 즉 깨달음의 길을 가는 순서 혹은 과정이라는 의미이다. '첸모(ཆེན་མོ་)'는 자세히 해설한다는 뜻을 담고 있어서 한문으로 '보리도차제광론(菩提道次第廣論, 이하 광론)'이라고 한다.

이 책은 불교의 궁극적 목표인 붓다를 이루는 길로 이끄는 안내서이자 지도이다. 이 지도가 가리키는 대로 그 길을 따라 가면 반드시 성불이라는 목적지에 이르게 된다. 사실 부처님의 모든 가르침은 깨달음의 길을 안내하는 거대한 지도이지만 목적지에 따른 안내가 여기저기에 흩어져 있고 또 방대해서 사용할 줄 모르는 여행자에게는 활용하기가 어렵다. 이 책은 깨달음의 길을 가는 여정에서 반드시 어디를 거쳐 가야 하는지, 또 어떻게 가야 하는지를 자세하게 풀어내면서 동시에 하나의 구조로 체계화되어 있어 활용하기 좋은, 매우 훌륭한 지도이다.

'보리도차제(람림)'의 연원은 아띠샤(Atiśa, 980-1052) 존자로 거슬러 올라간다. 쫑카빠 대사는 『광론』의 예비수습편에서 보리도차제는 근원적으로 미륵보살의 『현관장엄론現觀莊嚴論』의 가르침이며 동시에 『보리도등론菩提道登論』의 가르침을 해설한 것이므로 『보리도차제론』의 실질적인 저자는 자신이 아니라 아띠샤 존자라고 밝히고 있다.

『광론』의 예비수습편에서 잘 나와 있듯이 아띠샤 존자는 기울어져 가는 티벳 후기 불교의 중흥조로서 국가적 차원에서 왕이 자신의 목숨을 희생해가며 인도에서 모셔온 존귀한 스승이다. 한 나라의 왕이 자신의 목숨을 바쳐가며 정신적 스승을 모셨던 그 간절

함은 당시의 시대 상황의 절박함을 짐작케 한다. 당시는 밀교라는 미명 하에 자칭 인도의 아사리(阿闍梨, ācārya), 빤디따(paṇḍita)라고 하는 이들에 의해 사도邪道가 크게 성행하여 무엇이 정법인지 사법인지를 구별하기 힘들었다. 때문에 예셰 외(ye shes 'od) 왕은 이러한 종교적 혼란을 해결하기 위해 인도에서 바른 스승을 모셔 와야 한다는 절박함을 가지고 있었다. 그러나 인도에서 정법과 사법을 가려 줄 뛰어난 스승을 초청하는 일은 쉽지 않았다. 일찍이 예셰 외 왕은 역경사 린첸 상보(rin chen bzang po)를 비롯한 스물 한 명을 인도로 유학을 보내 인재로 키웠으며 티벳에 돌아온 뒤에는 그들이 경론을 번역할 수 있도록 지원하였다. 인도에서 공부를 마치고 돌아온 역경사들에게 정법과 사법을 가려 주고 티벳 땅의 쇠락한 불교를 중흥시킬 수 있는 스승이 누구인지를 묻자 그들 모두 디빰까라 씨리쟈나(Dīpamkaraśrījñāna, 아띠샤 존자의 본명)라는 분을 모셔야만 가능한 일이라고 입을 모았다.

그들의 말대로 아띠샤 존자를 모시기로 결정한 예셰 외 왕은 인도에 유학했던 스물 한 명의 인재 가운데 한 명인 역경사 갸 쬔뒤 쎙게(rgya brtson 'grus seng ge)에게 많은 금을 주고 여덟 명의 조력자와 함께 인도로 가서 스승을 모셔오도록 하였다. 하지만 아띠샤 존자를 모시는 첫 번째 시도는 실패로 돌아갔다. 초청을 위한 시도를 계속하고 실제 스승을 모셔 오는 데까지 많은 재정이 필요했던 탓에 금을 채굴하는 일에 왕이 직접 나서게 되었고 그러던 중에 주변 지역의 이슬람교를 신봉하던 갈록(gar log) 왕에게 볼모로 잡히게 되었다. 그가 불교 국가의 왕이었던 것을 탐탁지 않게 여겼던 갈록은 불교를 버리면 목숨은 살려주겠다고 하며 그를 가두었다. 예셰 외 왕을 살리기 위해 달려온 손자 장춥 외(byang chub 'od)에게 갈록은 인도에서 스승을 초청하는 것을 포기하고 자신의 지배하에 들어오거나 혹은 예셰 외 왕의 신체 크기만큼의 금을 받치면 목숨을 살려주겠다고 하였다. 장춥 외는 금을 구해 예셰 외 왕의 목숨을 구하기로 하고 각고의 노력 끝에 머리를 제외한 신체의 크기에 해당하는 금을 구했지만 갈록 왕은 머리 크기만큼의 금까지 모두 가져올 것을 요구하며 끝끝내 예셰 외를 풀어 주지 않았다.

더 이상 금을 구하지 못했던 장춥 외는 예셰 외를 찾아가 전쟁을 일으켜 무력으로 해결한다면 많은 사상자가 따르는 살생과 악업을 피할 수 없고, 인도에서 스승을 모셔 오는 것을 포기하고 악법을 따르는 왕의 지배하에 들어가느니 차라리 죽음을 선택할 수밖에 없다며 눈물을 흘렸다. 그러자 예셰 외 왕은 웃으면서 "내가 죽더라도 남은 일을 네가 잘 해낼 수 있겠구나. 법을 위해서 죽는다면 무슨 여한이 있겠는가, 마지막으로 내게 두 가지 소원이 있다. 갈록 왕에게는 한 톨의 금도 주지 말고 인도에서 스승을 모셔 오는데 쓰도록 해라. 설사 스승을 모셔 오는 일을 실패하더라도 이 모든 사실을 스승께 고하여 불교를 위해 목숨을 바친 인연으로 내생에는 스승을 실제 뵐 수 있도록 가피하시고 제자로 거두어 주십사 했다고 전해 다오."라고 하며 풀려나기를 포기하고 죽기를 원하였다. 그의 죽음 후 장춥 외 왕이 그 유지를 받들어 많은 우여곡절 끝에 마침내 아띠샤라는 뛰어난 스승을 티벳 땅에 모시게 된 것이다.

역사 속에서 불교가 왕권을 강화하기 위한 정치적 도구로 이용되었다면 티벳의 두 왕은 오직 깊은 신심으로 불교의 위대한 유산을 바르게 계승하려는 애민정신과 보살정신을 보여 주었다. 그와 같은 예셰 외의 숭고한 희생과 장춥 외의 헌신이 없었다면 오늘날 우리가 이 가르침을 접하는 것은 아마 불가능했을 것이다. 결과적으로 이들 왕이 보여주었던 불법에 대한 진심이 아띠샤 존자로 하여금 마지막 여생을 오로지 중생들을 위한 마음으로 전법에 헌신하게 만든 것이다. 아띠샤 존자의 전기에서 알 수 있듯이 그는 한 나라의 왕의 아들로 태어나 온갖 향락을 다 누렸으나 출가하여 위대한 스승으로 추앙받으며 존경과 환대를 받던 사람이었다. 그런 그가 해발 3500미터가 넘는 척박하고 황량한 땅, 유배지나 다름없는 변방에서 여생을 보내려고 결단했다는 것은 보살이 아니고서는 불가능한 일일 것이다.

아띠샤라는 인물은 인도의 국가적 인재였기 때문에 티벳 방문도 오직 3년이라는 기한 아래 허락되었으며 3년이 지난 후 인도로부터 귀환을 독촉 받게 되었다. 그의 귀환을 바라는 인도의 수많은 제자들과 대중의 열망이 커지고 귀환 요청이 계속되자 아띠샤 존자는 인도 제자들을 위해 모든 가르침의 결정체라 할 수 있는 『보리도등론』을 저술하였고 자신이 인도로 귀환하는 대신 그 책을 인도로 보내었다. 『보리도등론』을 받아본 인도인들은 아띠샤 존자께서 귀환한 것과 다름없다고 크게 만족하였고 존자는 티벳 땅에서 여생을 보낼 수 있게 되었다. 그로써 마침내 법통을 바로 세우고 불교를 중흥하여 대승의 정법을 널리 선양하는 사명을 완수할 수 있었다. 그렇게 하여 부처님의 모든 교설의 핵심이 응축되어 있는 『보리도등론』을 시작으로 티벳 땅에 도차제의 가르침이 뿌리내리고 훗날 제 쫑카빠 롭상 닥빠(rje tsong kha pa blo bzang grags pa)에 의해 그 꽃을 피우게 된 것이다.

쫑카빠 대사의 생애

쫑카빠 대사의 행적은 전생의 인연과 원력에서 비롯된 것이다. 전생에 제석당왕여래帝釋幢王如來(Indraketudhvājaraja) 전에서 미래 악세惡歲에 중관사상과 금강승의 도를 널리 전하겠다고 서원하였으며 그러한 원력으로 1357년 암도지역의 쫑카 마을에 태어났다. 석가모니 부처님의 재세 시에는 바라문의 아들로 태어나 부처님께 수정염주를 공양하며 발심하였는데 부처님께서 미래에 그가 당신의 정견을 바르게 지니고 널리 알리게 될 것이라고 수기하셨다.

쫑카빠 대사가 태어나기 전에 최제 된둡 린첸(chos rje don grub: 대사의 첫 번째 스승)은 부모에게 찾아가 이 아이는 특별한 존재이니 태어나면 항상 청결을 유지하여 잘 보살피라고 당부하였다. 3세에 제4대 까르마파 롤빼 도르제(rol pai rdo rje)로부터 우바새 계율을 받고 꾼가닝보(kun dga snying po)라는 이름을 받았다. 같은 해에 된둡 린첸은 다시 부모를 찾아가 때가 되었음을 알리고 대사는 사원으로 가게 되었다. 7세에 된둡 린첸으로부터 사미계를 받고 롭상 닥빠(blo bzhang grags pa)라는 이름을 얻었다. 3세에서 16세까지는 은사 곁에 머물며 불교를 수학하였다.

16세가 되었을 때 '더 많은 공부를 하지 않으면 불법과 중생을 널리 이롭게 하지 못할 것 같다'는 생각이 들어 배움을 위해 위 지역(티벳 중앙지역)으로 떠날 뜻을 스승께 아뢰자 스승께서도 5부 경서 가운데 반야, 중관, 인명(因明: 불교 논리학)이 중요하다고 조언하시며 배움의 길을 허락하셨다. 1373년에 중앙 지역으로 가서 17세부터 36세까지 20년 동안 인도와 티벳 논사들이 지으신 5부 경론을 완전히 배웠다.

쫑카빠 대사는 전생에 이미 많은 것을 성취한 대성취자였기 때문에 육신의 스승들뿐 아니라 문수보살께도 직접 가르침을 받았다. 경론에 통달하였기에 36세 때 이미 설법으로 많은 중생을 이롭게 하였지만 악업정화와 복을 짓는 것, 스승과 본존(밀교의 부처님)이 둘이 아님을 관하는 본존관, 경론의 참구라는 이 세 가지에 더욱 매진하라는 문수보살의 말씀에 따라 1392년 여덟 명의 제자를 데리고 올가(A'ol Ga)라는 곳에서 3년간 용맹 정진하였다. 그로써 현교와 밀교의 일체 경론이 진정한 가르침임을 깨치게 되었으며, 그 후 53세까지 밤낮으로 현교와 밀교를 수행하여 마침내 일체의 깨달음을 얻게 되었다. 갤첩 다르마 린첸(rgyal tshab dar ma rin chen), 캐둡 겔렉 뺄상(mkhas grub dge legs dpal bzang), 제 겐뒨 둡(rje dge dun grub), 둘진 닥빠 갤첸(dul dzin grags pa rgyal mtshan), 잠양 최제 따시 뺄댄(jam dbyangs chos rje bkra shis dpal ldan) 등과 같은 수많은 뛰어난 제자를 배출하였으며 입적하기 전까지 설법과 논쟁, 저술 활동을 통하여 교학과 수행의 법을 명확히 천명하여 불법을 널리 선양하였다. 1419년, 63세의 나이로 입적하였다.

-쫑카빠의 전기 『남탈 대베 중옥(rnam thar dad pai 'jug ngogs)』을 통해 자세한 일대기를 알 수 있다.-

쫑카빠 대사의 저술

그의 저술 가운데 교학에 관한 수작으로 손꼽히는 대표적 저술을 '따외렉셰응아(lta bai legs bshad lnga), 오부선설五部善說'이라고 하는데 용수보살의 『중론中論』 해설서인 『짜셰틱첸(rtsa she Tika chen)』, 월칭보살의 『입중론入中論』 해설서인 『죽빠남셰(jug pai rnam bshad)』, 공空의 위빠사나를 설명하는 『학통(lhag mthong che chung)』 광론과 약론 두 권, 중관과 유식의 사상적 차이와 특징에 대한 책인 『당에렉셰닝보(drang nges legs bshad snying po)』가 그것이다. 수행차제에 관한 대표적인 저술로는 『람림』 광론, 중론, 약론 세 권과 금강승의 도차제를 밝힌 『응아림첸모(sngags rim chen mo)』가 있으며 이 밖에도 반야·인명에 관한 저술 등 총 18권이 있다.

『보리도차제론』을 지으신 인연

쫑카빠 대사는 1402년 46세에 제쮠 렌다와(rje btsun re mda ba), 역경사 꺕촉 뺄상(skyabs mchog dpal bzang)과 함께 라싸 근교의 양바짼이라는 곳에서 안거를 마치고 라딩의 쇼르양 사원에 머물게 되었다. 그 사원에서 돔뙨빠('brom ston pa)께서 직접 그리신 아띠샤의 탱화를 보시고 그 가운데 한 점을 자신의 거처에 모셔 람림 법맥 스승들께 올리는 기도문을 짓게 되었는데 그때 석가모니 부처님부터 스승 남카 갤첸(nam mkha rgyal mtshan)에 이르기까지 모든 법통의 스승을 친견하게 되었다.

그 가운데에서도 아띠샤 존자와 그의 제자 돔뙨빠, 뽀또와(po to ba), 샤라와(sha ra ba) 이 네 분을 한 달 동안 친견하고 직접 법을 들었는데, 마지막에 세 분의 제자가 아띠샤 존자의 몸으로 흡수되고 아띠샤께서 자신의 손을 쫑카빠 대사의 정수리에 대시면서 '정각을 이루는 데 내가 도울 테니 불법을 널리 홍포하라'고 당부하시는 현상을 체험하였다. 이러한 특별한 인연과 당시 게셰 쌍푸와(gsang phu ba), 끈켄 술푸바(mkhan chen zul phu ba), 역경사 꺕촉 뺄상 세 사람이 도차제의 저술을 강력히 권고하는 시절인연을 맞아 보리도차제론을 저술하게 되었다.

이 때에 문수보살께서 나타나서 "내가 설한 출리심, 보리심, 공空 사상이라는 세 가지 긴요한 도(삼종요도三種要道)에 포함되지 않은 법이 어디에 있길래 따로 보리도차제론을 짓는 것인가?"라고 물었다. 그러자 대사는 "문수보살께서 설하신 삼종요도에 포함되지 않는 법은 없습니다. 다만 삼종요도를 근본으로 한 아띠샤 존자님의 『보리도등론』에 세 근기의 도차제와 선대 스승들의 비전을 보충한 것입니다."라고 아뢰고 지품까지의 저술을 마쳤다. 그러나 '마지막에 어려운 관품을 짓는 것이 과연 중생들에게 큰 이익이 있을까' 하는 회의감이 들었다. 다시 문수보살께서 나타나셔서 말씀하시길 그 이익이 매우 크지는 않겠으나 중간 정도는 되겠다고 하시며 저술을 권하셨다. 그리하여 마침내 불법의 일체 도의 요체를 담아 수행단계를 체계화한 『보리도차제광론』의 저술을 완성하게 된 것이다.

『보리도차제광론』의 독보성과 관련 저작

『보리도차제광론』은 쫑카빠 대사께서 1402년 46세의 나이에 저술하신 것이다. 『보리도차제광론』이 저술되기 전에도 『땐림첸모(bstan rim chen mo)』(도룽빠 저)와 같은 『보리도등론』의 해설서가 없었던 것은 아니지만 쫑카빠 대사의 저술처럼 경론의 전거를 밝히고 논거를 제시함으로써 의문을 해소하고 선대 선지식의 특별한 가르침을 보강하여 자세하고 체계적으로 수행의 원리를 설명한 것은 드물다. 그런 이유로 수행자들에게 가장 많이 읽히는 수행지침서라고 할 수 있다.

첨언한다면 『보리도차제광론』은 까담파의 전통 안에서도 독보적인 저술일 뿐만 아니라 다른 교파의 저술과 비교해 봐도 독보적인 저작이다. 수행체계를 설명하는 다른 여러 저작들은 대부분 하근기나 중근기의 도에 그 설명이 치우쳐 있고 상근기의 지관止觀에 대한 것은 대체로 요약되어 있다. 이에 반해 대사의 『보리도차제광론』은 가장 많은 지면을 지관止觀 편에 할애하여 설명하고 있어 지관에 대해 『보리도차제광론』처럼 자세하게 다루는 해설을 다른 곳에서는 좀처럼 찾아볼 수 없다.

『보리도차제광론』 자체가 매우 방대한 해설서이기 때문에 필요에 따라 내용을 요약하여 저술한 것이 『람림딩와(중론)』 『람림충와(약론)』이며, 도차제와 관련된 주제 별 가르침을 담은 적지 않은 해설서들이 대사의 제자들에 의해 저술되기도 했다. 도차제에 관한 저작 가운데 대표적인 여덟 권을 '람림티첸게(lam rim khrid chen brgyad)'- 『광론』, 『중론』, 『약론』, 『쎄르슈마』(3대 달라이라마 저), 『잠밸셸룽』(5대 달라이라마 저), 『람림델람』(4대 판첸라마 저), 『뉴르람』(5대 판첸라마 저), 『렉쑹닝쿠』(곰첸 응아왕 닥빠 저)-라고 하고, 『람될락장』(파봉카 저)을 비롯한 열여덟 권을 '람림티쫍게(lam rim khrid bco brgyad)'라고 한다.

『보리도차제론』의 특징과 수승함

보리도차제의 가르침에는 세 가지 특징과 네 가지 수승함이 있다. 먼저 세 가지 특징으로 첫째, 현교와 밀교의 핵심을 모두 담고 있다는 점과 둘째, 마음을 다스리는 순서를 우선으로 설하고 있기 때문에 실천하기 매우 용이하다는 점이며 셋째, 용수보살과 무착보살의 교의에 정통한 스승들의 비전秘典으로 보강하였기 때문에 다른 어떤 가르침보다 특별하다는 점이다. 그 밖에도 경론에서 말씀하신 도道와 어긋남이 없는 정도正道를 설하고 그것에 부족함과 과함이 없으며 수행자체에 그 어떤 오류도 없다. 게다가 상근기 중생만이 아니라 하근기, 중근기 등 각 근기의 모든 중생들에게 도움을 주기 때문에 보리도차제는 일체교설의 문을 여는 열쇠와도 같다.

그와 같은 도차제의 가르침을 온전히 이해하면 또한 다음과 같은 네 가지 큰 수승함을 얻게 된다. 첫째는 부처님의 일체교설에 모순이 없음을 깨닫는 수승함이다. 이는 부처님의 말씀에 의미상 모순이 없음을 뜻하는 것이 아니라 그것이 지향하는 바에 모순이 없음을 뜻한다. 이를 깨닫게 되면 부처님 가르침에 우열을 가리거나 소승과 대승을 차별하지 않는다. 둘째, 일체교설을 참된 가르침으로 받아들이게 하는 수승함이다. 이것은 부처님의 말씀 밖에서 따로 구할 바가 없음을 진정으로 깨닫게 된다는 뜻이자 부처님의 말씀을 실제 수행에서도 적용할 수 있는 안목을 갖게 됨을 뜻한다. 대사는 일체교설을 참된 가르침으로 받아들일 줄 모르기 때문에 교법을 많이 배워도 수행하는 법을 모르거나 수행하고자 하는 마음이 생겼을 때도 따로 법을 구하게 된다고 하셨다. 셋째, 부처님의 뜻을 조속히 얻게 되고 넷째, 모든 죄업이 저절로 소멸되는 수승함이다.

『보리도차제론』에서 말하는 세 근기의 도

이 책에서는 '께부(skyes bu: 사람) 쑴(gsum: 세)'을 세 근기로 번역하였다. 기존의 중국어 번역에서 삼사三士라는 용어를 쓰고 있기 때문에 한국에서 번역된 대부분의 책에서도 그 용어를 그대로 차용하고 있으며 마찬가지로 께부 충우(skyes bu chung ngu), 께부 딩(skyes bu 'bring), 께부 첸보(skyes bu chen po)를 순서대로 하사·중사·상사라고 하고 이를 삼사라고 한다. 사람의 근기를 상·중·하로 나누는 것은 결국 그 사람이 가지고 있는 능력, 다시 말해 가르침을 수용할 수 있는 총체적인 역량과 더불어 기질이나 성향, 바람 따위를 잣대로 근기에 따라 나눈 것이다. 따라서 이 책에서는 하사·중사·상사라는 용어 대신 『석량론釋量論』에 근거하여 하근기·중근기·상근기라는 우리에게 좀더 익숙한 용어를 쓰게 되었음을 밝힌다.

근기라는 것은 상대적인 것이기에 어떠한 기준에서 구별되는지를 아는 것이 필요하다. 일반적으로 대부분의 사람들은 하근기에 속한다. 예비수습편에서 대사께서 말씀하셨듯이 하근기에는 주로 현생의 행복을 추구하는 자와 주로 내생의 행복을 추구하는 두 가지 하근기가 있으며, 그 가운데 도차제에서 말하는 하근기는 후자에 해당된다. 도차제에서의 하근기가 주로 내생의 행복을 추구하는 자라면 하근기의 도道에 들어가기 위해서는 내생의 행복을 추구하는 하근기의 마음[意樂]이 필요하다. 어떠한 길을 가기 위해 그 길을 가고자 하는 마음이 없으면 그 길을 가지도 않으며, 갈 수도 없기 때문이다.

그렇다면 하근기의 그러한 의요를 어떻게 일으킬 것인가? 누구나 현생의 행복을 추구하지만 현생이 금방 끝나고 곧 내생이 시작된다면 가까운 미래의 행복을 추구하는 것은 당연지사이다. 하지만 현생에 매몰되어 내생이 가까운 미래임을, 곧 닥칠 현실임을 알지 못하기 때문에 그것을 일깨우는 사유와 통찰이 필요하다. 그것이 하근기의 도에서 말하는 죽음의 무상관과 가까운 미래에 겪게 될지도 모를 악도에 대한 고통관이다. 그와 같은 사유를 통하여 내생의 행복을 구하는 하근기의 의요가 생기면 실질적으로 내생의 행복을 이루는 방법이 필요한데 그것이 삼귀의와 인과의 믿음을 바탕으로 한 십선十善의 실천과 악업의 정화이다. 이러한 맥락 속에서 하근기의 도의 구조가 짜여 있다.

중근기의 도道 또한 이와 마찬가지이다. 중근기는 상대적으로 고통이 적은 선취의 행복을 추구하는 하근기의 목적에 만족하지 않는 자이다. 왜냐하면 선취에 태어나서 누리는 행복은 참된 행복이 아닐뿐더러 잠시 선취의 행복을 누리더라도 그것은 유한

해서 다시 악도에 태어나므로 결국 고통이 반복되기 때문이다. 중근기는 하근기가 구하는 선취의 행복조차도 괴로움으로 보고 악도와 선취라는 윤회에서 영원히 벗어나 해탈하기를 바라는 자이다.

그러한 바람이 없으면 중근기의 도로 들어갈 수 없으며 중근기의 본래 목적인 해탈을 이룰 수도 없다. 따라서 그러한 중근기의 의요를 일으키기 위해서 고제와 집제를 통해 윤회의 해악과 윤회의 과정을 사유하고 더불어 십이연기로써 윤회의 원인과 결과를 통찰하면 윤회에 대한 환멸과 염증을 느껴 비로소 윤회에서 벗어나 해탈하려는 참된 출리심이 생기게 된다. 그러한 중근기의 의요가 생기면 해탈을 이루는 실질적인 방법이 필요한데 그것이 삼학이다. 하근기와 중근기의 도는 이와 같이 각 근기의 의요를 일으키는 방법과 실질적으로 그 근기가 원하는 목적을 성취하는 방법을 순서대로 설명한다.

대사께서 『광론』에서 수차례 강조하고 있듯이 하근기의 도 없이는 중근기의 도로 나아갈 수 없고, 중근기의 도를 거치지 않으면 상근기의 도로 나아갈 수 없다. 상식적으로 하근기의 도에서 말하는 고통에 대한 통찰 없이 윤회의 고통에 환멸을 느끼는 중근기의 출리심이 어떻게 생길 것이며 선취의 중생들까지 연민하는 상근기의 자비심이 어떻게 생길 수 있겠는가? 이것은 아래 근기의 도란 상위 근기가 반드시 거쳐야 할 과정임을 뜻하는 것이며 동시에 세 가지 근기라는 것은 고정되어 있는 것이 아니라 과정을 통한 노력 여하에 따라 키울 수도 있는 것임을 뜻하는 것이기도 하다. 이와 같이 세 근기의 도에 있어 그 순서와 과정들을 이러한 맥락에서 설명하고 있다는 것을 알게 되면 세 근기의 도의 구조를 파악하고 접근하는 데 용이할 것이다.

마지막으로 보리도차제를 배우는 이들에게 필요한 조언인 것 같아 달라이라마께서 보리도차제의 설법 때마다 늘 빼놓지 않고 하시는 말씀을 소개한다.

"보리도차제론은 반야·중관·인명을 모두 공부한 후에 반야와 중관의 견해가 바탕이 된 상태에서 경론에서 말씀하신 수행 차제를 한 생애에 집중적으로 수행할 수 있도록 그 방법을 체계화한 것이므로 반야와 중관을 알지 못하면 보리도차제를 제대로 이해할 수 없다. 그러므로 보리도차제를 배울 때에는 마치 어머니가 배 속에 아이를 품고 있듯이 반야·중관의 경론과 보리도차제론을 항상 함께 보고 수행하는 것이 필요하다. 보리도차제론의 내용을 제대로 이해하기 위해서는 반야와 중관의 배움이 선행되어야 하지만 만약 그것을 배우지 못한 사람이라면 우선 도차제에 대한 전체적인 구도라도 이해할 수 있어야 한다. 그러한 이해를 돕기 위해 예비수습편을 반복해서 읽되, 특히 도차제의 개괄적인 설명에 해당하는 부분을 정독해보길 바란다."

달라이라마께서 말씀하셨듯이 보리도차제론을 제대로 이해하기 위해서는 반야 · 중관의 철학적 소양이 전제되어야 한다. 예비수습편은 본격적으로 하근기의 도와 중근기의 도에 들어가기 전에 예비적 수행을 가르치기도 하지만 도차제의 구조에 대한 주된 골자의 개요이기도 하다. 하지만 그것조차 혼자 책을 읽는 것만으로 모든 내용을 파악하고 이해하는 것은 쉽지 않으므로 가능하다면 보리도차제에 대해 잘 아는 이에게 의지하여 배우는 것이 필요하다.

인도와 티벳에서는 무엇을 배우든 전통적으로 스승에 의지하여 배우는 것이 불문율이다. 누군가에게 의지하지 않고 혼자 배우면 제대로 알기 어려울 뿐만 아니라 독선에 빠지기 쉬워 반드시 그것을 잘 아는 사람에게 의지하여 배우게 하는 것이다. 더불어 선지식과 도반들과의 법담을 통해 얻는 이익 또한 커서 대중과 함께하는 공부를 중시하며 혼자서 하는 공부를 경계한다. 특히 불교 경론은 그것에 정통한 스승의 지도와 가르침에 의지하는 것이 무엇보다 중요하다. 그러므로 보리도차제의 가르침을 접하는 이들 가운데 진지하게 이 가르침을 배우고자 한다면 이러한 점들을 고려하기를 바란다.

譯者 朴濦涏

※ 일러두기 Ⅰ

1. 이 책은 『장춥람림체와(བྱང་ཆུབ་ལམ་རིམ་ཆེ་བ།), byang chub lam rim che ba』 1권 (Manipal Technologies Ltd, 2012) 가운데 수습차제의 온전한 번역이다.
2. 해설의 성격에 따라 각주와 면주에 설명을 달아 주었다. 각주는 숫자로 표시되며 주로 단어의 뜻을 풀이한다. 면주는 게송이나 본문 내용에 대한 이해를 돕기 위한 부가적인 설명이다.
3. 설명의 출처는 참고한 해설서의 제목을 약어(일러두기 Ⅱ 참고)로 표시하고, 여러 해설을 종합하여 설명을 달았으며, 보편적이고 대중적인 내용은 일일이 출처를 표시하지 않았다.
4. 인명·지명은 국립국어원의 외래어 표기법의 인명·지명을 원지음에 따르는 것을 원칙으로 하여 우리말로 옮기고 티벳어는 원어와 와일리를 병기하였다.
5. 경론의 한자 이름은 중국어 본 『사가합주四家合註』에 의거하여 표기하였다.
6. 한자 표기와 한글이 일치하지 않는 경우는 직역과 의역 용어를 구분한 것이다. 한자 표기는 원어에 해당하는 전통 한문 용어를 대괄호 안에 표기하였고, 한글은 문맥상 쉽게 이해될 수 있는 용어로 의역하였다.
7. 번호를 달아 과목을 표시한 것은 본문에는 없으나 이 또한 독자가 알아보기 쉽도록 따로 달아 주었다.
8. 원전의 정확한 의미전달을 위해 단어 및 문장을 보충한 경우에는 활자의 색을 옅게 하여 구분하였다.

※ 일러두기 Ⅱ

약어	서명 및 저자
Ⓒ	བྱང་ཆུབ་ལམ་རིམ་ཆེན་མོའི་མཆན་བཞི་སྦྲགས། byang chub lam rim chen mo'i mchan bzhisbrags 『사가합주四家合註』네 대가의 해설을 집대성한 책. 대풍고망도서관 출판사, 2005 དགའ་ལྡན་ཁྲི་ཐོག་དྲུག་པ་བ་སོ་ཆོས་ཀྱི་རྒྱལ་མཚན་ཀྱི་ཡང་སྲིད་པ་སོ་ལྷ་དབང་རྒྱལ་མཚན། dga' ldan khri thog drug pa ba so chos kyi rgyal mtshan 저자 1. 제6대 겔룩파 종정, 최끼 갤첸의 환생자 하왕 최끼 갤첸 སྡེ་དྲུག་མཁན་ཆེན་ཁ་རོག་པ་ངག་དབང་རབ་བརྟན། 저자 2. sde drug mkhan chen kha rog pa ngag dbang rab brtan 카록빠 나왕 럽땐 ཀུན་མཁྱེན་འཇམ་དབྱངས་བཞད་པ། 저자 3. kun mkhyen 'jam dbyangs bzhad pa 꾼켄 잠양 세빠 བྲ་སྟི་དགེ་བཤེས་རིན་ཆེན་དོན་གྲུབ། 저자 4. bra sti dge bshes rin chen don grub 다르띠 게셰 린첸 된둡
Ⓑ	ལམ་རིམ་བརྡ་བཀྲོལ། lam rim brda bkrol: 『람림고어해설서』, 대풍로쎌링도서관 출판사 1996년. 저자 འཇམ་དབྱངས་དགའ་བློ། 역경사 잠양 가로
Ⓝ	རྣམ་གྲོལ་ལག་བཅངས། rnam grol lag bcangs 『손안에 해탈(남될락장)』 파봉카린포체께서 설하신 도차제의 요결 법문을 티장린포체가 기록한 것. Jangchup lamrim회에서 출간한 5부 도차제론 중의 제5권. 저자 སྐྱབས་རྗེ་ཕ་བོང་ཁ་པ། skyabs rje pha bong kha pa 파봉카린포체
Ⓓ	བྱང་ཆུབ་ལམ་རིམ་ཆེན་མོའི་བཀའ་ཁྲིད། 『보리도차제광론 달라이라마 법문집』 1997년 다람살라 남걀사원에서 강설한 『보리도등론』과 『보리도차제론』을 상·중·하 세 권으로 편집한 달라이라마 법문집. Centre for compilation and Editing of His Holiness The 14th Dalai Lama's writing and discourses 2018.
Ⓡ	ལམ་རིམ་ཆེན་མོའི་བཤད་ཁྲིད། 『링린포체 보리도차제광론 강설집』 예비1 / 예비2 1981년 티벳 설날에 세라사원에서 2개월간 광론을 자세히 강설하신 법문 자료를 겔룩파 제102대 수장 리종린포체께서 문서화한 미 출간 자료.

예찬문 禮讚文

나모 구루 만쥬고카야

(위없는 스승, 문수文殊께 귀의하나이다[1])

원만圓滿[2] 무량한 지고선至高善으로 나툰 몸[身]

가없는 중생[有情]의 소원을 채우는 말씀[語]

소지所知[3]를 남김없이 여실히 보시는 마음[意]

석가 주존에게 머리 숙여 예경하나이다

석가주존께 예경

비할 바 없는 교조教祖, 그의 가장 뛰어난 아들

대웅大雄[4]의 모든 위업에 책임을 지니시며

무량한 국토에 화현化現으로 노니시는

불패不敗[5] 미륵과 문수께 예경하나이다

미륵과 문수께 예경

---

1 쫑카빠 대사의 실질적인 근본스승이 문수보살임을 알 수 있는 대목이다. 대사의 저술『연기찬탄문』에서도 "문수보살의 은혜로 공성을 깨달았으며, 스승 문수보살의 가르침으로 마음의 쉼을 얻었다."라고 표현하고 있다. 이외에도 문수보살에게 직접 가르침을 받았음을 시사하는 대목을 여러 저서에서 볼 수 있다. 일반적으로 티벳에서는 삼보(三寶)에 귀의함과 더불어 근본 스승에게 귀의한다. 이는 나란다불교의 전통이라고 할 수 있다. 불법승(佛法僧) 삼보(三寶)가 위대함은 자명하지만 스승에 대한 귀의가 먼저 선행되는 것은 스승의 은혜가 더 깊고 크기 때문이다. 티벳에서는 부처님을 설산에, 스승을 태양에, 그리고 법은 설산의 물에 비유한다. 아무리 큰 설산이라 하더라도 태양이 없다면 설산의 눈이 녹지 않아 물이 될 수 없고 그로 인해 목마름을 해갈할 수 없듯이, 아무리 부처님의 가르침이 위대하여도 그것을 이해하는데 가장 실질적이고 직접적인 도움을 주는 스승이 없다면 법에 대한 갈증을 해갈할 수 없기 때문이다. 스승은 부처님의 가르침을 우리가 알아듣고 이해할 때까지 끊임없이 가르쳐주는 존재이므로 이생에서 스승의 은혜는 부처님의 은혜보다 더 깊은 것이다. (Ⓒ 9쪽, Ⓑ 23쪽)

2 부처의 몸을 이루는 복덕자량과 지혜자량이라는 원인을 모두 갖추었음을 뜻한다.

3 앎[識]의 대상, 존재[有], 법(法)의 동의어

4 번뇌장과 소지장이라는 적을 이긴 영웅이란 뜻으로 부처님을 지칭하는 말이다.

5 범어로 Ajiita는 '누구도 이길 자가 없어 지지 않는 자'라는 뜻으로 미륵보살의 별칭이다.

가히 헤아리기 어려운 불모佛母[6]
그 뜻을 여실히 해설하시는 세상의 장엄
용수와 무착께 예경
용수, 무착이라는 이름으로 삼계에
널리 알려지신 두 분의 발 아래 제가 예경하나이다

두 분의 궤철사軌轍師[7]로부터 잘 전해진
심오한 사상과 광대보살행의 길
그릇됨 없이[8] 완전한 정수精髓가 담긴
아띠샤께 예경
정법보장正法寶藏의 주인, 아띠샤께 예경하나이다

방대한 모든 말씀을 보게 하는 눈과 같은 존재
선연善緣을 해탈로 이끄는 수승한 도道
탁월한 방편[善巧方便]을 사랑으로 행하며
선지식께 예경
법의 광명을 널리 밝히시는 선지식들[9]께 예경하나이다

---

6 『반야심경』의 '삼세제불의반야바라밀다(三世諸佛依般若波羅蜜多)'라는 말씀처럼 과거·현재·미래의 모든 부처님은 반야바라밀다에 의지하여 부처를 이룬다. 그러므로 부처를 낳는 어머니라는 의미로 반야바라밀을 불모(佛母)라 한다.

7 티벳어 '싱딱 첸보(shing rta chen po)'를 번역한 말이다. 본래 '싱딱'은 나무로 만든 수레라는 뜻이며 '첸보'는 크다는 뜻이다. 사람들이 다니지 않아 사라진 길에 큰 수레가 오가면 그곳에 새로운 길이 생기는 것처럼 '싱딱 첸보'는 붓다 입멸 후 쇠락하였던 대승사상에 새로운 길을 개척하는 선구적 역할을 하는 이를 지칭한다. 대표적인 싱딱 첸보로는 중관사상의 용수(龍樹)와 유식사상의 무착(無着)이 있다. 중관사상을 세분하면 귀류논증파는 월칭(月稱, Candrakirti), 자립논증파는 청변(清辯, Bhāviveka)으로 분류된다. 반면에 귀류논증파의 싱딱 첸보를 불호(佛護, Buddhapālita)로 보아야 한다는 의견도 있다.

8 공성의 지혜와 보살행을 닦는 두 가지 도의 순서[次第]와 의미, 반드시 닦아야 할 수행의 내용과 종류에 오류가 없음을 말한다.

9 『광론』의 저술은 때와 장소, 대상을 가리지 않는 선지식들의 가르침이 있었기에 가능했다. 따라서 『람림』의 법맥에 존재하는 모든 선지식들에 대한 예경으로도 해석할 수 있으나, 실질적으로는 까담의 세 법맥인 까담 람림파(돔뙨빠), 슝바와(뽀또와), 맹악파(짼응아와)의 스승에게 예경하는 것으로도 해석한다. (Ⓓ 19쪽) 혹은 쫑카빠 대사께서 『람림』의 가르침을 직접 받은 남카 갤첸과 『보리도차제론』의 저술을 권하신 최꼅 빼상 등 대사의 실질적인 스승 또는 쫑카빠 대사에게 『람림』의 가르침을 전수한 남카 갤첸과 『광론』의 저술을 권한 최꼅 빼상 등 『람림』과 관련된 대사의 실질적인 선지식으로 해석하는 경우도있다. (Ⓒ 11쪽, Ⓑ 27쪽)

요즘 수행에 매진하는 이들은 배움[聞]이 적고
많이 들어도 수행의 핵심을 잘 알지 못하여
치우친 눈으로 경장을 보며
경의 의미를 가리는 지혜의 힘이 없어

법의 정수를 완벽히 담은 뛰어난 가르침,
현자가 좋아하시는 이 도에서 멀어짐을 보았으니
두 스승의 이 도道를 설하는 것으로
나의 마음은 환희롭기 그지없네

편견의 어둠에 가려져 있지 않고
옳고 그름을 구별하는 지력을 갖추었으며,
가만暇滿의 몸[10]으로 가치로운 일을 하고자 하는
선연자善緣者들이여, 일념으로 집중하여 들으라

여기서 말하는 두 스승은 용수와 무착을 가리킨다.

마지막 구절은 람림의 법을 받을 수 있는 법기의 자격을 나타낸다.

여기에서 설하고자 하는 법이란 도의 차제를 통하여 선연자善緣者를 부처의 지위[佛地]로 이끄는 방법이다. 이는 모든 부처님 말씀[佛經]의 정수精髓를 담고 있으며, 용수龍樹와 무착無着 두 궤철사軌轍師의 도풍道風과 일체종지一切種智의 지위로 나아가는 상근기上根器의 법체계 그리고 세 근기의 모든 수행 단계를 빠짐없이 담고 있다.

법을 설하는 방식에 있어 일찍이 나란다(Nalanda)[11]의 현자들은 법을

10 팔유가(八有暇)와 십원만(十圓滿)의 요건을 갖춘 인간의 몸(180쪽 참조)을 뜻한다.

11 아쇼카왕이 대승경전을 모신 대사원을 건립하였으며 오백 명의 대승 아사리와 용수를 비롯한 많은 스승들이 대승을 설법하여 대승법이 성행하였다. 인도에서 가장 뛰어난 불교 교단이자 불교를 수학하는 최고의 교육기관으로 뛰어난 논사와 수많은 수행자들이 배출되었다. 11세기 이슬람교의 공격을 받기 전까지 부처님의 모든 법이 이 곳에서 꽃피었으며 불교 전승의 중추적인 역할을 하였다. (© 12쪽)

설할 때 세 가지 청정함을 갖추어 법을 설할 것을 말씀하셨다. 그것은 법을 설하는 스승의 말의 청정함[12]과 법을 듣는 제자의 마음의 청정함,[13] 설하는 법의 청정함[14]이다.

훗날 비끄람실라(Vikramaśīla)[15] 승원에서도 불법이 크게 성행하였는데 그곳의 현자들은 저자의 수승함과 설하는 법의 수승함, 그와 같은 법을 듣고 설하는 법, 이 세 가지를 먼저 설하는 것이 중요하다고 말씀하셨다.

이와 같이 긴요하게 여기는 것이 무엇인지에 따라 법을 설하는 두 가지 방식이 생겨나고 알려지게 되었다. 이 두 방식 가운데 여기에서는 후자의 방식대로 설하겠다.[16]

---

12 설법자의 말이 청정하다는 것은 설법자가 법에 통달하여 법을 알지 못하거나 잘못 아는 허물이 없고 말의 오류가 없음을 뜻한다. (Ⓑ 29쪽)

13 제자의 마음이 청정하다는 것은 설법자나 법의 흠결을 찾으려는 왜곡된 동기나 지적 성취에 대한 욕심, 다양한 경험에 대한 과시욕 등이 없음을 뜻한다. (Ⓑ 29쪽)

14 법이 청정하다는 것은 설하는 법이 부처님의 말씀과 이치에 어긋남이 없음을 뜻한다. (Ⓓ 36쪽)

15 마가다국의 북쪽 갠지스강의 근처에 있었던 승원이자 나란다와 견줄만한 불교대학으로 후기 인도불교의 중요한 거점이 되었다. 이 승원에는 108개의 크고 작은 사원이 있을 정도로 큰 규모를 자랑하는 곳으로 아띠샤 존자가 한 때 이곳의 승원장이었다. (Ⓑ 28쪽, Ⓒ 13쪽)

16 법을 설하는 방식과 관련해 쫑카빠 대사가 나란다 방식 대신 비끄람실라의 방식을 택한 것은 나란다 방식에 문제가 있어서가 아니라 아띠샤 존자가 비끄람실라의 출신이었기 때문에 그 방식을 따른 것으로 보인다. (Ⓑ 29쪽)

제1장

아띠샤 존자

법의 정통성에
허물이 없음을 보이기 위해
저자의 수승함을 설하다

Ⅰ. 법의 정통성에 허물이 없음을 보여주는 저자(著者)의 수승함

Ⅱ. 가르침을 귀하게 여기는 마음을 일으키는 법(法)의 수승함

Ⅲ. 두 가지 수승함을 갖춘 가르침을 듣고 설하는 법

Ⅳ. 본 가르침으로 제자를 인도하는 순서

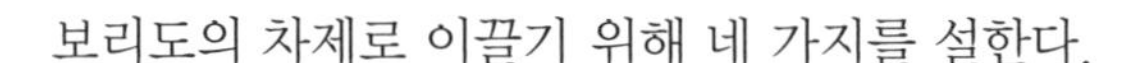

보리도의 차제로 이끌기 위해 네 가지를 설한다.

첫 번째는 법의 정통성에 허물이 없음을 보여주기 위해 저자의 수승함을 설하고, 두 번째는 가르침[法]을 귀하게 여기는 마음을 일으키기 위해 이 법의 수승함을 설하며, 세 번째는 두 가지 수승함을 지닌 법을 설하는 방법을 설하고, 네 번째는 본 가르침으로 제자를 이끄는 순서를 설한다.

Ⅰ. 법의 정통성에 허물이 없음을 보이는 저자의 공덕

[1] 훌륭한 가문에서의 탄생

[2] 그 생애에 공덕을 갖추는 과정

[3] 불법을 위한 행적

보리도차제의 가르침은 근본적으로 미륵보살께서 지으신 『현관장엄론現觀莊嚴論』의 가르침이다. 이 가르침의 원전原典은 『보리도등론菩提道燈論』이므로 『보리도등론』의 저자가 이 논의 저자인 것이다.[17] 따라서 저자는 대교사大敎師 디빰까라 씨리쟈나(Dīpamkara-śrījñāna) 또는 뺄댄 아띠샤(dpal ldan a ti sha)[18]라는 이름으로 널리 알려진 분이다.

저자의 수승함을 훌륭한 가문에서의 탄생, 그 생애에서 덕을 갖추는 과정, 불법을 위한 행적이라는 세 가지로 설한다.

---

17 『보리도차제론』의 가르침은 수행의 차제와 방편을 설하는 미륵보살의 『현관장엄론』에 뿌리를 두고 있으며, 『보리도등론』이라는 원전의 해설서이므로 쫑카빠 자신은 이 책의 실질적인 저자가 될 수 없다고 밝히고 있다. 쫑카빠는 이 논의 실질적인 저자가 아띠샤라고 천명함으로써 자기 독창성을 부정하고 인도의 법통에 기반한 가르침이라는 것을 역설한다. (Ⓒ 13쪽)

18 아띠샤는 '희유한 존재'라는 의미로 장춥 외가 존함을 지어 부른 것이 유래가 되었다. (Ⓑ 30쪽)

[1] 훌륭한 가문에서의 탄생

첫 번째, 대역경사 낙초(nag tsos)[19]께서 지으신 『팔십찬八十讚』[20]에서 다음과 같이 말씀하셨다.

이 구절을 통해 아띠샤 존자가 '사호르'라는 풍요로운 곳에서 왕족으로 태어났음을 알 수 있다.

동쪽의 상서로운 땅 사호르[21]
그곳에 큰 도성이 있어
비끄람뿌르[22]라 하네
그 중심에는 왕국의
웅대한 궁전이 있어
황금보궁이라 하네
물자와 재화가 풍부하여
중국의 통퀸[23] 왕과 같다네
그 땅의 왕은 게외뺄(Kalyanaśrī)
왕비는 뺄모 외쎌짼(Śrīparbhā)
두 사람에게 세 명의 아들이 있어

19 법명은 출팀 갤와(tshul khrims rgyal ba, 1011–1064). 응아리 지방 출신의 승려로 일찍이 인도로 건너가 수학하였으며 아띠샤를 비롯한 많은 인도의 스승으로부터 법을 들었다. 티벳에 귀국한 뒤 1037년 장춥 외의 청으로 아띠샤 존자를 모시기 위해 다시 인도로 건너가 3년을 기다린 끝에 존자를 모셔오게 되었다. 율장에 정통하였으며 총 150권의 저서와 역서를 남겼다고 전해진다. 저서로는 존자의 일대기를 담은 『팔십찬』이 있으며, 역서로는 『망가다 상모 독쬐(ma ga dha bzang moi rtogs brjod)』, 『도모의궤(sgrol mai sgrub thabss)』, 『법계찬』(용수 저) 등이 대표적이다.

20 아띠샤 존자의 생애를 찬탄하는 내용으로 팔십 게송으로 이루어져 있다. 존자의 직계 제자였던 역경사 낙초가 직접 쓴 일대기이기 때문에 가장 신뢰할 수 있는 것으로 여겨진다. 쫑카빠 대사가 존자의 일대기를 서술할 때 근거로 인용된다.

21 본래 '싸호르'라는 왕족의 이름에서 유래된 것이며 이후 지명으로 쓰이면서 '사호르'로 바뀌었다. 보드가야 동쪽, 지금의 인도 뱅갈 지방과 방글라데시가 접하는 지역이다. (Ⓑ 30쪽)

22 원문에는 '비따마니뿌라'라고 되어있지만 '니'가 오자라는 설이 있어 인도의 지명을 참고하여 본래의 발음에 가깝게 '비끄람뿌르'로 음역하였다.

23 '통퀸'은 中國(Zhōngguó)이라는 발음의 오류에서 파생된 말로 서중국의 부유한 왕을 일컫는다. (Ⓑ 31쪽)

빠메닝보(Padmagarbha)와 다외닝보[24]

뻴기닝보(Śrīgarbha)라고 한다네

태자 빠메닝보에게

다섯 왕비가 낳은 아홉 아들이 있어

큰 아들 소남뺄(Punyaśrī)[25]은

현 시대의 대학자라네

드하나시리(Dhanaśrī)라고 알려진

왕의 막내 아들 뺄기닝보는

삐라짼다(Viryācandra)[26] 비구이네

둘째 아들 다외닝보가

현재 존귀하신 스승이시네

[2] 그 생애에 공덕을 갖추는 과정

{1} 교법을 두루 아시는 교학의 덕을 갖추는 과정

{2} 여법성취 증법 (證法)의 덕을 갖추는 과정

아띠샤 존자가 공덕을 갖추는 과정은 두 가지로, 교법教法의 덕[27]을 갖추는 과정과 증법證法의 덕[28]을 갖추는 과정이다.

쫑카빠 대사가 앞서 밝혔듯이 『보리도차제광론』의 실질적인 저자는 아띠샤 존자이므로 존자가 생전에 공덕을 갖추는 과정을 통해 저자의 수승함을 설한다.

{1} 교법을 두루 아시는 교학의 덕을 갖추는 과정

첫 번째, 『찬贊』[29]에서 다음과 같이 말씀하셨다.

24 다외닝보(月臟: Candra garbha)는 아띠샤 존자의 속명

25 소남뺄은 아띠샤 존자의 형 빠메닝보의 아들로 존자의 조카이다.

26 뺄기닝보는 아띠샤 존자의 동생

27 교법의 덕이란 교학을 배움으로써 얻는 덕을 말한다.

28 증법의 덕이란 교법의 실천을 통해 체득되는 덕을 말한다.

29 『팔십찬(八十讚)』의 줄임 말이다.

나이 21세에 64가지의 기예와
모든 공교工巧와 범어梵語,
모든 논리학[因明]에 통달하였네

이와 같은 말씀처럼 21세 전에 외도와 불교의 공통적인 네 가지 학문인 언어학[聲明]과 논리학[因明], 공예학[工巧明], 의학[醫方明]을 배워 통달하였다. 도룽빠[30]의 말씀에 따르면, 특히 열다섯 살이 되었을 때 『정리적론(正理滴論:tsed ma rigs thig)』[31]을 한 번 듣고 외도의 유명한 논쟁자와 논쟁하여 크게 승리함으로써 이름을 만방에 떨쳤다고 한다.

흑산黑山사원에는 헤바즈라(喜金剛佛, Hevajra)[32]를 친견하고 금강공행모金剛空行母(vajradākinī)에게 수기를 받은 라마 '라훌라 굽따'라는 밀교수행자[瑜伽自在]가 있었는데, 훗날 그로부터 밀교의 모든 관정을 받았으며 '예셰 쌍외 도르제(智密金剛, Jñānaguhyavajra)[33]'라는 밀명密名을 얻었다. 29세가 되기 전에 밀법을 성취한 수많은 스승의 곁에서 금강승을 배우고 경문과 비전秘傳을 남김없이 통달하자 '내가 비밀진언승에 통달하였구나'라는 생각이 들었다. 그러자 다끼니[空行母]들이 꿈에 나타나 전에 보지 못했던 수많은 밀교의 경서를 보여주어 그의 교만심을 눌렀다.
그 후에 스승과 이담(yidam)[34]께서 직접 나타나거나 또는 꿈에 나타나 출가하면 불법과 많은 중생을 크게, 널리 이롭게 할 것이라고 출가를 권

30 쫑카빠 대사의 『보리도차제론』이 나오기 전에 『땐림(then rim)』이라는 『보리도등론』의 해설서를 저술하신 까담파의 선지식이다.

31 불교논리학 논서로서 법칭(法稱)이 저술한 인명학 7부 논서 가운데 하나이다.

32 무상요가탄트라의 본존 중 하나이다.

33 '예셰'는 지혜, '쌍외'는 비밀의 혹은 비밀스러운, '도르제'는 금강이라는 뜻이다.

34 밀교에서는 '부처'를 '이담(本尊)'이라고 표현한다. 4종 탄트라에는 갖가지 형상의 다양한 본존들이 존재한다.

고하였다. 그로 인해 "당신의 친교사親教師가 가행도인加行道人이라는 사실은 모두에게 널리 알려진 바"라고 했던 『찬贊』의 내용처럼 가행도加行道[35]의 일분진여삼매一分眞如三昧[36]를 성취한 대중부 대율사 실라락키따(Śrīlarakṣita)를 은사로 출가하였으며 법명은 '뻴 말메 제 예셰(吉祥燃燈智, Śrī Dīpam karajñāna)'라고 하였다.

그 이후에 31세까지 현교 불교경장의 상위와 하위 견해를 배웠으며 특히 유부의 대비바사론大毘婆沙論을 오땐따뿌르[37]의 다르마락키타(法鎧, Dharmarasita)라는 스승 곁에서 12년간 배우셨다. 근본4부[38]의 교전教典에 완전히 통달하였기 때문에 각 부파의 수수授受[39]를 비롯하여 사문의 취사[40]에 대한 세세한 부분까지 그 차이를 혼동하지 않고 아셨다. 그리하여 바다와 같이 광대한 자타의 교의의 궁극을 알았기 때문에 교법의 모든 핵심을 전도됨 없이 깨치게 되었다.

하위 견해란 유부와 경량부를 말하고 상위 견해란 유식과 중관을 말한다. 하위 견해는 상위 견해의 뿌리와 같아서 존자께서 오랫동안 수학한 것이다.

여기서 말하는 아띠샤 자신의 교의는 중관사상으로 알려져 있다.

35 자량도, 가행도, 견도, 수도, 무학도로 이루어진 수도오위 가운데 두 번째 도위이다.

36 가행도에서는 네 가지 분별을 타파하여 소취(所取), 능취(能取), 가유(假有), 실유(實有)의 네 가지 진여의 깨달음을 얻는다. 그 가운데 인위(忍位)는 소취의 진여만을 깨달은 것이므로 일분진여삼매라고 한다. 미륵보살의 자씨오론(慈氏五論) 중 하나인 『대승장엄경론』에 의하면 일분진여삼매는 가행도 인위와 동의어이다. (Ⓒ 17쪽, Ⓑ 34쪽)

37 오땐따뿌르의 사원은 사자현보살의 후원자가 건립한 것으로 전전기(前傳期)에 불법을 전파한 산따락시따께서 주석하셨던 곳으로 유명하다. 훗날 티벳의 최초 사원인 삼예사원의 원형이 되었다. 현재의 지명은 명확하지는 않으며 보드가야에서 멀지 않은 곳이라 추정할 뿐이다. (Ⓑ 35쪽)

38 티벳의 대표적 불교철학서인 『짱갸둡타(lcang skya grub mtha)』에서 "인도의 대학자 둘와 하(viyana dev)에 의하면 18부파는 근본4부에서 파생된 것이니 근본4부란 상좌부(上座部), 설일체유부(說一切有部), 대중부(大衆部), 정량부(正量部)이다."라고 밝히고 있다. 『둡타툽뗀 휜뽀제갠(thub bstan lhun po'i mdzes rgyan)』 짱꺄뢸베 도르제(lcang skya rol pa'i rdo rje) 저술, 장한민족사 1989. 54쪽

39 안거 중에는 비구가 보시자로부터 직접 공양물을 받지 못하기 때문에 사미가 대신 받아 전해 주어야 받을 수 있는데 '수수'는 이에 관한 율의를 말한다. 예컨대 사미로부터 공양물을 받을 때 발우를 높이 쳐들거나 놓친 것을 잡듯 하거나 빼앗듯이 받아서는 안 되는 등 여러 가지 율의가 있었으며 이에 대한 각 부파의 견해와 해설이 제각각 달랐다.

40 사문의 위의에 맞는 행동으로써 취할 바와 그 외의 버릴 바를 말한다.

{2} 여법성취 증법(證法)의 덕을 갖추는 과정

〈1〉 뛰어난 계학을 갖추다

〈2〉 뛰어난 정학을 갖추다

〈3〉 뛰어난 혜학을 갖추다

일반적으로 부처님의 일체 교법教法[41]은 보배삼장三藏으로 수렴되므로 증법證法[42] 역시 삼학三學으로 수렴되어야 한다. 그 중에서도 계학은 정학과 혜학을 비롯한 모든 공덕의 바탕이 된다. 이를 경론에서 수없이 찬탄하고 있으므로 가장 먼저 계학을 근간으로 한 증법의 덕을 겸비해야 한다.

법을 설하는 아띠샤 존자가 완전한 스승이라면 계정혜 삼학을 증득한 증법의 덕을 갖추어야 하므로 그 과정을 설명하는 것이다.

〈1〉 뛰어난 계학을 갖추다

1. 별해탈계를 구족하는 과정
2. 보살계를 갖추는 과정
3. 금강승계를 갖추는 과정

아띠샤 존자께서 세 가지 계율에서 최상의 별해탈계[43]를 구족하는 과정을 『찬贊』에서 다음과 같이 말하셨다.

별해탈계 중에 가장 뛰어난 것은 구족계이다.

당신은 성문승의 문門에 머물러
계율을 야크 꼬리처럼 지키시는
길상 범행을 갖추신 최고의 비구
상좌 율의를 지닌 분에게 귀의하나이다

성문승의 문이란 성문의 도를 뜻하는 것이 아니라 성문승 전통의 별해탈계를 구족했음을 뜻한다. (Ⓒ 19쪽, Ⓑ 35쪽)

41 부처님의 모든 교설에 대한 교의나 교리적 체계을 말한다.

42 교법을 듣고 사유하며 닦음으로써 얻게 되는 결과이다. 문사수를 통해 체득된 바와 성취된 바, 증득된 바, 그리고 깨달은 바이므로 '증법'이라 한다.

43 해탈을 위한 계율로써 크게 사문의 계율과 재가자의 계율 두 가지로 나뉜다. 비구, 비구니, 사미, 사미니, 식차마나, 우바새, 우바이의 7종 계율 혹은 팔관재계를 포함한 8종계가 있다.

꼬리털에 집착하는 야크 소는 사냥꾼이 목숨을 앗아가는 것을 보고도 나무에 걸린 한 가닥의 꼬리털이 잘리지 않도록 목숨을 버려 지키듯이, 존자는 원만한 비구계를 구족하여서 중계(바라이)는 말할 것도 없거니와 경미한 계율 하나조차 목숨을 걸고 지키셨다. 말그대로 '상좌부의 대율사'라고 찬탄한 대로였다.

설산의 야생 야크는 꼬리털이 상할까 두려워 항상 꼬리를 치켜들고 다닐 정도로 꼬리털에 극도의 강한 집착을 가지고 있다. (Ⓑ 35쪽)

보살계를 갖추는 과정은 『찬贊』에서 다음과 같이 말씀하셨다.

> 당신은 바라밀승[到彼岸]의 문에 머물러
> 수승한 의요[勝意樂][44]가 청정하며
> 보리심으로 중생을 저버리지 않으니
> 지혜와 자비의 존자께 귀의하나이다

바라밀승의 문이란 대승 전통의 보살계를 구족했음을 뜻한다. (Ⓡ 예비1, 113쪽)

아띠샤 존자는 자비심을 근본으로 하는 보리심을 익히기 위해 수많은 가르침을 받으셨다. 특히 스승 쎌링빠에 의지하여 미륵존자와 문수보살로부터 전해지고 무착과 적천에게 계승된 수승한 가르침을 오랫동안 배우셨다. 그로써 '자리自利를 돌보지 않고 이타利他에 / 노력하시는 그 분이 나의 스승이네'라는 『찬贊』의 말씀처럼 자신보다 남을 귀하게 여기는 보리심을 마음에 일으키게 되었다.

이 원보리심願菩提心[45]에 뒤이어 위대한 보살행에 대한 실천의 맹세인 행보리심行菩提心[46]을 발하였으며, 이 맹세에 수반되는 보살학처菩薩學處를 실천하는 선행으로써 보살들의 계율을 파하는 일이 없었다.

보리심을 일으키기 위한 수행법으로 미륵 전승의 칠종 인과법과 문수보살 전승의 자타상환법이 있다.

44 보리심이 일어나기 전의 마음으로 대비심이 원인이 되어 중생구제라는 목적을 향해 나아가려는 수승한 결의이다. 이 마음의 결과로 무상정득각을 구하는 마음[菩提心]을 발하게 된다.

45 일체중생을 제도하기 위해 무상정등각을 구하려는 마음이다.

46 원보리심을 바탕으로 보살행의 실천을 결행하는 마음을 뜻한다.

금강승계를 갖추는 과정을 『찬贊』에서 다음과 같이 말씀하셨다.

금강승의 문은 금강승 계율을 뜻한다.

당신은 금강승의 문에 머무시고
자신을 본존으로 보시며 금강심을 지니셨네
요가에 자재한 아와두띠[47]행자
감춰진 범행梵行을 행하는 분께 귀의하나이다

금강심은 원만차제를 뜻한다.

그와 같이 자신의 몸을 본존으로 관하는 생기차제生起次第[48]와 금강심金剛心 원만차제圓滿次第[49]의 삼매를 얻은 까닭에 밀교수행[瑜伽]에 자재한 주존이라 찬탄하는 것이다.
특히 율의의 경계를 넘지 않고 여법하게 삼매야계三昧耶戒를 지키는 것에 대하여 『찬贊』에서 다음과 같이 찬탄하고 있다.

정념과 정지로 인해 계를 범하는 의업이 없으며, 불방일과 정념으로 인해 신업과 구업에 의한 범계의 허물도 없다.

잊지 않음[正念]과 알아차림[正知]을 갖추어
계율이 아닌 것을 마음에 짓지 않으시고
불방일과 정념으로 첨諂[50]·광誑[51]이 없어
당신은 범계犯戒의 허물에 물듦이 없네

47 '아와'는 맥脈, '두띠'는 중앙이란 뜻이다. 밀교에서 말하는 삼맥 가운데 중맥을 뜻하기도 하며 거친 혈맥을 다스려 중맥에 머무는 기수행을 뜻하기도 한다. 그러나 여기서는 세간사를 모두 끊은 밀교 수행자를 가리킨다. (Ⓑ 35쪽)

48 삼신(三身: 법신·보신·화신)을 도로 삼고 수행함으로써 범부가 지닌 삼업의 집착을 없애는 무상요가 탄트라의 수행이다. 그것의 후과인 원만차제의 마음을 성숙시키기 위한 수행이자 생(生)·사(死)·중음(中陰)의 세 가지에 상응하는 마음을 작위적으로 수습하는 수행이다. (『밀종도, dbyangs can dga' ba'i blo gros』 소남 닥빠 저)

49 수행력으로 기(氣)가 중맥(中脈)에 들고, 머물고, 흡수되는 세 가지 행위에서 생기는 수행을 말한다.

50 명리에 대한 집착으로 자신의 죄와 허물을 은폐하여 남을 속이는 마음작용(心所)을 말한다.

51 명리 때문에 자신이 가지고 있지 않은 공덕이 있다고 남을 기만하는 마음작용을 말한다.

그와 같이 아띠샤 존자는 세 가지 계율을 맹세하는 용단을 내었을 뿐만 아니라 수계한 대로 율의의 경계를 벗어나지 않도록 매우 엄격하게 지키셨다. 만에 하나 조금이라도 어기게 되면 그 즉시 각 율의에 해당하는 참법懺法을 통해 그 허물을 청정히 하였다.

엄격한 계행의 실천과 참법은 아띠샤 존자의 특별한 행적으로 간주된다. 작은 허물이라도 생기면 소지하던 소형 불탑을 꺼내어 즉각 참회하는 참법을 행했다고 한다. 존자의 탱화에서 보이는 소탑은 이러한 행적을 보여주는 것이다.

이와 같은 행적이야말로 교설의 핵심을 아는 현자들이 크게 기뻐하는 행적임을 알아야 하며, 더불어 스승들의 이러한 훌륭한 행적을 따라 배울 수 있어야 한다.

〈2〉 두 가지 뛰어난 정학을 갖추다

1. 보편의 정학(共定學)
2. 특별한 정학(不共定學)

아띠샤 존자는 두 가지 정학定學을 갖추셨으며 그 두 가지 가운데 첫째는 보편의 정학[共定學]으로 지止를 통해 마음의 자재함을 얻은 것이고, 둘째는 특별한 정학[不共定學]으로 지극히 견고한 생기차제의 삼매를 갖춘 것이다. 이 특별한 정학을 얻기 위해 비밀집중수행을 6년 혹은 3년간 행하셨으며[52] 그 시기에 우겐[53]지방에서 다끼니[空行母]들이 노래하는 것을 듣고 이를 마음에 새기기도 하셨다.[54]

정학은 지(止,사마타)의 성취를 의미한다.

공행모의 노래를 들을 수 있음은 생기차제의 삼매가 견고한 증거로 여겨진다. (Ⓡ 예비1, 120쪽)

〈3〉 뛰어난 혜학을 갖추다

1. 보편의 혜학(共慧學)
2. 특별한 혜학(不共慧學)

아띠샤 존자가 갖춘 혜학慧學의 덕 가운데 현교와 밀교의 공통적인 것

52 비밀집중수행 기간에 대해 6년 설과 3년 설이 있으며, 6년 설을 더 유력한 것으로 본다.

53 우겐 지방은 밀교가 성행한 곳으로 오띠아나를 가리키며 지금의 오리샤 주이다.

54 아띠샤 존자께서 공행모들의 노래를 듣고 기억한 내용을 담은 『금강의 노래(rdo rje glu)』라는 저술이 전해진다. 티벳역사서 『뎁텔 응왼보(deb thel snon bo)』, 역경사 괴 숀누 뺄('gos gzhon nu dpal) 저, 상권 298쪽

은 지관쌍운의 관觀 삼매를 얻은 것이고 특별한 것[不共慧學]은 원만차제의 특별한 삼매를 얻은 것이다. 『찬贊』에서 다음과 같이 말씀하셨다.

비밀진언승의 경서에 따르면
가행도인임이 분명하네55

[3] 불법을 위한 행적
{1} 인도에서의 행적
{2} 티벳에서의 행적

불법佛法을 위한 행적은 두 가지로 인도에서의 행적과 티벳에서의 행적이다.

첫 번째, 인도에서의 행적이다.

언어와 논리학에 정통한 외도들과 벌인 세 번의 논쟁에서 모두 승리하였다. 처음에는 13개의 일산(日傘)으로 행차한 외도와 논쟁하였고 그 다음 해에 8개의 일산, 그 다음 해에는 6개의 일산으로 행차한 외도와 논쟁하였다. 일산의 수는 당시의 사회적 지위와 명망을 상징한다.(Ⓑ 36쪽)

보드가야 대각전大覺殿에서 외도 궤변자를 세 차례 법으로 조복하시어 불법을 지켰을뿐 아니라 불교의 상·하위 교법에 있어 알지 못하는 허물과 잘못 아는 허물, 그리고 불순한 의심의 허물들을 없애어 부처님의 법을 널리 선양하였다. 그로써 일체 부파들도 편견 없이 존자를 최상의 존귀한 스승으로 여겼다. 이를 『찬贊』에서 다음과 같이 말씀하셨다.

대각전大覺殿에
모두 모여 회합하니
불교 부파와 외도의
사견에 모든 논란

55 밀교에서는 원만차제 삼매의 성취와 밀교 가행도의 성취를 같은 것으로 설명한다. 따라서 원만차제의 삼매를 얻은 존자를 가행도인으로 볼 수 있다. 밀교의 가행도에 오르면 그 생에 성불하는 도를 얻게 되므로 이 구절은 존자가 성불하였음을 간접적으로 보여주는 것이다. (Ⓒ 21쪽, Ⓡ 예비 120쪽)

우렁찬 사자후로 포효하자
모두의 뇌가 산산조각났네
오땐따뿌르에는
이백오십 명의 사문

비끄람실라에는
백여 명의 사문
근본4부에 모두 머물러도
부파의 오만방자함이 당신에겐 없네

마가다(Magádha)의 땅
모든 지역에 빠짐없이
부처님[教祖]의 사부대중
모두가 추앙하는 보석 같은 이

당신은 열여덟 부파
일체 부파의 중심에 계시므로
모두가 경의 가르침을 받는다네

당시에 오땐따뿌르의 사원에는 250명의 승려들이, 비끄람실라의 승원에는 백여 명의 사문들이 주석하였는데 모두 근본4부를 수학하였다. 존자 역시 근본4부의 교리에 통달하였지만 교의를 통달했다는 교만함이 없었다.

두 번째, 티벳에서의 행적이다.

종조부와 질손(khu dbon)[56] 관계인 법왕(Lha lama)[57] 예셰 외(ye shes'od)[58]

56 원문의 '쿠(khu)'는 아버지 형제, '왼(dbon)'은 질손이라는 의미다. 일반적으로 예셰 외와 장춥 외는 백부와 조카의 관계로 알려져 있다. 그러나 '쿠왼'이란 단어 중에 특히 '왼'이 조카의 자식을 의미하며, 여러 현존하는 티벳 역사서와 『동걸(東桀)사전』에서 이를 입증하는 여러 근거들을 제시하고 있기 때문에 이에 근거하여 번역하였다.

57 'lha'는 정치적 최고 권력자, 'lama'는 종교 지도자라는 뜻으로, 하 라마(lha lama)는 제정일치 사회였음을 보여주는 술어이다.

58 예셰 외(965-1036)는 12세기 티벳의 왕으로 응아리 지방에 유명한 토링사원을 건립하였으며, 역경사 린첸상보를 비롯해 21명을 인도로 유학 보내 역경사업을 후원하였다. 아띠샤 존자

와 장춥 외[59]가 갸 쬔쎙[60]과 낙초 출팀 갤와라는 두 역경사를 차례로 인도로 보내 많은 노력과 공을 들여 여러 차례 존자를 초청함에 따라 장춥 외 왕조 때 응아리(mnga' ri)[61]의 북쪽 지방으로 들어오시게 되었다. 장춥 외께서 당시 티벳에 성행했던 불법 가운데 사법邪法과 정법正法을 가려 주시길 청함에 따라 밀교와 현교의 모든 정수를 모아 수행차제로 구축한 『보리도등론』을 집필함으로써 불법을 널리 홍포하였다.[62]

아띠샤 존자의 티벳 주석 기간과 관련해 17년 설과 11년 설이 있다. 쫑카빠 대사는 역경사 낙초의 기록에 근거하여 17년 설을 채택하고 있다. (© 23쪽)

뙤 지방 응아리에서 3년, 녜탕에서 9년 그리고 또 다른 중앙[위짱]지역에서 5년간 선연善緣 제자들에게 현밀의 경서와 가르침을 빠짐없이 설파하며 불교의 기울어진 전통을 바로 세우고 남아 있는 전통들은 더욱 중흥시켰다. 또한 사견邪見의 허물로 오염된 것들을 완전히 없애어 귀한 불법에서 모든 오점이 떨어져 나가도록 하셨다.

티벳[雪國]에 불교가 전래[63]되었던 초기[前期]에는 시와초(寂湖, Śāntarakṣita)와 파드마삼바바(蓮花生, Padma sam-bhava) 두 분에 의해 불교의 전통이 확립되었다. 그러나 공성空性의 요체를 이해하지 못함으로 인해 방편

를 모시고자 비용 마련을 위해 금을 구하러 떠났다가 갸로왕에게 볼모로 잡히게 되자 장춥 외에게 자신의 목숨을 구하는 대신 존자를 모시라는 유훈을 남기며 생을 마감하였다.

59 생몰연도가 정확하지 않으나 종조부 예셰 외의 유언에 따라 1042년 아띠샤를 초청하였다. 티벳의 만백성에게 이로운 법을 설해달라는 그의 요청으로 아띠샤 존자의 저술 『보리도등론』이 세상에 나오게 되었다.

60 본명은 쬔뒤 쎙게(brtson 'grus seng ge)이며 아띠샤 존자를 모시기 위해 파견된 다섯 명의 역경사 중 한 명이다.

61 서 티벳의 지명이다.

62 당시 티벳은 밀교의 미명하에 자칭 인도 '아사리'라고 하는 이들로 인해 사법이 유행하여 큰 혼란이 있었던 시기였다. '예셰 외' 왕은 이러한 종교적 혼란을 해결하기 위해 인도에서 바른 스승을 모셔야 한다는 절박한 마음을 가지고 있었으며, 예셰 외의 죽음 이후 그 뜻을 받든 장춥 외가 아띠샤에게 그와 같은 청을 하였다.

63 티벳의 불교전래는 랑 다르마 재위를 기준으로 전전기(前傳期)와 후전기(後傳期)로 나뉜다. 랑 다르마의 폐불(廢佛)정책으로 티벳의 불교가 크게 쇠락하자 새로운 불교 중흥에 대한 열망으로 다시 인도의 스승들을 초청하게 되었다.

을 비방하고 모든 상념[作意]을 부정하는 중국 화상이 등장하여 불법을 축소시키자 대아사리 까말라실라(蓮花戒, Kamalasila)께서 이를 배격하여 부처님의 견해를 공고히 하였으니 그 은혜가 참으로 크다.

후기에는 밀교 4부 탄트라에 대한 잘못된 인식으로 인해 빤디따[64]와 수행자로 자칭하는 일부 오만한 자들이 불법의 근본인 청정 범행梵行을 크게 훼손시켰다. 아띠샤 성현께서 그러한 것을 완전히 차단하시고 잘못된 인식을 하는 자들을 조복하여 전도되지 않은 부처님의 법을 크게 중흥하셨으니 모든 티벳인들이 그 은혜를 두루 입게 되었다.

무상무념의 수행을 공에 대한 수행으로 보는 일부 중국 화상들은 보리심과 같은 방편과 선업이 부질없다고 보았다. 이 부분은 상근기 관품에서 자세히 다룬다.

이와 같이 교법과 증법의 공덕을 갖추고 있다 하더라도 부처님의 말씀을 해설하는 논論을 짓기 위해서는 세 가지의 원만한 조건[因]을 갖추어야 한다. 그와 같이 다섯 학문[五明學]에 통달하고, 부처님으로부터 스승에 이르기까지 끊어짐 없이 전승된 논의 내용을 수행하기 위한 핵심적 가르침을 가지고 있으며, 부처님[本尊]을 뵙고 허락을 얻는 것이다. 이러한 요건 가운데 한 가지 요건만을 갖추어도 논을 저술할 수 있는데 세 가지 요건을 모두 갖춘 경우는 가장 원만한 것이다. 대교사 아띠샤께서는 이러한 세 가지 요건을 모두 다 겸비하였다.

논서를 저술할 수 있는 세 가지 조건은 ①오명학에 통달하고, ②부처님으로부터 스승에 전승된 가르침의 법맥이 있으며, ③본존을 친견하여 논의 저술을 허락 받는 것이다.

세 가지 요건 가운데 본존을 친견하여 허락을 얻었다면 과연 어떠한 본존이 존자를 섭수하셨는지 『찬贊』에서는 다음과 같이 말씀하셨다.

> 길상의 희금강불(憘金剛佛, hevajra)과
> 서언존왕(誓言尊王, trisamayavyūharāja)[65]과
> 관자재(觀自在, lokesvara)와

서언존왕, 관자재, 따라는 모두 소작 탄트라의 본존들이다. 이외 헤루까와 부동 분노존 등 여러 밀교 본존들이 아띠샤 존자를 섭수하였다. (ⓒ 25쪽)

64 열 가지 학문에 통달한 이를 빤디따라고 한다.

65 서언존왕(trisamayavyūharāja)은 소작 탄트라의 본존 가운데 한 분이다.

도모(度母, tara)[66] 주존 등을

친견하여 허락을 얻었으니
꿈속에서나 실제로
깊고[智慧] 넓은[方便]
정법을 항상 들으셨네

대승에는 현교와 밀교가 있다. 바라밀승은 현교와 동의어이고 비밀진언승, 금강승은 밀교와 동의어이다.

선대 스승으로부터 아띠샤 존자로 계승된 법맥에는 소승과 대승의 두 가지 법맥이 있다. 대승 법맥에는 바라밀승과 금강승의 법맥이 있으며, 이 두 법맥 가운데 바라밀승은 다시 견해[지혜]와 보살행[방편] 이라는 두 가지 법맥으로 나뉜다. 또 보살행에는 미륵보살로부터 내려온 법맥과 문수보살로부터 내려온 법맥이 있으므로 바라밀승에는 통틀어 세 가지 법맥이 있다. 밀교 금강승에도 다섯 가지 형태의 법맥[67]이 있으며 사상적 교의에 따른 계맥系脈과 가피加被의 전승, 그 외에도 다양한 가르침의 전승 등 수많은 법맥을 가지고 있다.

이와 같은 법맥에서 직접 가르침을 받은 스승을 『찬贊』에서 다음과 같이 밝히고 있다.

항상 의지하신 스승은 샨띠바와 쩰링빠,
바하드라보디(Bhadrabodhi), 자냐씨리(Jñānaśrí)
밀교의 깨달음[成就]을 얻은 많은 스승과

66 중생을 제도하는 어머니라는 뜻으로 tārā를 음역한 것이다. 관세음의 화신으로 스물 한 분의 도모(度母) 가운데 백모(白母)와 녹모(綠母)가 가장 대표적인 도모이다.

67 존자의 전기에 의하면 일체 비밀진언의 법맥, 구야삼마자(父系)의 법맥, 헤루까(母系)의 법맥, 끄리야와 요가(소작과 요가 탄트라를 하나로 묶어 분류)의 법맥, 야만따까의 법맥을 의미한다. (Ⓑ 37쪽, Ⓒ 25쪽)

특별히 용수보살로부터
스승에게, 다시 제자로 전해진
공성과 보리심의
가르침이 당신께 있다네

이와 같이 익히 알려진대로 존자에게는 대성취를 하신 열두 분의 스승이 계셨으며 그 밖에도 많은 스승들이 계셨다. 존자가 오명학五明學에 통달했음은 이미 설명하였다. 따라서 이 논사論師야말로 부처님의 견해를 오류 없이 명확하게 해설할 수 있는 것이다.

이와 같은 아띠샤 존자에게는 인도, 카슈미르, 우겐, 네팔, 티벳의 불가사의한 제자들이 있었다. 특히 상수上首제자 가운데 인도 제자로는 아띠샤 존자와 같은 수준의 지혜를 얻었다고 알려진 대학자 비또빠(bitopa), 다르마 아까라마띠(dharmākaramati), 우마쎙게(dbu ma seng ge), 싸이닝보(sa'i snying po)가 있다. 셰넨 쌍와(bshes gnyen gsang ba)를 포함해 다섯 명이라는 의견도 있다.
티벳 제자로는 응아리 출신의 로짜와(역경사, lo tsA ba) 린첸 상보(richen zhang po),[68] 역경사 낙초, 법왕 장춥 외 그리고 짱(gtsang) 지방의 갈 게와('gar dge ba),[69] 괘(gos) 가문의 쿡바 해째('gos khug pa lhas btsas),[70] 호닥(lho brag) 지방 출신의 착바티촉(chag pa khri

68 린첸 상보(948-1055)는 티벳 후기불교에서 가장 이름을 날린 역경사이다. 뙤 응아리 지방 출신으로 어릴 때부터 학문에 힘썼으며 왕명으로 카슈미르로 건너가 뛰어난 스승들 밑에서 언어학과 논리학, 현교와 밀교를 모두 수학하였다. 귀국하여 응아리 지역의 왕, 하 라마 예셰 외의 지원으로 많은 밀교의 경서를 번역하였다. 그 외에도 의학서 『8대 치료서』를 비롯한 인도 고대의학서 다수를 번역하였다. 아홉 명의 의사를 배출하였으며 98세에 생을 마감하였다.

69 우바새이며 응아리 지방에서 중앙지방으로 아띠샤 존자를 초청한 사람 가운데 하나였다. 아띠샤 존자로부터 현교와 밀교의 많은 법을 들었으며 특히 존자께서 이 갈 게와와 쿡바 해째에게 밀교의 모든 법을 주셨다고 한다. 밀교수행을 주로 하였고 밀교와 인연 있는 후학을 가르쳤다.

70 11세기 초 짱 지방 출신이며 마르빠와 동시대 인물이다. 티벳을 시작으로 카슈미르와 네팔,

mchog)[71]과 게와 꽁(dge ba skyong)이 있었다. 캄(khams) 지방 출신으로는 낼졸빠 첸뽀(대유가사, rnal 'byor pa chen po)[72]와 괸바빠(dgon pa pa),[73] 셰럽 도르제(shes rab rdo rje),[74] 착다르 뙨바(phyag dar ston pa)[75] 라는 네 제자와 중앙지방 출신의 쿠(khu),[76] 옥(rngog),[77] 돔

인도를 거치면서 시와 상보를 비롯한 72분의 스승 밑에서 수학하였다. 인도 논서와 범어에 통달한 역경사로 티벳 후기불교의 잘못된 법을 바로잡아 티벳에 큰 영향을 끼쳤다. 경론 73부를 번역하였고 저서로는 『똥퉌(stong thun)』이 있다.

71 녜탕에서 아띠샤 존자를 뵙고 5년 동안 법을 들었다. 아비달마에 정통하였으며 관세음보살과 따라보살을 친견하고 사선정을 성취하였다고 한다. 아띠샤의 유훈대로 돔뙨빠를 따르며 라뎅에 머물다가 42세에 생을 마감하였으며 도솔천에 계신다고 전해진다.

72 생몰연도는 확실하지 않다. 캄 출신으로 동진 출가하여 법명은 장춥 린첸(byang chub rin chen)이라 하였다. 아띠샤께서 티벳에 오셨다는 소식을 듣고 캄에서 중앙으로 건너왔다. 아띠샤를 뵙자마자 전생의 인연을 알았으며 즉각 소작(所作) 탄트라의 가르침을 받았다고 한다. 존자의 심부름으로 보드가야를 세 번이나 다녀오는 수고도 마다하지 않을 정도로 충실한 제자였는데 아띠샤께서 지구를 세 바퀴 돌아도 너 같은 제자를 얻기 힘들다고 칭찬하실 정도였다. 존자의 시자로 매일 시봉하는 것에만 시간을 보내자 문득 자신은 수행의 복덕이 적다는 생각이 들었는데 스승께서 이를 아시고 "신구의가 스승의 시봉에 쓰인다면 다른 수행이 필요 없다." 고 하신 것은 유명한 일화이다. 스승의 입적 후 유훈에 따라 돔뙨빠에 의지하여 라뎅사원에 머물렀다. 돔뙨빠 입적 후에 까담파의 법통을 계승하였고 원만차제의 깨달음을 성취하여 신통에 걸림이 없었으며 63세에 생을 마감하였다.

73 캄 지방 출신으로 동진 출가하여 법명은 왕축 갤첸(dbang phyug gyalchen)이라 하였다. 무문관 준비를 하던 중 지나가던 상인들로부터 인도에서 온 스승의 얘기를 듣고 홀연히 그분에게 모든 법을 배워야겠다는 큰 구도심이 일었다. 준비하던 것을 모두 버리고 상인들과 중앙지방으로 건너오자, 아띠샤께서 법기임을 아시고 모든 법을 배우도록 허락하셨다. 며칠간 숨 쉬지 않고 선정에 드는 것이 가능하여 제자들이 죽은 줄 알고 놀랄 정도로 기맥수행에 정통하였으며 도차제의 특별한 깨우침을 얻었다. 수많은 불보살을 친견하는 등 많은 이적이 있었으나 이를 대수롭지 않게 여긴 반면 도차제의 체득과 인과에 대한 믿음, 세 가지 지계를 중히 여겼다. 아띠샤의 입적 전까지 늘 스승과 함께하였으며 67세에 생을 마감하여 도솔천에 생천하였다고 전해진다.

74 아띠샤의 많은 가르침을 통달하였으며, 특히 4대 사상에 정통하였다. 관세음보살 수행을 주로 하여 항상 마니진언을 읊조리곤 했는데 사람들이 그의 입에서 광명이 쏟아지는 것을 볼 수 있었다고 한다. 까담 삼형제로 유명한 뽀또와, 짼응아와, 푸충와의 스승이며 이후 캄 지방으로 건너가 많은 사람들을 가르쳤다.

75 아띠샤의 제자 가운데 특별히 반야에 정통하였으며 모든 배움과 수행을 드러내지 않고 은밀히 행하는 것으로 유명하였다. 반야에 대한 아띠샤의 특별한 해설을 모두 기록하여 남겼다.

76 본명은 쿠뙨 쬔뒤 융둥(brtson 'grus gyung drung, 1011–1075)이며 알룽 출신으로 캄 지방에 가서 스승 세쬔에게서 배웠다가 다시 중앙지방으로 돌아와 아띠샤에 의지해서 현교와 밀교를 수학하였다. 반야부에 정통하여 많은 후학을 가르쳤다.

77 본명은 렉빠 셰럽(legs pa'i shes rab)이며, 생몰연도는 정확하지 않다. 응아리의 왕은 27명의 영재를 카슈미르로 유학을 보내어 인재양성을 꾀하였는데, 그는 그곳에서 배출된 역경사이다. 아띠샤로부터 보편적인 가르침과 특별한 가르침을 모두 받았으며, 대역경사 린첸 상보의

('brom)[78]이라는 세 제자가 있었다. 이 가운데에서도 스승의 위업을 더욱 융성시킨 위대한 계승자는 돔뙨 갤외 중네이며, 그는 따라보살이 예언하신 제자이기도 하다.[79]

여기까지가 저자의 공덕과 행적을 요약한 것이니 자세한 것은 존자의 전기傳記를 통해 알 수 있다.

역경을 도왔다. 강원을 설립하여 많은 제자를 배출하였으며 1037년에 쌍푸 사원을 설립하니 500명의 승려가 이곳에 주석하며 법을 널리 선양하였다.『중관심석(中觀心釋, dbu ma snying po'i Tik+kA)』 등 다수의 논서를 번역하였다.

78 본명은 돔뙨 갤외 중네('brom ston rgyal ba'i 'byung gnas, 1004-1064), 아명은 최펠(chos 'phe)이며, 훗날 선지식 뙨빠(ston pa)라고 불리었다. 샹나 도르제(zhang sna rdo rje)로부터 우바새 계를 받아 '갤외 중네' 라고 이름하였다. 19세에 '세쮠'이라는 스승에게 중관과 보살행, 구 밀교 등을 배웠다. 대학자 '미르띠'에게 성명학과 범어를 배우러 동티벳 캄 지방에 갔다가 1042년 아띠샤를 뵙기 위해 캄에서 서티벳 응아리 지방까지 건너갔으며 뿔항에서 아띠샤 존자를 뵙고 스승으로 모시어 많은 법을 들었다. 존자를 짱 지방으로 초청하여 1052년에 라뎅사원을 건립하였고 존자의 입적 후에 존자의 부도탑을 세우고 존자의 제자들을 보살폈다. 우바새였으나 뛰어난 법력이 있어 까담 법통의 주인이 되었다. 61세에 생을 마감하였으며 뽀또와 린첸 쌜과 짼응아와, 출팀 발, 푸충와 숀누 갤첸 등 수많은 뛰어난 제자들을 두었다. 어록집과 『찬게(讚偈)』, 역사, 지리, 전기(傳記), 법률에 관한 많은 저술을 하였으며 『팔천반야』, 『팔천반야광석』, 『팔천반야약석』, 『이천반야등론』등 현교에 관한 것과 『지혜성취』 등 밀교에 관한 교전을 교정하여 재편찬하였다.

79 아띠샤 존자께서 티벳으로 떠나기 전에 보드가야의 따라보살상에 나아가서 "티벳에 불법을 전하러 가는 것이 어떠합니까?"라고 묻자 따라보살상이 말하기를 "내일 이곳에 요기니가 올 것인데 그에게 물어보라."라고 답하였다. 따라보살의 말대로 다음날 요기니가 나타나자 그에게 티벳행에 대해 물었는데 요기니가 답하기를 "티벳에 가면 중생과 불법에 크게 도움이 되겠지만 명은 짧아지겠다. 허나 특별한 우빠씨카(우바새 제자)를 만날 것이다."라고 예언하였다.

제 2 장

가르침의 수승함

가르침을 귀하게 여기는 마음을 일으키기 위해
법의 수승함을 설하다

Ⅱ. 가르침을 귀하게 여기는 마음을 일으키는 법法의 수승함

[1] 모든 교법에 모순이 없음을 깨닫게 되는 수승함

[2] 부처님의 모든 말씀을 참된 가르침으로 보게 되는 수승함

[3] 부처님의 뜻을 조속히 얻게 되는 수승함

[4] 죄업이 저절로 소멸되는 수승함

법의 수승함을 설함에 있어 법法이란 이 가르침의 원전原典인 『보리도등론菩提道燈論』이다. 아띠샤께서 저술하신 많은 논서가 있으나 근본적이며 완전한 것은 『보리도등론』이다. 그것은 현교와 밀교의 모든 핵심을 담아서 설하고 있으며, 내용이 완전무결하고, 마음을 다스리는 순서를 중점으로 다루고 있어서 실천하기 용이하기 때문이다. 또한 용수와 무착의 교의에 정통한 두 스승[80]의 가르침을 보강하여 장엄하였으므로 다른 어떤 가르침보다 특별하다.

이 논의 가르침에는 네 가지 수승함이 있다. 모든 교법에 모순이 없음을 깨닫게 되며, 부처님의 모든 말씀을 진정한 가르침으로 보게 되고, 부처님의 뜻을 조속히 얻게 되며, 죄행이 저절로 소멸되는 수승함이다.

[1] 모든 교법에 모순이 없음을 깨닫는 수승함

첫 번째, 교법이란 부처님의 모든 선설善說이다. 『반야등광석般若燈廣釋』[81]에서 다음과 같이 말씀하신 것과 같다.

> 교법敎法이란 천인天人[82]과 생사를 초월한 지위[甘露地]를 얻고자 하는 이들을 위해 온전히 알아야 할 것과 끊어야 할 것과 증득해야 할 것과 닦아야 할 것을 전도됨 없이 보여주는 세존의 교설敎說을 말한다.

온전히 알아야 할 것은 고제, 끊어야 할 것은 집제, 증득해야 할 것은 멸제, 닦아야 할 것은 도제를 가리킨다. 고로 교법이란 사성제를 보여주는 부처님의 말씀을 말한다.

80 두 스승이란 무착의 가르침의 전승자인 쎌링빠와, 용수로부터 전해진 가르침의 전승자인 릭빠쿠축 충와(rig pa'i khu byug chung ba; Avadhutipa)를 일컫는다. (Ⓑ 37쪽, Ⓒ 27쪽)

81 청변(淸辯, Baviveka)의 『반야등론(般若燈論)』을 해설한 책. 청변의 제자 짼래식 뚤슉(spy-an ras gzigs brtul zhugs; Avalokitavrata)이 저술하였다.

82 천신이나 인간으로 태어나는 선취(善趣)의 생이다.

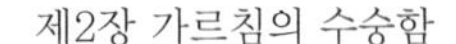

여기에서 부처님의 모든 말씀에 모순이 없음을 깨닫는 것이란 교설의 어떠한 부분은 성불을 이루는 주된 도로 이해하고 어떠한 부분은 부차적인 것으로 이해하여 부처님의 일체교설을 성불도로 이해하는 것이다.[83]

여기에서 대승 수행자에게 소승의 도가 불필요하다고 여기는 사견이 어떤 모순을 가지고 있는지 경론의 근거와 논거로써 타파한다.

보살들의 바람은 세간을 이롭게 하는 것이므로 세 종성[三種姓][84]을 거두어 보살피기 위해 보살은 그러한 일체 도를 익혀야 한다. 이에 대해 『보리심석菩提心釋』[85]에서 다음과 같이 말씀하셨다.

자신이 얻은 법에 대한 확신을 타인에게도 일깨우려는 마음이 있기 때문에 현자들은 항상 오류 없는 바른 행을 실천하는 것이다.

자신이 확신한 대로 타인에게
확신을 일으키려는 마음으로,
항상 오류가 없도록
현자들은 행한다네

『석명론釋明論』[86]에서도 다음과 같이 말씀하셨다.

배움이라는 방편에 의해 설법이라는 과(果)가 생기므로 원인인 배움을 모른다면 남에게 설할 수 없다. 즉 일체 중생을 제도하는 보살은 삼승을 모두 배우지 않을 수 없는 것이다.

방편으로 생긴 것[결과], 그것의 원인을 알지 못하면
그것을 설하는 것은 어려운 것이네

그와 같은 말씀처럼 있는 그대로를 아는 확신이 자신에게 없다면 다른 이에게 설할 수 없기 때문이다.

---

83 일체 교법에 모순이 없다는 것은 교법의 내용에 모순이 없음을 뜻하는 것이 아니다. 일체 교법이 '부처가 되는 도'라는 측면에서 모순이 없음을 뜻한다. 이러한 이해는 법의 우열을 가리거나 소승과 대승을 차별하지 않고 모든 법을 귀하게 여기게 한다.

84 성문승, 연각승, 보살승에 따른 중생의 종성을 말한다. 대승 보살은 세 종성의 중생을 이롭게 하기 위해 삼승의 도를 모두 배우고 닦아야 한다.

85 『보리심석(byang chub sems 'grel)』은 용수의 저술이다. 무상요가 탄트라 구야삼마자의 원문 가운데 여섯 구(句)에 대한 해설서이다.

86 법칭(法稱, Dharma kirti)이 저술한 불교논리학 논서이다.

또한 불패 미륵보살께서 "중생을 이롭게 하시는 이들은 도지道智로써 세간을 이롭게 하신다."[87]고 말씀하셨듯이 삼승三乘의 도를 안다는 것[道智]은 보살의 뜻을 성취하기 위한 방편이라 하였다.
『불모佛母반야경』에서도 다음과 같이 말씀하셨다.

> 보살들께서는 모든 성문도와 모든 연각도 그리고 모든 불도의 일체 도를 일깨우고 모든 도를 아시느니라. 그러한 것을 또한 완전하고 원만히 이루어 그러한 도의 일을 행하느니라.

그러므로 대승도의 수행자이기 때문에 소승의 경장을 배우지 않는다고 말하는 것은 그 자체가 모순의 증거이다.

대승도에 들어가기 위해서는 보편적인 공도共道와 특수한 불공도不共道를 모두 닦아야 한다. 여기서 공도란 소승의 경장에서 비롯된 가르침이니 그것이 어찌 버릴 바이겠는가? 그러므로 대승의 수행자들도 일신의 행복[88]만을 위한 구도심과 같은 몇 가지 특별한 경우를 제외하고 모든 가르침을 수행해야 한다. 광대한 보살경장[般若經]에서 삼승의 모든 도를 자세히 설하시는 이유도 거기에 있는 것이다.

또한 무상정등각無上正等覺이라는 깨달음은 일부의 허물만 사라지고 일부의 공덕이 원만한 것이 아니라 모든 종류의 허물이 사라지고 모든 종

성문도는 인무아(人無我)의 지혜, 연각도는 이취공(二取空)의 거친 법무아의 지혜, 보살도는 법무아(法無我)의 구경지혜를 뜻한다. 이 모든 것은 성불도이므로 자량도와 가행도를 일으키고 견도에서 도를 깨달아 알며 수도에서 이를 완전하고 원만히 이루는 것이다. 이룬 뒤에는 도의 일을 행한다. (© 29쪽)

여기에서 쫑카빠는 보편적인 공도로써 소승이 필요한 이유를 논리적으로 보여준다.

87 『현관장엄론(現觀莊嚴論)』의 구절로 보살은 세 가지 도를 아는 지혜(道智)를 통해 세간을 이롭게 한다는 의미이다. 따라서 이러한 경론을 근거로 보살은 성문의 도와 연각의 도, 보살의 도를 모두 알고 닦음으로써 중생을 이롭게 하는 보살의 목적을 성취하게 된다. 그러므로 보살에게 성문·연각승의 소승도가 필요없다는 것은 잘못된 생각이다.

88 자신의 행복은 해탈이라는 참된 행복을 뜻한다. 그러나 그것이 자리이타가 아닌, 나 한 사람에게만 국한되기 때문에 대승에서는 지양하는 것이다.

류의 공덕이 원만한 것이다. 따라서 그것을 이루게 하는 대승의 도 역시 모든 허물을 소멸하고 모든 공덕을 일으키는 것이므로 다른 모든 승乘의 일체 단증斷證공덕[89]은 대승의 도로 수렴된다.

그런 까닭에 일체교설은 부처를 이루는 대승도의 인연이 아닌 것이 없다. 부처님 말씀 가운데 하나의 허물도 없애지 못하거나 하나의 공덕을 일으키지 못하는 것이 없기 때문이며, 일체의 단증공덕 가운데 대승 수행자가 성취하지 않는 바가 없기 때문이다.

여기에서는 밀교에 관한 사견을 다룬다. 대승현교(바라밀승)에는 소승의 도가 공도로써 필요하지만 대승밀교(금강승)에는 바라밀승이라는 공도가 필요없다는 사견이다.

만약 "바라밀승에 들어가기 위해 소승 경장에서 설하신 도가 필요하지만 금강승[밀교]에 들어가기 위해 바라밀승[현교]의 도가 반드시 거쳐야 하는 공도共道인 것은 아니다. 왜냐하면 이 두 길은 전혀 다르기 때문이다."[90]라고 한다면 이 또한 크게 잘못된 것이다.

여기서는 금강승에 바라밀승의 도가 공도로써 필요없다는 주장을 논리적으로 반박한다.

바라밀도의 본질은 보리심의 마음을 일깨우고 육바라밀을 실천하는 것으로 귀결된다. 따라서 발보리심과 육바라밀은 모든 수행에서 늘 행해야 하는 것이기에 『승금강정경勝金剛頂經』[91]에서는 "생명이 위태로울지라도 보리심을 버려서는 안 된다."라고 하셨고 또 "육바라밀행을 결코

89 번뇌를 끊은 공덕을 단(斷)공덕이라 하고 깨달음을 증득한 공덕을 증(證)공덕이라 하는데 이를 합쳐서 단증공덕이라 한다. 성문·연각승에서 성취한 모든 공덕 또한 대승도를 성취하기 위한 공덕이므로 대승의 도인 것이다.

90 밀교의 예비단계로서 현교의 수행이 필요 없다는 주장은 밀교와 현교의 도가 모순된다는 생각에서 비롯한다. 현교는 모든 번뇌의 소멸이 요구되는 반면 밀교의 행법에서는 탐(貪)을 끊지 않는다는 것이 그 이유다. 그러나 이것은 매우 잘못된 이해이며 현교의 수행이든 밀교의 수행이든 구경에는 모두 번뇌를 끊는 것에 목적을 두고 있다. 특히 무상요가 탄트라에서 행하는 일부 비밀 행법은 밀교의 핵심이 아닐 뿐더러 더욱이 탐을 다스리지 못하는 사람들이 그것을 행하면 오히려 악도에 떨어지는 원인이 된다. 그러한 행법은 거친 번뇌의 다스림이 전제된 상태에서 더욱 미세한 번뇌를 없애기 위해 존재하는 것이며 번뇌를 수용하는 행법이 아니다. 부처님의 그 어떤 법이든 오직 번뇌를 줄이거나 없애는 법만이 존재하며 번뇌를 키우는 법은 없다.

91 아띠요가 탄트라에 관한 밀교경전이다. 티벳본 원명은 『gsang ba rnal 'byor chen po'i rgyud rdo rje rtse mo』이며 범본은 『vajra -śikhara-mahā-guhya-yoga-tantra』이다.

버려서는 안 된다."라고 말씀하셨다. 이 밖에 다른 다수의 밀교 경서도 그와 같이 말씀하시고 있다.

그 뿐만 아니라 무상요가 탄트라 관정의 무상요가 만달라에 입단할 때에도 여러 차례 공共계율[92]과 불공不共계율[93]을 지켜야 한다고 교시하신다. 공계율은 보살계를 뜻하므로 보살지계는 세 가지 계율[三聚淨戒][94]과 같은 보살학처의 실천을 약속하는 것이다. 그러므로 발심하여 학처의 실천을 맹세한 대로 수행하는 것 이외에 바라밀승의 도가 따로 있는 것이 아니다. 따라서 바라밀승이 밀교에 들어가기 위한 공도가 아니라는 말은 잘못된 것이다.

또한 『금강공행金剛空行』,[95] 『쌈부띠』[96]와 『승금강정경』의 공통된 다음 구절을 통해서도 알 수 있다.

> 외外,[97] 밀密,[98] 승乘[99] 세 가지의
> 정법을 빠짐없이 지니라

이와 같이 아미타불 삼매야계의 수계 시의 교시敎示와 같이 밀교의 계율을 받게 되면, 오종불의 삼매야계를 수지하여 오종불 각각에 해당하는 삼매야계를 서약해야 한다. 따라서 바라밀승이 밀교에 들어가기 위한

밀종계를 받을 때 오종불의 삼매야계를 서약하는데 그 가운데 아미타불 삼매야계의 서약은 외·밀·승의 정법을 모두 지니는 것이다. 이 말은 밀교의 성취에서 현교의 도가 필수불가결한 것임을 보여준다.

---

92 현교와 밀교의 공통되는 계율로 보살계를 뜻한다.

93 공통되지 않은 특별한 계율로 금강승계를 뜻한다.

94 섭율의계, 섭선법계, 요익중생계를 말한다.

95 티벳본 원명은 『rgyud kyi rgyal po chen po dpal rdo rje mkha' 'gro』이며 범본은 『śrī-vajraḍākā-nāma-mahātantrarājā』이다.

96 티벳본 원명은 『yang dag par sbyor ba zhes bya ba'i rgyud chen po』이며, 범본은 『saṁuṭa-nāma-mahātantra』이다.

97 4종 탄트라 가운데 소작 탄트라와 행 탄트라를 뜻한다. (© 31쪽)

98 4종 탄트라 가운데 요가 탄트라와 무상요가 탄트라를 뜻한다. (© 31쪽)

99 대승현교인 바라밀승을 뜻한다. (© 31쪽)

공도가 아니라는 말은 잘못된 것이다.[100]

이렇듯 현교와 밀교에서 허하고 금하는 사항[開遮][101] 가운데 극히 일부분의 상이함을 보고 마치 뜨거움과 차가움처럼 모든 것을 정반대로 여기는 것은 매우 편협한 사고임이 틀림없다.

그러므로 몇 가지 특수한 허가와 금기의 사항을 제외하고 부처님 말씀은 모두 맥락관통脈絡貫通하므로 삼승 또는 수도오위修道五位[102]처럼 하위에서 상위 단계로 나아가기 위해서는 아래 단계의 승乘과 하위 도위道位의 여러 공덕을 반드시 갖추어야 한다.

『불모佛母반야경』에서 다음과 같이 말씀하셨다.

> 과거불과 오지 않은 부처님[未來佛], 현재에 머무시는 부처님, 제불諸佛은 이 바라밀 도에 의한 것이지 다른 것이 아니니라.

이 말씀처럼 바라밀의 도란 성불도의 기둥과 같은 것이므로 결코 버려서는 안 된다. 이는 금강승에서도 수없이 설하고 있는 바이므로 현교와 밀교 모두의 공도共道라는 것은 자명한 사실이다.

그와 같이 소승과 대승의 현교수행이 이루어진 상태에서 불공도不共道인 금강승의 관정과 삼매야계, 금강승계, 그리고 두 차제의 주된 수행이 보강되어야만 그것이 성불도의 지름길이 될 수 있다. 따라서 그러한 공

두 차제는 밀교의 생기차제와 원만차제를 말한다.

100 금강승계를 받을 때 오종불(五種佛)인 비로자나불(동), 아미타불(서), 보생불(남), 불공성취불(북), 부동불(중앙) 각각에 해당하는 삼매야계를 모두 지키는 서약을 해야 한다.

101 이를테면 음주는 현교에서 금하지만 밀교에서는 허하는 것과 같다.

102 자량도(資糧道), 가행도(加行道), 견도(見道), 수도(修道), 무학도(無學道)를 말한다.

도共道를 버린다면 그것은 크게 잘못된 것이다.

이와 같은 이해를 얻지 못하면 법에 관하여 갖가지 잘못된 믿음을 가지게 된다. 그로써 자신이 믿는 것 이외의 것은 버리거나 특히 최상승에 대한 잘못된 신심이 생긴다. 그리하여 점차로 소승 경장과 바라밀승을 버리게 되고, 금강승에 관해서도 최상승과 하위 탄트라로 구분하여 하위의 세 탄트라를 버리게 된다. 이에 따라 법을 버리는 업을 쉽게 범하여 지극히 무서운 과보를 초래하는 큰 업장業障을 쌓게 되는 것이다. 이것의 근거는 뒤에서 다시 설명하겠다.

자신이 믿고 있는 승이 최상승이라 믿어 그것만이 의미 있고 나머지 가르침은 의미가 없다거나 상관없는 것으로 여기는 우를 범한다.

그런 까닭에 바른 스승[103]에 의지하여, 부처님의 교설은 한 존재가 성불하는 데 있어 성불의 원인이 되지 않는 것이 없다는 이치에 대한 명확한 이해를 얻어야 한다. 현재 실천할 수 있는 것을 실천하되 바로 실천할 수 없는 수행은 자신이 할 수 없다는 이유로 버리지 말며, 그것을 실제로 수행하는 날이 오리라는 생각으로 그것의 원인과 조건으로 자량을 쌓고 업장을 닦으며 발원을 해야 한다. 그렇게 한다면 머지않아 지혜의 힘이 점점 더 증장되어 마침내 그러한 수행이 모두 가능해질 것이다.

부처님의 모든 교설이 성불도를 위한 원인이라는 것을 이해하기 위해서는 바른 스승에 의지해야만 한다.

선지식 돔뙨빠께서 말씀하시길 "네모난 천의 귀퉁이를 당기면 천 전체가 딸려오듯, 모든 법으로 이끌 줄 아시는 분이 나의 스승"이라고 하셨는데 이 말은 매우 의미심장한 것이다.
그러므로 이 가르침은 현밀의 모든 핵심을 '한 인간이 부처가 되는 길'로 섭수하여 이끌기 때문에 일체교설에 모순이 없음을 깨닫게 하는 수승함이 있는 것이다.

103 바른 의지처란 정도(正道)를 설할 때 도차제에 오류가 없고 도의 근본을 갖춘 수행법을 설하는 데 뛰어난 자를 의미한다. (Ⓓ 81쪽)

[2] 부처님의 모든 말씀을 참된 가르침으로 보게 되는 수승함

부처님의 모든 말씀을 가르침(gdams ngag)[104]으로 받아들인다는 것은 어떤 것인가? 해탈을 바라는 이들에게 한시적인 복락과 오랜 복락을 모두 이루는 방편은 오직 부처님의 말씀에 있다. 왜냐하면 방편의 취할 바와 버릴 바를 설하는 데 그 어떤 오류도 없는 분은 오직 부처님뿐이기 때문이다. 그런 까닭에 『보성론寶性論』에서도 다음과 같이 말씀하셨다.

그런 까닭에 부처님보다 더 뛰어난 자가 이 세상에 있지 않으니
속제와 진제를 일체지자가 여실히 아실 뿐 다른 이는 알지 못하네
고로 대선인大仙人[105] 자신께서 남기신 저 경장을 훼손하지 말지니
능인能仁의 도를 파괴하는 까닭에 정법을 훼손하게 되리라

쫑카빠는 스승의 구결과 같은 특별한 가르침에 의지하는 이유는 지혜가 부족한 이가 삼장의 뜻을 얻기 위한 것이라고 말한다.

티벳은 스승의 구결에 의지하는 바가 커서 때로는 부처님의 말씀보다 스승의 말에 절대적으로 의존한다. 그 때문에 부처님의 말씀보다 스승의 말을 중시하는 경향이 나타나는데 쫑카빠 대사는 그러한 문제점을 지적하여 스승의 구결이라도 부처님의 말씀에 어긋나는 것이면 오로지 버려야 할 바라는 것을 명확히 하여 바른 구결의 기준을 보여준다.

따라서 부처님의 말씀인 현교와 밀교의 주옥같은 경장들이야말로 가장 뛰어난 가르침인 것이다.

그러나 올바른 논[正論]과 구결(口訣, man ngag)[106] 없이 혼자 힘으로 교설을 배우기 때문에 후대의 중생들은 그 뜻을 얻지 못한다. 그러한 이유에서 스승[軌轍師]들께서 경을 해설하는 논서와 구결문口訣文을 저술하신 것이라고 할 수 있다.
따라서 올바른 구결이라면 경장에 대해 확신을 줄 수 있어야 한다. 구결의 가르침을 아무리 배워도 그것이 경론의 의미에 확신을 주지 못하거나 경론과 상충되는 도를 설한다면 그것은 오로지 버릴 바이다.

104 자신이 원하는 바를 이루는 데 필요한 특별한 길을 보여주는 가르침을 말한다.

105 부처님의 별칭이다.

106 맹악(man ngag)은 스승들의 구전(口傳)으로 내려온 특별한 가르침이라는 의미로 비책(秘策), 비결(秘訣), 비전(秘傳)으로도 번역된다.

어떤 이들은 삼장을 수행의 핵심이 없는 현학衒學의 대상으로 삼고, 수행의 핵심적 의미를 설하는 가르침은 따로 존재한다고 이해하며, 정법에 있어 교학[經教]과 수행의 법이 별개로 존재한다고 여긴다. 이러한 인식은 청정한 현교와 밀교의 경經, 그리고 경의 해설서인 청정한 논論에 대해 큰 신심을 일으키는 것을 방해한다. 경론은 내밀한 의미를 설하지 않고 식견을 넓힐 수 있는 정도에 불과하다고 경시한다면 그것은 '법을 버리는 업장業障'을 쌓는 일임을 알아야 한다.

해탈을 구하는 이들에게 속임 없는 최상의 가르침은 분명 삼장임에 틀림없다. 하지만 뛰어난 경론의 가르침에만 의지해서는 스스로 지혜가 부족하여 그 뜻을 알지 못하기 때문에 스승의 가르침에 의지하는 것이다. 그처럼 경론에 대한 이해를 간구하는 마음으로 스승의 구결을 구해야 하는 것이지, '경론은 지식을 위한 것일 뿐 핵심이 없고 구결이야말로 내밀하고 깊은 뜻을 설하므로 뛰어난 것이다'라고 생각해서는 안 된다.

여기서는 일체교설이 참된 가르침임을 모르는 허물이 무엇인지를 설명한다.

대유가사 장춥 린첸께서 말씀하시길 "가르침의 속뜻을 깨우친다는 것은 소책자 경전 일부분을 알게 된 것을 말하는 것이 아니라 부처님의 모든 말씀을 참된 가르침으로 보게 됨을 뜻한다." 라고 하셨다. 아띠샤의 제자 곰바 린첸 라마(sgom pa rin chen bla ma)께서도 "한 자리에서 신구의身口意가 완전히 사라지는 정진을 통해 아띠샤의 가르침을 수행하니 그제서야 모든 교전의 말씀이 참된 가르침으로 들렸다." 라고 하셨다. 그와 같이 모든 말씀을 참된 가르침으로 들을 수 있어야 한다.

돔뙨빠께서 말씀하시길 "법을 많이 배운 뒤에도 수행법을 다른 곳에서 구해야 하는 일이 생긴다면 이는 잘못된 것이다."라고 하셨다. 그처럼 오랫동안 법을 많이 배워도 수행법은 전혀 알지 못해서 정작 수행하려

는 마음이 생겼을 때 따로 법을 구하는 것이다. 이 또한 앞서 말했듯이 교설을 가르침으로 받아들이지 못해서 생기는 허물이다.

여기에서 법이란 무엇인가, 『구사론俱舍論』에서 다음과 같이 말씀하셨다.

> 부처님의 정법은 두 가지이니
> 교법과 증법을 본질로 한다

이와 같은 말씀처럼 교법과 증법이라는 두 가지 법 이외에 법은 없다. 교법敎法이란 법을 실천하는 방법, 수행하는 방법을 정립한 것이며, 증법證法이란 문사로 정립한 바를 정립한 그대로 증득한 것이다. 그러므로 이 두 가지는 인과 관계이다. 비유하면 경마를 할 때 먼저 경마장을 만들고, 만들어 놓은 그곳에서 경마를 하는 것과 같다. 별도의 경마장을 만들어 놓고서 다른 엉뚱한 곳에서 경마를 한다면 웃음거리가 될 수 있듯이 배우고 사유하여 정립된 그것과 별개의 무언가를 이루려 한다면 어찌 되겠는가? 이에 대하여 『수습차제론 하편修習次第論下篇』에서도 다음과 같이 말씀하셨다.

문(聞)은 수행을 하기 위한 배움이고, 사(思)는 수행을 위한 사유이므로 문사와 전혀 다른 것을 수행하려는 것은 이치에 맞지 않다.

> 배움[聞]과 사유[思]로부터 생긴 지혜[聞慧, 思慧]로 깨달은 바, 그대로를 닦음[修]에서 생긴 지혜[修慧]로 닦는 것이지 그와는 다른 것이 아니다. 마치 경마장을 만들어 그곳에서 경마를 하는 것과 같다.

법을 배우고 사유하는 문사(聞思)의 과정에서 생긴 지혜에 의해 체득된 것을 닦는 것이지 그와 다른 별개의 것을 닦는 것이 아니다.

그러므로 이 가르침은 '선지식부터 지관止觀' 수행에 이르기까지 경론의 요체를 모두 담고 있어서 지수행[安住修, jog sgom][107]이 필요한 이들에

107 족곰('jog sgom)의 족빠('jog pa)는 '머무르다, 안주하다, 두다'라는 의미로써 한 대상에 몰두하여 그 상태를 유지하는 방식의 수행을 가리킨다. 한역에서는 안주수(安住修)라는 술어

게는 지수행을, 관수행[思擇修, dpyod sgom][108]이 필요한 이들에게는 관찰지로 분석하여 닦는 수행을 실천할 수 있도록 순서에 초점을 맞추어 이끌기 때문에 모든 교설을 가르침으로 여기게 된다.

이와 달리 관찰지를 버리고 도의 전체가 아닌 일부분만을 평생 수행하는 자는 경론을 가르침으로 보지 않을 뿐만 아니라 경론을 외적으로 식견을 넓히는 대상 정도로 보고 버리게 된다. 경론에서 설하는 내용들은 대부분 오직 관찰지를 통해 분석해야만 하는 것들이다. 이 또한 수행할 때 버린다면 경론을 최상의 가르침으로 보는 믿음이 어떻게 생기겠는가? 경론이 최상의 가르침이 아니라면 이보다 더 뛰어난 가르침을 설하는 성현을 그 누가 찾을 수 있겠는가?

대사는 일체교설을 가르침으로 보게 하는 관찰지의 방편이 얼마나 중요한지를 설명한다.

그와 같이 광대하고 심오한 현교의 경론經論들을 최상의 가르침으로 본다면 심묘深妙한 밀교의 교전教典들 역시 어렵지 않게 최상의 가르침으로 보게 된다. 따라서 밀교의 교전을 뛰어난 가르침으로 여기는 믿음이 생긴다면 현밀 삼장을 참된 가르침이 아니라고 여기거나 그저 인용의 근거 정도로만 치부하는 사견들이 남김없이 사라지게 될 것이다.

[3] 부처님의 뜻을 조속히 얻게 되는 수승함

경론을 비롯한 교전教典들은 최상의 가르침이지만 제대로 배우지 못한 초심자의 경우, 스승의 가르침[祕傳]에 의지하지 않으면 그것을 배우더라도 견해를 얻지 못한다. 설사 얻는다 하더라도 시간이 오래 걸리거나

를 쓰고 있으나 사마타(止)의 성취를 목적으로 하는 것이므로 여기에서는 '지수행'이라 번역하였다.

108 쬐곰(dpyod sgom)의 쬐빠(dpyod pa)는 '분석하다, 살피다'라는 의미로 어떤 대상이 지닌 본질적 의미나 성품 따위를 분석하는 형태의 수행을 가리킨다. 한역에서는 사택수(思擇修)라는 술어를 쓰고 있으나 위빠사나(觀)의 성취를 목적으로 하는 것이므로 여기에서는 '관수행'이라 번역하였다.

매우 힘들게 얻게 된다. 그러나 스승의 가르침에 의지한다면 속히 깨우칠 수 있기 때문에 아띠샤의 이 가르침이 경론의 핵심에 대한 확신을 속히 가져다 줄 것이다. 이러한 이치는 그때그때 자세히 설명하겠다.

[4] 죄업이 저절로 소멸되는 수승함

네 번째는 큰 죄업이 저절로 소멸되는 수승함이다. 『법화경法華經』과 「제자품諦者品」[109]에서 말씀하셨듯이 부처님의 모든 말씀은 직접적으로 또는 간접적으로 성불의 방편을 설하신 것이다. 그러나 이를 알지 못하여 일부분은 성불의 방편으로, 일부분은 성불의 걸림돌로 여겨서 좋고 나쁜 것과 옳고 그른 것을 구분하고 승乘의 우열을 가려서 '보살은 이것을 배워야 하고, 저것은 배우지 않아야 한다'고 버려야 할 것으로 여긴다면 그것은 법을 비방하게 되는 것이다. 『변섭일체연마경遍攝一切研磨經』에서 다음과 같이 말씀하셨다.

> 문수사리여, 정법을 버리는 업장은 미세하여 깨닫기 어려우니라.
> 문수사리여, 누군가가 여래께서 말씀하신 어떤 말씀은 좋다고 여기고 어떤 것은 나쁘다고 생각하는 것은 법을 버리는 것이다.
> 법을 버리는 그것은 법을 비방하는 것이므로 여래를 비방하는 것이다. 승가僧伽에게 악구惡口를 하는 것이다.
> '이것은 옳은 것이고 저것은 옳지 않다.'라고 하는 것은 법을 버리는 것이다.
> '이것은 보살들을 위한 말씀이다. 이것은 성문들을 위한 말씀이다.'라고 한다면 법을 버리는 것이다.

109 『성보살행경변현방편경대승경(聖菩薩行境變現方便境大乘經)』 가운데 제4품이다. 한역은 구나발다라(求那跋陀羅)의 번역 『佛說菩薩行方便境界神通變化經』과 보리류지(菩提留支)의 번역 『大薩遮尼幹子所說經』이 있다.

'이것은 연각들을 위한 말씀이다.'라고 한다면 법을 버리는 것이다.

'이것은 보살들의 학처가 아니다.'라고 한다면 법을 버리는 것이다.

법을 버린다면 그 죄는 지극히 무거운 것이다. 『삼매왕경三昧王經』에서 다음과 같이 말씀하셨다.

누군가 이 세상에
모든 불탑을 무너뜨린 것보다
누군가 경장을 버린
이 죄업이 더욱 크다

누군가 항하사恒河沙[110] 수만큼의
아라한을 죽이는 것보다
누군가 경장을 버린
이 죄업이 훨씬 크다

법을 버리는 가장 흔한 경우는 부처님의 말씀에 옳고 그름을 구분하고 가르침의 우열을 가려서 말하는 것이다.

일반적으로 법을 버리는 업을 짓는 많은 경우를 볼 수 있지만 앞에서 언급한 것이 가장 흔한 경우이다. 따라서 결코 그와 같은 업을 짓지 않도록 노력해야 한다. 앞서 언급했던 확신을 얻는 것만으로 법을 버리는 죄행이 없어지기 때문에 죄행이 저절로 소멸하게 된다고 하는 것이다.[111] 이러한 이해와 확신을 얻고자 한다면 「제자품」과 『법화경』을 많이 읽고, 법을 버리는 다른 경우들을 알고자 한다면 『섭연경攝研經』을 참고하라.

110 여기에서 항하(恒河)는 인도의 갠지스강이 아닌 큰 바다(大海)로, 모래는 바닷물의 미진(微塵)으로 해석해야 한다. (Ⓑ 39쪽)

111 부처님의 모든 교법에 모순이 없음을 깨닫고 모든 말씀을 참된 가르침으로 여기는 믿음이 생기면 법을 버리는 허물이 사라지고 동류의 죄업이 소멸된다.

제 3 장

람림의 가르침을 듣고 설하는 법

두 가지 수승함을 갖춘 법을 듣는 법 그리고 설하는 법

Ⅲ. 두 가지 수승함을 갖춘 법法을 듣는 법 그리고 설하는 법

[1] 청문자가 법을 듣는 법

[2] 설법자가 법을 설하는 법

[3] 공통의 마지막 행법

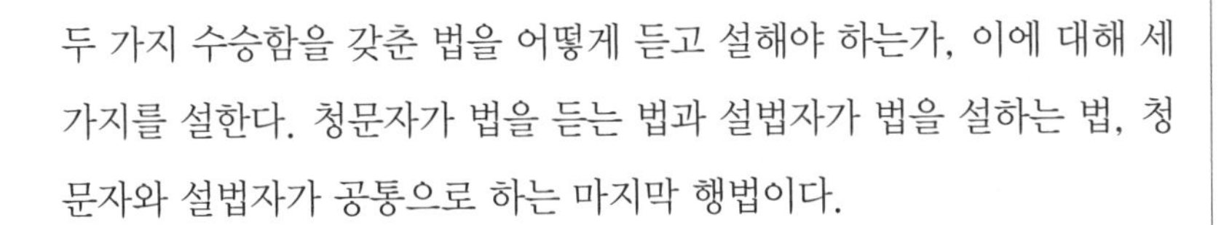

두 가지 수승함을 갖춘 법을 어떻게 듣고 설해야 하는가, 이에 대해 세 가지를 설한다. 청문자가 법을 듣는 법과 설법자가 법을 설하는 법, 청문자와 설법자가 공통으로 하는 마지막 행법이다.

[1] 청문자가 법을 듣는 법

{1} 법을 듣는 공덕

{2} 법과 설법자에 대한 공경

{3} 청문법의 실제

첫 번째(법을 듣는 법)에 관해서는 세 가지를 설한다. 청문의 공덕을 어떻게 사유하고 법과 설법자에 대한 공경심恭敬心을 어떻게 일으키는지, 그리고 청문하는 법의 실제를 설한다.

법을 듣는 공덕을 사유하고 법과 설법자에 대한 공경심을 어떻게 일으키는지에 대해 설하는 것은 그것이 법을 듣기 전에 갖추어야 하는 마음이기 때문이다. 이는 실질적인 청문법과 관련된다.

{1} 법을 듣는 공덕

첫 번째(청문의 공덕)에 대해 『법구경』「청문집聽聞集」[112] 에서 말씀하시길

> 들음[聞]으로 법을 알게 되고
> 들음으로 악업에서 벗어나며
> 들음으로 뜻이 아닌 것을 끊고
> 들음으로 열반을 얻네

들음으로 법을 알게 된다. 계학을 들음으로써 해야 할 바와 하지 말아야 할 바를 알게 되니 악업에서 벗어난다. 정학을 들음으로써 뜻이 아닌 방일함을 끊으며, 혜학을 들음으로써 열반을 얻는다. (© 41쪽)

라고 하셨으며 또 다음과 같이 말씀하셨다.

---

112 해당 구절은 천신의 물음에 대한 부처님의 대답을 담고 있다.

가령 잘 가려진 집
어듬이 가득한 집안에 있다면
형상들이 있다 한들
눈이 있어도 보지 못하네

종성으로 태어남은 다양한 중생의 종류 중에 인간이라는 좋은 종성으로 태어남을 뜻한다.

이와 같이 여기에 종성으로 태어난
사람이 지혜를 가지고 있다 한들
악惡과 선善의 법을
듣기 전에는 알지 못하네

눈이 있어도 등불이 있어야
형상[色]들이 보이듯이
그와 같이 선법과 악법은
들음으로써 낱낱이 알게 된다네

『본생담本生譚』[113]에서도 말씀하시길

부처님께서 전생에 한때 태자로 태어나 바라문에게 법을 구하였다. 바라문에게 사구게 한 게송을 듣고 크게 감명받은 태자는 그에게 많은 금을 받쳤는데 부왕은 그것을 몹시 아까워하였다. 이 게송은 부왕에게 법을 듣는 공덕이 어떠한 지를 말하는 내용이다.

청문으로 마음은 신심으로 바뀌고
환희심이 깊어져 견고해지네
지혜가 생기고 무지가 없어지게 되니
자신의 살을 잘라서라도 그것을 사는 것이 마땅하리

들음[聞]은 무지의 어듬을 없애는 등불이며
도둑이 훔쳐가지 못하는 가장 뛰어난 보물
항상 어리석음의 적을 괴멸하는 무기

113 마명(馬鳴)께서 지으신 부처님의 전생담으로 서른네 번 생의 이야기를 3500게송에 담고 있다. 상기의 인용 구절은 서른한 번째 이야기이다. 인도인 '비드야까라씽하(Vidyākarasiṃha)'와 티벳인 '만쥬시리 왈마(many+dzu shrI wa rma)'라는 역경사가 번역하였다.

방편과 비법을 보여주는 가장 뛰어난 조력자

곤궁해지더라도 변치 않는 벗이며
해害가 없는 병고病苦의 명약
큰 죄업을 부수는 가장 강력한 병력兵力
최고의 명예와 재산이자 보고寶庫이네

군자들과 만날 때는 가장 뛰어난 선사품
무리 안에서 학인學人이라 귀히 여기네

라고 하셨으며, 또 다음과 같이 말씀하셨다.

청문聽聞 후에 수행의 정수精髓를 이루니
생사의 마을에서 어려움 없이 벗어나게 된다네

이와 같은 말씀처럼 법을 들음으로써 얻게 되는 많은 공덕을 깊이 사유하여 법을 구하는 마음[求法心]을 일으킨다.

이뿐만 아니라 『유가사지론』의 「보살지」에서는 다음과 같이 다섯 가지 생각으로 법을 들어야 한다고 설명한다. 첫째, 부처님의 출현은 지극히 드문 일이라 부처님의 법 또한 그와 같아 진귀하다는 의미로써 법이 보물과 같다고 생각하는 것이다. 둘째, 법을 들으면 즉각적으로 타고난 지혜[俱生知]를 일깨우기 때문에 눈과 같다고 생각하는 것이다. 셋째, 지혜의 눈을 갖게 하며 그로써 진제와 속제의 진리들을 보게 되므로 빛과 같다고 생각하는 것이다. 넷째, 구경에는 열반과 대보리의 열매를 가져다주므로 큰 행운이라고 생각하는 것이다. 다섯째, 지금부터 저 두 가

지[114]의 원인인 지관止觀의 지복을 얻게 하므로 무구無垢[115]라고 생각하는 것이다. 이와 같이 사유하는 것이 청문의 공덕을 사유하는 것이다.

{2} 법과 설법자에 대한 공경

두 번째, 『지장경地藏經』에서 다음과 같이 말씀하셨다.

> 오롯이 신심과 공경으로 법을 들어야 하며 그에 대해 흠을 말하거나 비방을 하지 말아야 하느니라. 법을 설하는 이에게 효순함이란 부처님과 같다는 생각을 그에게 일으키는 것이니라.

이러한 말씀처럼 설법자를 부처님과 같이 보고 사자좌를 비롯한 법상을 준비하여 예를 갖추고 공양물을 바치며 불경함을 버린다.

『유가사지론』의 「보살지」에서는 법을 들을 때 번뇌가 없을 것과 설법자에게 다섯 가지를 마음에 짓지 않을 것을 말한다. 먼저 번뇌가 없다는 것은 교만함과 경시하는 마음을 여의는 것이다. 교만함을 여읨이란 때를 살펴 법을 들으며, 예의를 갖추고, 봉양하며, 성내지 않고, 말씀을 따르며, 문제를 일으키지 않는 등 여섯 가지로써 법을 듣는 것이다. 경시하는 마음을 여읨이란 법과 설법자를 공경하여 법과 설법자를 경시하지 않는 것이다.

①법을 청하여 들을 때는 설법자의 심신의 상태를 살펴 때가 적절한지를 알아본다. ②예의를 갖추어서 들으며 ③설법자를 봉양하고 ④설법자를 싫어하여 성내지 않고 ⑤말씀을 따라 실천하고 ⑥논란이나 문제를 일으키지 않는다.

다섯 가지를 마음에 짓지 않는 것이란 계율이 기울었거나 계급이 미천하거나 또는 겉모습이 나쁘고 말주변이 없으며 거칠고 듣기 싫은 말을 한다는 이유로 이 사람에게 법을 듣지 않겠다는 생각을 버리는 것이다. 『본생담』에서 다음과 같이 말씀하신 것과 같다.

114 열반과 대보리를 말한다.

115 번뇌의 티끌이 없다는 의미이다.

낮은 자리에 머물고
신구의를 모두 다스리며
좋아하는 눈빛으로 보고
감로수를 마신 듯하고

존경심을 일으켜 일심으로 공경하여
깨끗하고 허물없는 마음
환자가 의사의 말을 듣듯이
공경심을 내어 법을 들으라

설법자보다 낮은 자리에 앉고, 삼업을 다스려 설법자를 존경어린 눈으로 보고, 법을 들을 때의 태도는 감로수를 마신 듯이 하고, 존경심을 일으켜 일념으로 예경한다.

(3) 청문법의 실제

청문하는 법으로 법기法器가 버려야 할 세 가지 허물과 가져야 할 여섯 가지 인식에 대해 설한다.

첫 번째는 법기의 세 가지 허물을 끊는 것이다. 가령 엎어진 그릇, 반듯이 놓여 있으나 오물이 담긴 그릇, 깨끗하지만 구멍이 뚫려 있는 그릇, 이 세 그릇이 있다면 첫 번째 그릇은 천신이 감로비를 내리더라도 담기지 않으며, 두 번째는 내용물은 담기지만 오물로 인해 마시거나 사용하지 못한다. 세 번째는 오물로 오염되지 않았더라도 내용물이 안에 담기지 않고 밖으로 흘러내린다.

법을 듣는 법기는 세 가지 허물을 끊고 여섯 가지 생각으로 법을 들어야 한다. 그것이 청문법의 핵심이다.

이와 마찬가지로 법을 설하는 장소에 있어도 귀 기울이지 않거나 귀를 기울여도 잘못된 생각이나 탐심을 비롯한 그릇된 동기를 가지고 있거나 혹은 그런 허물이 없더라도 법을 들을 때 인지한 말과 뜻을 확실히 새기지 않고 잊어버리거나 하는 등의 문제가 있다면 법을 듣는 큰 목적을 이루지 못한다. 따라서 그러한 허물들이 없어야 한다. 그러한 이유

「보살지」에 따르면 일념은 의미를 놓치는 산란함을 다스리고, 귀기울임은 말을 놓치는 산란함을, 마음의 기울임은 망각함(失念)을, 온 마음을 다해 생각함은 청문 시 오근의 산란함을 다스리는 대치법이 된다고 한다. (© 46쪽)

로 이 세 가지 허물을 다스리는 방법[對治]으로써 경에서 "제대로, 잘 듣고, 마음에 새기라."[116]라고 세 가지를 말씀하신 것이다.

또 『유가사지론』의 「보살지」에서는 법을 들을 때 모두 알고자 하는 마음과 일념一念, 귀기울임, 마음의 기울임 그리고 온 마음을 다해 생각하여 들을 것을 말씀하셨는데 그러한 것과도 같다.

두 번째는 여섯 가지 인식[想]이다. 그 가운데 첫 번째는 자신을 병든 자와 같다고 여기는 것이다. 이를 『입행론入行論』에서 다음과 같이 말씀하셨다.

> 사소한 병을 앓는 데에도
> 의사의 말대로 따라야 하거늘
> 탐심을 비롯한 수백 가지 허물로
> 늘 병에 시달리는 이는 말해 무엇하리

이와 같은 말씀처럼 오랫동안 낫기 힘든 끔찍한 고통을 안겨주는 탐심貪心 따위의 번뇌라는 병은 우리가 늘 앓고 있는 지병이다. 따라서 우리 스스로가 병자임을 알아차릴 수 있어야 한다.
까마빠(ka ma pa)[117]께서 말씀하시길 "실제 병자가 아니라면 그와 같이 사유하여 닦는 것이 잘못이겠으나, 삼독三毒이라는 심각한 고질병을 앓고서도 이것이 지극히 큰 중병重病임을 우리들은 전혀 알지 못한다."라고 하셨다.

116 경에 반복되는 대표적인 구절이다. '제대로'는 바른 동기를, '잘'은 귀기울임을, '마음에 새김'은 잊지 않음을 뜻한다.

117 까마빠(1057-1131)는 까담파의 선지식으로 아띠샤의 직계 제자인 곰바빠의 제자이다.

두 번째는 설법자를 의사와 같다고 여기는 것이다. 예컨대, 기氣나 담膽 등의 문제로 큰 중병을 앓게 되면 절실하게 명의를 찾고, 그를 만나게 되면 뛸 듯이 기뻐하여 그가 무엇을 말하든 듣고 귀하게 여겨 받들어 모신다. 이처럼 법을 설하는 선지식도 그와 같은 마음으로 구한다. 스승을 찾은 후에는 그의 지시를 짐이 아닌 훈장으로 여겨 무슨 말씀이든 따르고 공경하며 귀하게 모셔야 한다. 『섭덕보攝德寶』[118]에서 다음과 같이 말씀하신 것과 같다.

그런 연유에서 바른 깨달음을 구하는
생각을 가진 현자는 아만심을 반드시 없애니
병자들이 치료하기 위해 의사에 의지하듯이
방만함 없이 선지식을 섬겨야 하느니라

세 번째는 설하는 법을 약으로 여기는 것이다. 명의가 조제한 약을 소중하게 다루는 환자처럼 설법자가 말씀하신 가르침과 적합한 법을 귀하게 여겨서 잊어버리는 일 따위로 헛되지 않도록 노력하는 것이다.

네 번째, 힘써 실천함으로써 병을 고친다는 생각이다. 의사가 조제해준 약을 먹지 않으면 병이 낫지 않는다는 것을 알기 때문에 환자는 약을 복용하는 것이다. 그와 같이 설법자가 설하는 가르침을 실천하지 않으면 탐심을 비롯한 번뇌를 없앨 수 없다는 것을 알고 힘써 실천하는 것이다. 실천하지 않는 것은 많은 말을 쌓아 놓은 것일 뿐, 실제로는 가르침을 수용하지 않는 것이다.
또한 손발이 문드러지는 나병 환자가 한두 번 약에 의지하는 것으로는

118 반야부 경전. 본래의 경명은 『성반야바라밀다섭송(聖般若波羅蜜多攝頌)』이다. 마지막 게송에 고귀한 공덕을 모은다는 말 때문에 '섭덕보'라는 별칭이 생겼다. (곰데사전 vol4. 222쪽)

아무 소용이 없듯이 무시이래 번뇌라는 중병에 걸려 있는 우리가 가르침을 한두 번 실천한다고 해서 해결되는 것은 아니다. 그러므로 치료제와 같은 일체의 도를 남김없이 관찰지로 살피고 강물의 흐름처럼 끊임없는 정진을 구해야 한다. 찬드라고미[大德月][119]께서 지으신 『찬회贊悔』에서 다음과 같이 말씀하신 것과 같다.

취하고 버릴 바가 무엇인지 모르는 어리석음으로 인해 오랜 시간 동안 번뇌라는 적이 우리를 마음의 병에 시달리게 하였는데 몇 번의 수행으로 어떻게 금방 병이 낫기를 바라겠는가.

저 윤회에서 늘 마음이 우매하며
오랜 시간 동안 병에 시달리게 하고
손발이 끊어지는 나병환자가
몇 번 약에 의지한 것으로 무얼 할 수 있나

그런 까닭에 무엇보다 자신을 병자와 같다고 보는 인식이 가장 중요하다. 이 인식이 있으면 나머지 다른 인식들까지 자연스레 생기기 때문이다. 그러나 자신을 병자라고 인식하지 못하고 그러한 인식이 말뿐이라면 법을 들어도 번뇌를 없애기 위한 가르침 본래의 뜻을 이루지 못하고 그냥 듣는 것에 불과하다. 명의를 찾고 나서 약의 조제법을 구하는 것만으로 환자가 병에서 벗어날 수 없는 것과 같다. 『삼매왕경三昧王經』에서 말씀하시길

사람들은 병들어 육신이 고통스러우나
많은 세월 몇 번의 치료로도 벗어나지 못하네
그는 오랫동안 병으로 시달린 까닭에
병을 고치기 위해 또한 약을 구하네

119 우바새 가운데 죽을 때까지 여덟 가지 계율을 받은 이를 '고미'라고 한다. 재가자였으나 수행과 교학의 덕이 높아 나란다에서 법을 설할 정도였다.

거듭하여 그가 구하였기에
저 뛰어난 명의를 찾아내니
그 역시 자비심을 내어
이 약을 먹으라며 준다네

갖가지 좋은 그 귀한 약을 받고서
병을 낫게 하는 약을 먹지 않는 것은
의사의 탓도 아니요, 약의 허물도 아니니
병자 그 자신의 잘못이라네

그와 마찬가지로 이 법에 출가하여
오력五力과 사선정四禪定, 오근五根을 모두 알고
수행에 실로 매진하지 않는다면
깨달음에 정진 없이 열반이 어디에 있겠는가

라고 하셨고, 또 다음과 같이 말씀하셨다.

내가 지극히 선한 법을 설하여도
그대가 듣고서 바르게 행하지 않는다면
약 포대를 쌓아 놓고만 있는 것처럼
자신의 병을 고칠 수 없는 것과 같네

『입행론』에서도 다음과 같이 말씀하셨다.

몸으로 이를 실행해야 한다네
말로만 한다면 무엇을 이루리
치료서를 읽는 것만으로

병자들에게 무슨 도움이 되겠는가

따라서 경에서 "애써서 병을 없애려는 생각을 일으키라."는 말씀 중에 '애씀'이란 선지식의 가르침인 취할 바와 버릴 바를 실천하는 것이다. 또한 실천하기 위해서는 실천하는 법을 알아야 하며 이를 알기 위해 그것을 들어야 한다. 들어서 알려고 하는 이유도 '행行'을 위한 것이므로 들은 바를 자신의 능력에 맞게 실천하는 것이 가장 큰 관건이다. 그와 마찬가지로 『청문집聽聞集』에서 다음과 같이

가령 많이 배웠더라도
계율을 잘 지키지 않는다면
그는 계행 때문에 비난받을 것이니
그의 배움은 원만한 것이 아니네

가령 적게 배웠더라도
계율을 잘 지킨다면
그는 계행으로 칭송받으니
그의 배움은 원만한 것이 된다네

가령 적게 배우고
계율을 잘 지키지 못하면
그는 두 가지 이유로 비난받으며
그의 수행은 원만한 것이 아니네

누군가 많이 배워서
계율을 잘 지킨다면

그는 두 가지 연유로 칭송받으니
그의 수행은 원만한 것이네

라고 하셨고, 또 다음과 같이 말씀하셨다.

선설善說의 들음[聞]에 의미가 있음을 알고
삼매에 의미가 있음을 알게 되더라도
방일하고 거친 행동을 한다면 그의
배움과 앎으로 큰 뜻을 이루지 못하리

성현께서 설하신 법을 좋아하고
그와 같이 몸과 말로써 행하는 자
그러한 이는 감내함이 있어 벗이 좋아하고
오근을 다스려 배움과 앎의 피안을 얻으리

『권발증상의요勸發增上意樂』에서도

나는 수행이 기울었으니 이제 어찌 하나
죽을 때에 어리석은 자 근심한다네
확신을 얻지 못해 고통스러우니
떠드는 것만 좋아한 죄가 이것이로다

라고 하셨고, 또 다음과 같이

가무歌舞를 보는 자리에 있는 이가
또 다른 영웅의 덕을 칭송하듯이

들음(聞)을 통해 혜학과 정학에 핵심이 있다는 것을 설사 알게 되더라도 그것의 실천, 즉 계학이 없다면 큰 뜻을 이룰 수 없는 것이다.

배움과 앎의 궁극적 종착점은 수행이므로 피안을 얻음이란 수행을 얻게 됨을 뜻한다.

이생에 수행을 하지 않았으니 내생에 어찌될지 그 업보를 알지 못하고 선취에 태어난다는 확신도 없다. 죽음이 임박하면 그 때문에 근심과 괴로움이 생기는 것이다.

자신의 수행이 기울어지는 것은
떠드는 것만 좋아한 죄가 이것이로다

라고 하였으며, 또 다음과 같이 말씀하셨다.

사탕수수 나무의 껍질에는 그 어떤 알맹이도 없고
좋아하는 단맛은 그 속에 있네
껍질을 씹는 것으로, 사람이 사탕의 맛
달콤함을 얻을 수 있는 것이 아니네

이처럼 말로 떠드는 것은 껍질을 씹는 것과 같고
사탕의 단맛은 그 의미를 생각하는 것에 있다네
그러므로 말로 떠들기 좋아하는 것을 버리고
항상 불방일을 행하며 법의 의미를 생각하라

다섯 번째는 여래를 가장 뛰어난 존재로 여기는 것이다. 이는 설법자인 세존을 수념隨念[120]하여 큰 공경심을 일으키는 것이다.

여섯 번째, 법의 전통이 길이 남기를 바라는 생각을 일으키는 것이다. '이와 같은 법을 듣고 배움으로써 부처님의 법이 세상에 길이 남을 수 있다면 얼마나 좋을까' 하고 생각하는 것이다.
또한 법을 설하거나 들을 때 자신의 마음과 법을 무관한 것으로 여기며 법을 설하고 듣는다면 아무리 많은 법을 설하고 듣더라도 의미가 없다. 그러므로 자신의 마음을 점검하기 위해 법을 들을 수 있어야 한다. 이를테면 얼굴에 검은 티가 있는지 없는지 알고 싶을 때 거울을 보고 티를

120 부처님의 공덕과 은혜를 떠올리는 것

제거하는 것과 같다. 자신의 행동 가운데 있는 허물도 법을 들을 때 법의 거울에 비춰진다. 그 때 '나의 마음이 그와 같았구나' 하고 반성하게 되며 그러한 것에서 허물을 없애고 덕을 이루게 된다. 따라서 법에 수순하는 실천行이 필요한 것이다.

『본생담』에서는 다음과 같이 말씀하셨다.

나의 행동 나쁜 모습
법의 거울로 분명히 보고서
마음에 성찰이 크게 일어나니
나는 법으로 향하겠노라

그와 같이 쑤따싸의 아들이 찬드라 왕자에게 연이어 설법을 청하자 보살이었던 왕자는 그의 마음이 법을 들을 만한 그릇이 되었음을 아시고서 법을 설하신 것과 같다.

요컨대, '나는 일체중생을 이롭게 하기 위해 부처를 이뤄야 하며 그것을 이루려면 그 원인을 배워 행해야 한다. 그러기 위해서는 알아야 하고, 그러려면 법을 들어야 하기에 참으로 법을 들어야겠다.'라는 마음을 일으키는 것이다. 아울러 법을 듣는 공덕을 떠올려 큰 환희심을 가지고 법기의 허물을 끊으며 여섯 가지 생각 등으로 법을 듣는다.

[2] 설법자가 법을 설하는 법

{1} 법을 설하는 공덕 사유하기

{2} 부처님(教祖)과 법에 공경심 일으키기

{3} 설법자의 마음가짐과 몸가짐

{4} 법을 설할 대상과 설하지 않아야 할 대상의 구별

두 번째, 법을 설하는 방법에 네 가지를 설한다. 법을 설하는 공덕을 사유하고 부처님과 법에 공경심을 어떻게 일으키는지를 설명하고 설법자가 가져야 할 마음가짐과 몸가짐과 법을 설하는 대상과 설하지 않아야 하는 대상을 구별한다.

{1} 법을 설하는 공덕 사유하기

첫 번째, 법을 설할 때 재물과 명예 등의 이익을 보지 않고 법을 설하는 것은 그 공덕[121]이 매우 크다. 『권발증상의요』에서 다음과 같이 말씀하셨다.

미륵이여, 이 스무 가지는 무재無財 법보시
명리名利를 바라지 않고 법보시를 베푼 그의 공덕이니라
스무 가지가 무엇인가 하면 이와 같도다
말과 뜻을 잊지 않는 기억을 가지게 되고

진제를 깨닫는 지혜를 가지게 되고
속제를 깨닫는 생각을 가지게 되고

121 명리를 바라지 않고 베푸는 법보시의 스무 가지 공덕을 말한다. ①들음의 지혜(聞慧), ②선정의 지혜(修慧), ③사유의 지혜(思慧), ④사견에 흔들리지 않는 확고함, ⑤세간의 지혜(자량도, 가행도) ⑥출세간의 지혜(견도와 수도) ⑦⑧⑨ 탐심, 진심, 치심이 줄어듦 , ⑩마(魔)가 방해할 수 없음, ⑪불보살이 보살핌, ⑫호법신장이 수호함, ⑬천신들이 설법자의 풍모에 위엄이 서리도록 도와줌, ⑭싫어하는 이들이 비난하지 못함, ⑮권속들이 좋아하고 함께함, ⑯말이 진실되고 무게가 있음, ⑰어떤 상황에도 두려움이 없음, ⑱명리를 바라는 데서 오는 마음의 불행이 없음, ⑲현자들의 칭찬, ⑳법을 듣는 자들이 그의 청정한 법보시의 은혜를 기억하게 된다. (Ⓒ 54쪽)

확고함을 지니게 되고 지혜를 가지게 되고
출세간의 지혜를 깨닫게 되고

탐심이 줄어들고
진심이 줄어들며 치심이 줄어들어
마구니[魔]가 그를 해할 기회를 얻지 못하며
부처님들께서 어여삐 여기시게 되느니라

비인非人들이 그를 비호하게 되며
천신들이 그에게 위엄이 서리도록 만들며
싫어하는 이들이 그의 흠을 잡을 기회를 찾지 못하게 되며
그의 권속들이 떠나지 않느니라

말에 위엄이 있고 그것으로 무외심無畏心을 얻게 되고
마음의 평온이 많고
현자들이 칭송하게 되고
그의 저 법보시의 은혜를 또한 생각하게 되느니라

많은 경장에서 말씀하신 법을 설하는 공덕에 깊은 믿음을 일으킨다.

여기 두 번째 게송 첫 번째 구에서 '확고함을 지니고'라는 부분을 『집학론』의 신역新譯에서는 '신해심信解心을 지니고'라고 번역하였으나 구역舊譯에서는 '강한 정진력을 가지고'라고 번역하였다.[122]

122 쫑카빠 대사께서 두 가지 번역이 있음을 소개하시며 모두 부정하거나 그 중 어떤 번역이 낫다고 결정하지 않으신 것은 두 번역 모두 나름의 의미가 있다고 생각하신 것으로 보인다.

{2} 부처님(教祖)과 법에 공경심 일으키기

부처님께서 당신의 법좌를 만드신 것은 법에 대한 존경을 표하는 것이다. 이는 『반야이천송』의 설법 「인연분(序分)」을 비롯해 반야경 곳곳에서 언급된다. (Ⓓ 90쪽)

『반야경[佛母]』을 설하실 때 세존께서 직접 자신의 법좌를 만드셨듯이, 법은 부처님들께서도 귀하게 여기는 복전이다. 그러므로 법에 큰 공경심을 일으키고, 부처님의 공덕과 은혜를 떠올려 부처님께 공경심을 일으킨다.

{3} 설법자의 마음가짐과 몸가짐

〈1〉 마음가짐

어떠한 마음가짐과 몸가짐이 필요한가, 먼저 마음가짐이란 『해혜문경海慧問經』에서 말씀하신 다섯 가지 마음[想]을 가지는 것이다. 즉 설법자 자신을 의사로, 법을 약으로, 법을 듣는 사람을 병자로, 여래를 최고의 존재로 여기고 법의 전통이 길이 남기를 바라는 마음을 일으키고 대중에게는 자애심을 가지는 것이다.
또한 법을 일러주면 타인이 높은 덕을 갖게 될까 경계하는 시기심과 설법을 뒤로 미루는 게으름, 반복해서 설명하는 어려움에 대한 염증을 버린다. 또 자신을 치켜세우고 타인의 허물을 말하거나 법을 알려주는 것에 인색하고, 의식주를 비롯한 물질적 대가를 바라고 법을 설하는 이 모두를 버리고 자타가 부처를 이루기 위해 법을 설하는 복덕 그 자체가 자신의 행복을 이루는 수단이라고 여기는 마음가짐이다.

〈2〉 몸가짐

몸가짐이란 몸을 씻어 청결히 하고 깨끗한 옷을 입는 것이다. 청정하고 편안한 곳에서 법상과 좌복에 앉아 항마진언[123]을 소리 내어 염송하

123 ཏདྱཐཱ། ཤ་མེ་ཤ་མ་བ་ཏེ། ཤ་མི་ཏ་ཤ་ཏྲུ། ཨཾ་ཀུ་རེ། མང་ཀུ་རེ། མཱ་ར་ཛི་ཏེ། ཀ་ར་ཊེ། ཀེ་ཡཱུ་རེ། ཨོ་ཛོ་བ་ཏེ། ཨོ་ཧོ་ཀ་མ་ཏེ། ཝི་ཤ་ཋ། ནིརྨ་ལེ། མ་ལཱ་པ་ན་ཡེ། ཨོཾ་ཁ་རེ། ཨོཾ་ཁ་ར་གྲ་སེ་ཁ་ཡཾ། གྲ་སོ་གྲ་ས། ཧེ་མུ་ཁི། པ་ར་མུ་ཁི། ཤ་མི་ཏ། སརྦ་གྲ་ཧ་བནྡྷ་ན། ནི་གྲྀ་ཧཱི་ཏཿ སརྦ་པ་ར་པྲ་བཱ་དི། བི་མུཀྟཱ་མ་ར་པཱ་ཤཿ སྠཱ་བི་ཏ། བུདྡྷ་མུ་དྲ། ས་མུདྒྷཱ་ཏི་ཏཿ སརྦ་མཱ་རཿ ཨ་ཙ་ལི་ཏཿ པ་ད་པ་རི་ཤུདྡྷེ་བི་གཙྪནྟུ་སརྦ་མཱ་ར་ཀརྨཱ་ཎི།

면 그 반경 100유순(由旬, yojana)[124]에 마귀와 잡신들이 오지 않고, 오더라도 방해할 수 없다고 『해혜문경』에서 말씀하셨으니 이 진언을 소리 내어 염송한다.

본격적으로 법을 설할 시에는 밝은 안색으로, 설하는 바의 의미를 알고, 의미를 설명하기 위해 경의 근거와 비유를 가지고 설한다.

『법화경法華經』에서 다음과 같이 말씀하셨다.

> 설법자[知者]는 항시 시기함이 없고
> 의미 있고 듣기 좋은 다양한 이야기를 설하며
> 게으름을 모두 완전히 끊고서
> 염증을 일으키지 않아야 하네
>
> 현자들이 싫어하는 모든 것을 끊고
> 대중을 향해 자비심을 닦아야 하네
>
> 밤낮으로 뛰어난 법을 닦고
> 설법자[知者]는 무수한 비유로써
> 대중의 마음을 움직이고 좋아하게 하며
> 거기에 항상 바라는 바가 조금도 없어야 하네
>
> 먹거리와 마실 거리, 주식과 부식,
> 의복과 침구, 법의法衣들과

제자가 알아들을 때까지 반복하는 강설로 인한 노고에 염증을 느끼지 않아야 한다.

현자들이 싫어하는 일은 자신을 치켜세우고 남의 허물을 말하며 법에 인색하고 물질을 탐하여 법을 설하는 것이다.

(따다타 쌰메쌰마와띠 쌰미따쌰뚜루 암꾸레 망꾸레 마라지떼 까라떼 께유레 오고와띠 오호까마띠 비쌰타 닐말레 말라빠나예 오카레 오카라다메카야 그라쏘 그라싸 헤무키 빠라무키 쌰미따 쌀와그라하반다나 니그리히이따 쌀와 빠라 쁘라바디 비묵따마라빠쌰 쓰타비따 붇다 미드라 싸뮈그하띠따 쌀와마라 아짤리따 빠다빠리숫다 디가찬뚜 마라깔마니) (© 57쪽)

124 고대 인도의 거리(里數) 단위이다. 소달구지가 하루에 갈 수 있는 거리를 말하며 대유순은 80리, 중유순은 60리, 소유순은 40리이다. 1 유순은 대략 13~14km정도이다.

병을 치료하는 약을 염두에 두지 않으며
대중에게 그 어떤 것도 구해서는 안 되네

한편으로 설법자[知者]는 항상 자신과
'이 중생들이 부처를 이루기를' 염원하고
이롭게 하기 위해 세간에 법을 설한 모든 것이
자신의 행복을 위한 완전한 도구라고 생각하라

{4} 법을 설할 대상과 법을 설하지 않아야 할 대상의 구별

법을 설할 때는 법을 설하는 대상과 설하지 않아야 할 대상을 구별해야 한다.

『비나야경毗奈耶經』[125]에서 '청하지 않은 이에게 설하지 않는다' 라고 말씀하셨듯이 청하지 않은 이에게는 법을 설하지 않는다. 만약 청하더라도 법의 그릇인지를 살피며 법기라는 것을 알았다면 상대가 청하지 않아도 설한다. 『삼매왕경三昧王經』에서 다음과 같이 말씀하셨다.

법을 베풀기 위하여 어떤 것이 필요한가
만일 그대에게 법을 청한다면
내가 깊이 있게 많이 배우지는 못하였네
이 말을 처음에 해야 하리라

---

125 나란다 12대 논사 가운데 한 분인 욘댄 외(德光, yon tan'od)의 저술. 『비나야경(毗奈耶經)』이라고 하지만 엄밀히 말해서 경은 아니다. 수트라(經)는 일반적으로 부처님의 말씀이라는 의미 외에도 '간추려 요약한 것'이라는 의미를 가진다. 『비나야경』의 주석서에 따르면 『비나야경』은 욘댄 외께서 방대한 율장을 배우기를 두려워하는 이들을 위해 쉽게 그 의미를 파악하고 사견을 없애기 위한 목적으로 율장에서 중요한 부분만 간추려 편찬한 것이다. 이러한 근거는 Dharmamitra의 『비나야경』 주석서와 티벳논사 소남닥빠(gsod rnam dg pa)의 저술인 『율전해석서』('dul ba mtha' dpyod:5쪽 대풍로쎌링도서관, 2015)를 통해 알 수 있다. 그 중 『비나야경』의 주석의 내용은 다음과 같다. ཊཱི་ཀ་ལས། གཞུང་རྒྱས་པ་ཉན་པས་འཇིགས་པ་རྣམས་ཀྱི་དོན་དང་། རྣམ་པར་འབྱེད་པ་ལ་སོགས་པ་དེ་དག་ཉིད་ཡང་དག་པར་བསྟན་པའི་ཕྱིར། ལོག་པར་རྣམ་པར་འཆད་པ་བསལ་བའི་དོན་དུ་སློབ་དཔོན་གྱིས་མདོ་བརྩམས་སོ།། (TI ka las/ gzhung rgyas pa nyan pas 'jigs pa rnams kyi don dang/ rnam par 'byed pa la sogs pa de dag nyid yang dag par bstan pa'i phyir/ log par rnam par'chad pa bsal ba'i don du slob dpon gyis mdo brtsams so//) 『비나야경』은 설일체유부 계통의 율전이기 때문에 티벳에서는 율장을 배울 때 이것을 근본 텍스트로 채택하여 배우고 암송한다.

그대가 식자識者이며 지자知者인데
대지식인의 앞에서
내가 어찌 설하겠는가 라고
그대는 이와 같이 말해야 하리

잠시 임시로 말하지 말고
그릇을 살피고 나서 받아들여야 한다
만일 그릇임을 알게 되었다면
청하지 않았더라도 설해야 하리라

또한 『비나야경』에서 다음과 같이 말씀하셨다.

앉아 있는 자에게 서서 법을 설하지 않는다
누워있는 자에게 앉아서 법을 설하지 않는다
낮은 자리에 앉아서 높은 자리에 앉은 이에게 설하지 않는다
나쁜 자리와 좋은 자리도 이와 마찬가지이다

앞에 가는 사람에게 뒤에 가면서 설하지 않는다
길을 걸어가는데 길의 가쪽에서 설하지 않는다
머리에 천을 쓰고 옷을 걷은 채로 있거나
터번을 쓰고 있는 이에게 설하지 않는다

머리에 상투를 틀고 모자를 쓰고 보관寶冠과
구슬 장식을 한 자에게, 두건을 쓴 자에게 설하지 않는다.
코끼리와 말을 타거나 가마와 마차에 앉아 있거나
신을 신고 있는 이에게는 설하지 않는다

설법자에 대한 불손한 태도는 법에 대한 공경심이 없는 것이기 때문에 그런 이들에게는 법을 설하지 않는 것이 원칙이다. 다만 몸이 아파서 누워 있거나 상처로 인해 머리에 두건을 쓰고 옷을 걷는 등 환자의 경우는 예외이다.

손에 지팡이와 일산日傘과 창과 검, 도끼,
갑옷을 입은 이에게는 법을 설하지 않는다

이와 같이 설하지 않는 경우는 아프지 않은 것을 전제로 하고 이와 반대의 경우에는 설할 수 있다.

[3] 공통의 마지막 행법

스승과 제자가 마지막에 행해야 할 바는 회향이다. 그것은 청문과 설법의 선근이 훼손되지 않도록 온전히 보호하기 위한 것이다.

법을 설한 후에 설법자와 청문자가 공통적으로 행해야 할 바는 법을 설하거나 들어서 생긴 선善을 현재의 바람과 궁극적인 목적을 이루기 위해 강한 염원으로 회향하는 것이다.

지금까지 설명했듯이 그와 같은 방식으로 법을 설하고 듣는다면 단 한 번을 할지라도 경에서 설하신 그 공덕이 헛되지 않을 것이다. 그로써 법과 설법자에게 불경不敬을 저질렀던 과거의 모든 업장도 닦여지고 새로 지은 업의 흐름까지도 끊어진다.[126]

법을 듣고 설하면서 짓는 선업은 불손하고 무례한 불경죄를 소멸하며 최근에 새롭게 지은 업도 끊어지게 한다.

일찍이 모든 성현들은 진심을 다해 여법하게 법을 설하고 들었을 때 설하는 가르침이 마음에 진정으로 도움이 된다는 것을 아시고 이 청문과 설법의 방편에 정성을 쏟으셨으며 특히 이 보리도차제 법통의 선대 스승들께서도 이 방편에 각별히 노력하셨다.

126 여기에는 'chos nyan bshad gnad du song ba la brten nas'와 'chos nyan bshad gnad du ma song ba la brten nas'의 두 가지 판본이 있다. 전자는 '참된 설법과 청문에 의해'라고 해석되며, 후자는 '참되지 않은 설법과 청문에 의해'로 해석할 수 있다. (달라이라마 Ⓓ상권, 256쪽) 달라이라마는 후자의 판본이 잘못된 것으로 보고 전자로 해석하고 있으나, 이 번역에서는 후자의 판본을 따랐다. 왜냐하면 문두에 '그와 같이 법을 듣고 설한다면'이라는 대전제가 있기 때문에 전자의 해석은 내용이 중복되는 인상을 주므로 문맥상 후자 판본의 해석이 좀 더 자연스럽다고 보았기 때문이다. 달라이라마처럼 전자의 판본을 옳은 것으로 보는 경우도 있지만 링린포체와 같이 후자의 판본을 옳은 것으로 보는 해석도 적지 않다.

이것은 큰 가르침이다. 참된 설법과 청문의 공덕과 이로움을 믿지 못하고 마음의 변화도 일어나지 않기 때문에 심오한 법을 아무리 자세히 설해 주어도 천신이 귀신이 된다는 말처럼 그 법이 도리어 번뇌를 키우는 꼴이 되는 것을 참으로 많이 볼 수 있다.

도움을 기대했던 것이 오히려 화근이 되었다는 뜻으로 의지했던 천신이 해가 될 때 천신이 귀신이 되었다고 표현한다.

그러므로 '초하루에 잘못되면 보름까지 간다'는 속담처럼 될 수 있어서 청문과 설법을 도道로 삼는 이러한 방편에 지혜로운 이들이 노력하여, 법을 듣거나 설하는 어떠한 경우라도 최소한 일부분의 마음만이라도 낼 수 있어야 한다. 왜냐하면 본 가르침에 들어가기 전에 가장 뛰어난 예비행[加行]이 바로 이것이기 때문이다.

설명이 길어질 것이 염려되어 중요하고 또 중요한 것들만을 요약하였으니 더 세세한 것은 다른 곳에서 배워서 알도록 하라. 여기까지 가르침에 들어가는 준비 단계로서 그 비결祕訣을 설명하였다.

제 4 장

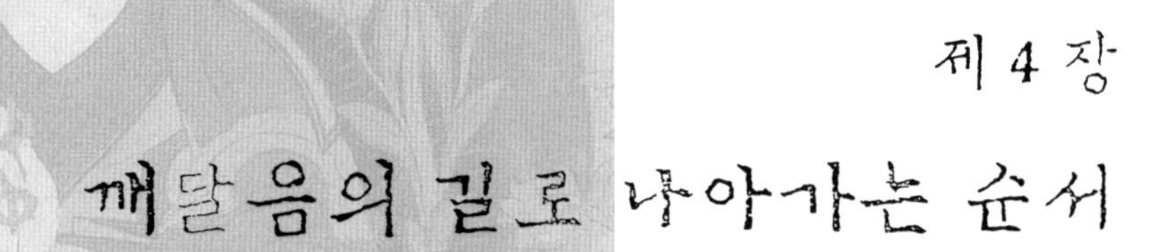

본 가르침으로 제자를 인도하는 순서

Ⅳ. 본 가르침으로 제자를 인도하는 순서

[1] 모든 도의 근원인 선지식을 의지하고 섬기는 법

[2] 선지식에 의지하여 마음을 닦는 순서

여기에서 말하는 본 가르침이란 앞서 설명한 예비 가르침에 이어 본론에 해당되는 가르침을 말한다.

네 번째, 본 가르침을 통해 제자를 이끄는 두 가지 순서를 설한다. 첫 번째는 도의 근원인 선지식(善知識, dge ba'i bshes gnyen)[127]을 의지하고 섬기는 법이고, 두 번째는 선지식에 의지하여 마음을 닦는 순서이다.

[1] 모든 도의 근원인 선지식을 의지하고 섬기는 법

{1} 확신을 얻기 위한 상설(詳說)

{2} 수행방식에 대한 약설(略說)

첫 번째, 선지식을 의지하고 섬기는 것은 모든 도의 근원이므로 먼저 선지식과 선지식을 섬기는 법에 확신을 얻기 위해 그 내용을 자세히 설명한다. 두 번째는 그 수행방식을 요약하여 설명한다.

{1} 확신을 얻기 위한 상설(詳說)

첫 번째, 『섭결정심장攝決定心藏』[128]에서 다음과 같이 말씀하셨다.

> 대승 종성種姓에 머무는 저 사람들은
> 바른 선지식에 의지하여 성취한다네

127 스승이라는 뜻의 라마(Lama)와 동의어이다. 어떤 스승에게 어떻게 의지하느냐에 따라 도의 성취가 달라지므로 스승을 모든 도의 근원으로 본다. 가장 먼저 교시되는 선지식을 의지하여 섬기는 법은 보리도의 첫 번째 도이며 실질적인 수행의 영역에 포함된다.

128 아띠샤의 저술이다.

된빠(dol pa)[129]가 엮은 뽀또와[130]의 어록[131]에서도 "일체의 특별한 가르침의 시작은 올바른 선지식을 버리지 않는 것이다." 라고 하였다.

그처럼 제자의 마음에 하나의 덕이 생기고 하나의 허물이 없어지는 것에서 모든 덕을 갖추고 모든 허물이 소멸되기까지, 모든 복락의 원천은 바로 선지식이다. 따라서 선지식을 의지하는 법이 그 무엇보다 중요하다. 『보살장경菩薩藏經』[132] 에서 다음과 같이 말씀하셨다.

> 요컨대 일체 보살행을 얻어 원만하며 그와 같이 육바라밀[波羅蜜]과 십지[地], 인忍과 삼매三昧, 신통과 다라니陀羅尼, 변무애지辯無碍智와 회향, 서원과 부처의 일체 법을 얻는 원만한 성취는 스승에게 달려 있느니라. 스승이 뿌리이니 스승에게서 나오고 스승이 출처出處이고 발원지이니라. 스승이 일깨우고 스승이 키우며 스승에 의지하니 스승이 원인[因]인 것이니라.

인(忍)은 공성의 진리를 두려워하지 않고 감당함을, 다라니는 불망념지(不忘念智)를, 부처의 일체법이란 18불공법과 같은 부처의 일체 공덕을 말한다.

또한 뽀또와께서 말씀하시길 "해탈을 이루는 데 스승보다 더 중요한 것은 없다. 남이 하는 것을 따라 배우면 해낼 수 있는 이생의 일이라도 가르쳐 주는 사람 없이는 그것을 해낼 수가 없는데, 하물며 악도惡道에서 온 지 얼마 되지 않는 자가 여지껏 가 본 적이 없는 곳으로 가면서 스승 없이 가는 것이 어떻게 가능하단 말인가?"라고 하셨다.

---

129 본명은 된빠 셰럽 갸초(shes rab rgya mtsho), 까담파의 선지식으로 뽀또와의 제자이다.

130 본명은 린첸 쎌(rin chen gsal, 1027-1105)이다. 옥 장춥 중네를 은사로 출가하여 쿠뙨에게 경을 배웠으며 돔뙨빠로부터 모든 구결을 배웠다. 라뎅사원에 오랫동안 주석하면서 『보리도등론』을 근본으로 한 까담 6부 경서를 주로 참구하고 설법하였다. '까담 슝바와'라는 새로운 도풍을 일으켜 쌰라와, 랑리 탕와, 된빠 등 여덟 명의 걸출한 제자를 배출하였다. 저서로는 『베붐응왼보(be'u 'bum sngon po)』와 『뻬최린첸뿡바(dpe chos rin chen spungs pa)』가 있다.

131 뽀또와의 어록으로 『베붐응왼뽀(be'u'bum sngon po)』라고 한다.

132 『대보적경』의 한 품이다.

{1} 확신을 얻기 위한 상설(詳說)

〈1〉 의지처인 선지식의 자격[性相]

〈2〉 스승에 의지하는 자인 제자의 자격[性相]

〈3〉 제자가 스승을 섬기는 법

〈4〉 선지식을 섬기는 공덕[得]

〈5〉 선지식을 섬기지 않는 해악[失]

〈6〉 요결(了結)

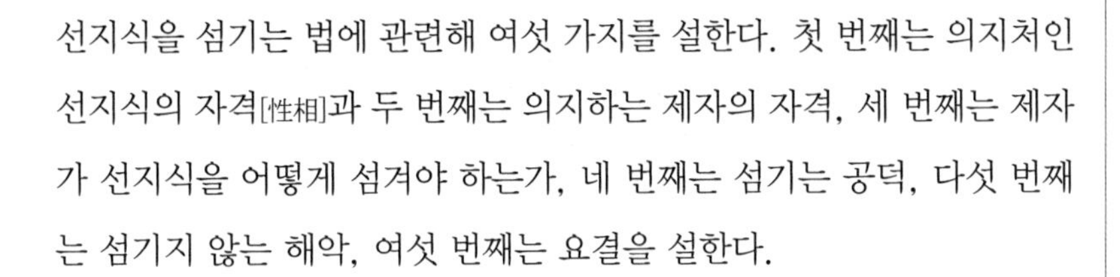

선지식을 섬기는 법에 관련해 여섯 가지를 설한다. 첫 번째는 의지처인 선지식의 자격[性相]과 두 번째는 의지하는 제자의 자격, 세 번째는 제자가 선지식을 어떻게 섬겨야 하는가, 네 번째는 섬기는 공덕, 다섯 번째는 섬기지 않는 해악, 여섯 번째는 요결을 설한다.

〈1〉 의지처인 선지식의 자격[性相]

첫 번째, 일반적으로 경론經論에는 각 승乘의 차원에서 요구되는 스승의 자격에 대해 많은 설명이 있다. 그러나 여기서는 제자를 세 근기의 도로 순차적으로 이끌어 끝내 성불도成佛道라는 대승으로 이끄는 선지식에 대해 설명한다.

대승의 선지식을 『대승장엄경론大乘莊嚴經論』[133]에서 다음과 같이 말씀하셨다.

> 선지식은 조복調伏, 지止, 근지近止
> 나은 덕성德性, 정진精進, 경經에 해박하며
> 진여를 깨닫고 설하는 데 뛰어남을 갖추어
> 자애慈愛롭고 싫어하는 생각을 버린 이에게 의지하라

대선지식의 열 가지 요건이란 ①조복(調伏:계학), ②지(止:정학), ③근지(近止: 혜학/ 인무아의 지혜), ④제자보다 뛰어난 공덕, ⑤이타를 좋아하는 정진, ⑥교학(敎學), ⑦진여의 증득(법무아의 지혜), ⑧언변, ⑨자애심, ⑩반복되는 설법을 싫어하지 않는 것이다.

---

133 미륵보살의 자씨오론(慈氏五論) 중 하나. 범본 『Mahāyānasūtrālaṃkāra』과 Prabhā-karamitra(波羅頗蜜多羅, 565~633)에 의한 한역과 티벳역이 현존한다. 한역은 24품으로 구성되어 있으나 범본과 티벳본은 21품으로 구성되어 있다.

그처럼 제자는 열 가지 요건[十法]을 갖춘 선지식을 의지하고 섬겨야 한다고 말씀하셨다.

자신을 다스리지 못하는 이는 타인을 조복할 자격이 못 된다고 하였으므로 남을 교화하는 스승은 먼저 자신의 마음을 조복해야 한다. 그렇다면 어떤 방식으로 조복한 것이어야 하는가? 되는 대로 수행하여 깨달음[證法]이라 이름 붙인 것이 있다해도 그것은 마음을 조복하는 것과는 아무 상관이 없다. 따라서 마음을 조복하는 방식은 부처님의 보편적인 법에 부합하는 것이어야 한다. 그것은 반드시 고귀한 삼학三學 가운데 하나로 정해지게 되므로 『대승장엄경론』에서 계학에 해당하는 조복調伏 등의 세 가지 요건을 말씀하신 것이다.

신통이나 미래의 예언을 수행의 공덕이나 깨달음이라고 이름 붙이거나 타심통이나 숙명통의 일부가 있다 하더라도 그것만으로 자신의 마음을 조복하지는 못한다.

여기에 ① 조복調伏이란 계율의 실천[戒學]이므로 『별해탈경別解脫經』에서 다음과 같이 말씀하셨다.

날뛰는 말과 같은 마음
항상 애써도 멈추기 어려워라
날카로운 쇠못을 박은
적절한 재갈이 별해탈계라네

『분변교分辨教』[134]에서 다음과 같이 말씀하셨다.

교화되지 않은 중생의 재갈은 이것이니라

134 『광계경(廣戒經, vinaya-vibhaṅga)』이라고도 한다. 사분율 중 하나이다. 비구계는 2500게송, 83권로 이루어져 있으며 루이 갤첸(klu'i rgyal mtshan)이 번역하였다. 한역은 의정의 번역 『根本說一切有部戒經』이 있다.

이 말씀처럼 조련하는 사람이 좋은 재갈로 말을 길들이듯, 오근五根이 난폭한 말처럼 잘못된 대상을 좇아서 행이 아닌 것을 행하면 멈추게 한다. 그처럼 끊임없는 노력으로 해야 할 바를 행하게 하는 계율의 실천을 통해 마음의 말을 조복한 것이여야 한다.

② 지止[135]란 그와 같이 올바른 행위와 잘못된 행위를 잊지 않고 기억하는 억념憶念과 알아차림[正知]에 의지하여 마음이 안으로 고요히 머무는 정학定學이 생긴 것을 말한다.

③ 근지近止는 마음의 자재함[心輕安]을 얻은 사마타[止]에 의지하여 바른 의미를 낱낱이 살피는 혜학慧學이 생긴 것을 말한다.

선지식은 그처럼 삼학으로써 마음을 조복한 증법證法의 덕을 겸비하여야 하지만 그것만으로는 부족하며 교법敎法의 덕까지도 겸비하여야 한다. 그런 까닭에 ④ 경經에 해박함이란 것은 삼장三藏을 비롯해 많은 배움[聞]을 갖춘 것을 말한다. 선지식 돔뙨빠께서 말씀하시길 "대승의 스승이라면 무엇을 설하든 광대한 경교經敎를 이해시킬 수 있어야 하며, 설한 끝에는 수행에 도움이 되고 당장에도 실질적인 도움이 되도록 설할 수 있어야 한다."라고 하셨다.

⑤ 진여의 증득證得이란 주로 뛰어난 혜학인 법무아法無我의 증득이나 혹은 현량現量으로 진여를 증득한 것을 의미한다. 그러나 이런 깨달음이 없더라도 경교經敎나 이치로써 증득한 것도 이 요건을 갖춘 것으로 성립된다.

진여의 증득은 현량(現量:직접지각)과 비량(比量:간접지각)의 증득인데 비량은 문사의 결과이고 현량은 수의 결과이다.

135 산란함이 모두 사라져 한 대상에 마음이 오롯이 집중되는 것으로 삼매(三昧)를 본질로 한다.

그와 같이 교법과 증법[教證]의 덕을 겸비하여도 그 덕이 제자보다 못하거나 같아서는 이끌 수 없기 때문에 ⑥ 제자보다 뛰어난 덕을 갖추어야 한다. 곧 『친우집親友集』에서 다음과 같이 말씀하신 까닭이다.

나보다 나은 이에게 의지해야만 뛰어난 덕을 얻게 되므로 나보다 뛰어난 이에게 의지해야 한다.

못난 이에게 의지함으로 사람의 덕이 기울고
똑같은 이에게 의지함으로 제자리에 머물며
나은 이에게 의지함으로 뛰어남을 얻게 되나니
그런 까닭에 자신보다 나은 이에게 의지해야 하리

계율戒律과 정려靜慮 그리고
크고 뛰어난 지혜를 가진
뛰어난 자에게 의지한다면
그보다도 더 뛰어난 자가 된다네

푸충와(phu chung ba)[136]께서 "뛰어난 존재들의 이야기를 들으면 그들을 우러러본다."라고 말씀하셨고 타시(mtha' bzhi)께서도 "나는 라뎅[137]의 저 노장들을 본보기로 삼는다."라고 말씀하신 것처럼 뛰어난 덕을 지닌 자를 우러러 볼 수 있어야 한다.

여섯 가지 요건이란 ①②③계정혜 삼학과 ④교학(教學), ⑤진여의 증득, ⑥제자보다 뛰어난 공덕이다.

이상의 여섯 가지 요건은 스승 자신을 위해 성취하는 덕성이며, 그 외 나머지 요건은 타인을 섭수攝受하기 위한 덕성이다. 이에 대해서도 다음과 같이 경에서 말씀하셨다.

136 푸충와(1031-1106): 돔뙨빠의 제자. 팬율에서 태어나 출팀 장춥(tshul khrims byang chub)을 은사로 득도하였다. 법명은 숀누 갤첸(gzhon nu rgyal mtshan)이다. 돔뙨빠와 게셰 쿠 아래에서 교학을 배우고 수행하였으며 76세에 입적하였다.

137 돔뙨빠께서 설립하신 까담파 최초의 사원이다.

부처님[能仁]들은 중생 악업을 물로 씻지 못하고
중생의 고통을 손으로 없애지 못하며
자신의 깨달음을 남에게 옮겨줄 수 없나니
법성法性 진리를 설함으로써 제도하신다네

그와 같이 타인에게 올바른 길[正道]을 보여줌으로써 중생을 섭수하여 제도하는 것이며 악업의 정화를 위해 물로 씻는 따위의 행위로써 제도하는 것이 아니다.

나머지 네 가지 요건은 ⑦언변, ⑧자애심, ⑨이타를 좋아하는 정진, ⑩반복되는 설법을 싫어하지 않는 것이다.

여기에서 말하는 네 가지 요건 가운데 ⑦ 언변言辯이란 도차제로 이끄는 방편에 뛰어나고 그 의미를 제자의 마음에 잘 와닿도록 전하는 데 있어 뛰어남이다.

⑧ 자애심慈愛心이란 법을 설하는 청정한 동기이니 명리를 보지 않고 온전히 사랑과 자비로써 법을 설하는 것이다.
뽀또와(po to ba)께서 짼응아와(spyan snga ba)[138]에게 이렇게 말씀하셨다. "리모의 아들이여,[139] 여지껏 무수히 법을 설하면서도 상대가 고마워할 것이라는 그 어떤 기대조차 내 마음에 품은 적이 없네. 불쌍하지 않은 중생이 없다는 말씀처럼 그러한 마음이 필요한 것 같네."

⑨ 정진精進이란 남을 이롭게 하는 것을 좋아함이다.

138 게셰 짼응아와(1038~1103)는 돔뙨빠의 제자이며 본명은 린첸 발(rin chen bar)이다. 까담파의 선지식이자 범어에 정통한 역경사이다.

139 뽀또와의 전기에 의하면 뽀또와 어머니의 이름이 '리모'였기 때문에 '리모의 아들(li mo'i bu)'은 뽀또와 자신을 가리키는 말이라고 해석할 수 있다. 그러나 공교롭게도 짼응아와의 어머니 이름 또한 '리모 예셰 된(li mo ye shes sgron)'이기 때문에 짼응아와를 친근히 부르는 호칭으로 해석하는 경우도 있다. 이에 대한 해석이 분분하지만 뽀또와 자신을 지칭하는 것보다 대화의 상대를 부르는 것이 문맥상 적절하기 때문에 후자를 선택하여 번역하였다. (Ⓑ 41쪽)

대승의 중(中)선지식은 대선지식의 열 가지 요건 가운데 다섯 가지 요건을 갖춘 스승이다.

⑩ 싫어하는 생각[厭症]을 버린 것이란 반복적인 강설을 피곤해하지 않는 것이며 설법의 고생을 감내하는 것이다.

뽀또와께서 말씀하시길 "계정혜 삼학과 진여의 증득, 중생에 대한 자애심이 가장 주된 다섯 가지 요건이다. 나의 스승 샹쮠(zhang btsun)[140]은 모든 경을 많이 배우신 것도 아니요, 반복되는 강설의 인내심도 없기 때문에 남에게 듣기 좋은 말도 못하지만 앞의 다섯 가지 요건을 갖추고 있으므로 그분의 곁에 누가 있든 도움이 되었던 것이다. 녠뙨(Gnyan ston)[141]에게 언변은 전혀 없지만, 공양 축원을 하나 하더라도 모두가 오늘 의미는 잘 알지 못해도 뭔지 모르게 도움이 된다고들 한다. 이 역시 다섯 가지 요건을 갖추었기 때문에 누가 그의 곁에 있든 가까운 이에게 도움이 되는 것이다."라고 하셨다.

그러므로 삼학의 실천 없이 이를 찬탄하거나 공덕을 말하는 것으로 자신의 생계를 삼는 자는 선지식으로 적합하지 않다. 마치 전단旃檀향의 장점을 칭송하는 것을 생업으로 하는 자에게 전단을 찾는 몇몇이 "그렇게 좋은 것이 당신에게 있소?"라고 물었을 때 없다고 대답하는 것과 같은 그것은 진정성이 없는 말일 뿐이다. 『삼매왕경三昧王經』에서 다음과 같이 말씀하셨다.

> 후세에 비구들
> 계율이 없는 많은 이들
> 다문多聞이 되고 싶어
> 계율을 찬탄하는 자에게는

140 뽀또와의 스승이자 아띠샤의 제자이다. 생몰연도는 알 수 없다.
141 까담파의 선지식. 뽀또와의 제자이다.

계율을 구함이 없다네

정학, 혜학, 해탈 세 가지에도 그와 같다고 말씀하신다.

계학을 찬탄하면서도 계학의 실천이 없는 후세의 비구는 정학, 혜학, 해탈 역시 찬탄하지만 마찬가지로 그들에게 그러한 덕이 없다.

가령 어떤 사람들
전단이 이와 같이
향취가 미묘하다며
전단의 덕을 말하네

그러자 다른 이들이
그와 같이 찬탄하는
전단이 조금 있느냐고
이 사람에게 물어보면

그 사람에게 대답하길
이것이 생계이기에
향을 찬탄하는 말을 하였으나
그런 향이 나에게는 없다네

그와 같이 수행[瑜伽]에 노력하지 않고
계율을 찬탄하는 것을 생계로 삼는 이가
후대에 나오게 될 것인데
그러한 이에게는 계율이 없다네

나머지 세 가지 정학, 혜학, 해탈에 대해서도 그와 같이 말씀하셨다. 그러므로 해탈을 이뤄주는 스승은 궁극적인 목표를 이루는 근원이므로 스승에 의지하고자 하는 이들은 이러한 스승의 자질을 알아야 하며 또

한 자격을 갖춘 스승을 찾으려고 노력해야 한다. 제자를 두려고 하는 이들 역시 이러한 것을 알고 스스로 스승으로서 그 자격을 갖추는 데 노력해야 할 것이다.

여기에서는 대승의 소(小)선지식의 요건으로 스승이 갖추어야 할 최소한의 요건을 말한다.

요즘 시대에 그러한 덕을 갖춘 이를 찾기 어렵기 때문에 그와 같은 이를 찾지 못하면 어떻게 해야 하는가? 『묘비청문경妙臂請問經』에서 다음과 같이 말씀하시고 있다.

바퀴가 하나뿐인 마차는
말이 있어도 길을 달릴 수 없듯이
수행의 조력자[友]가 없다면
유정有情은 성취를 얻지 못한다네

그는 지혜와 용모가 준수하고 청결하며
태생이 존귀하고 법에 전념하고
큰 기개와 용맹심이 있고, 오근을 다스리며
말이 부드럽고 잘 베풀며 자비로운 자

배고픔과 목마름, 어려움을 인내하고
바라문과 세속신에 공양하지 않고
올곧으며 은혜를 알아 갚을 줄 알며
삼보에 신심이 있는 자가 도반이네

이러한 덕성을 모두 갖춘 이들
난세亂世에는 너무나 드물기에
반半이나 사분의 일, 팔분의 일의 덕을 겸비한 자
그러한 자를 믿고 수행자의 벗으로 삼아 의지하라

이와 같이 도움을 주는 도반의 완전한 요건 가운데 팔분의 일을 최소한의 요건으로 말씀하시고 있다. 될빠가 엮은 뽀또와 어록에서 아띠샤의 말씀을 인용하여 이것이 스승에게도 똑같이 적용된다고 설명하고 있다. 그러므로 스승의 자격으로 말씀하신 모든 요건들 가운데, 쉽고 어려운 것을 모두 종합하여 팔분의 일을 갖춘 것을 최소한의 기준으로 삼는다.

〈2〉 스승에게 의지하는 제자의 자격[性相]

두 번째, 제자는 어떠해야 하는가. 『사백송四百頌』[142]에서 다음과 같이 말씀하셨다.

치우치지 않는 마음, 지혜, 구도심이
법을 듣는 그릇[法器]이라 하셨네
설법자의 덕德을 그와 다르게
보지 않고 다른 듣는 자에게도 그렇지 않네

이와 같은 말씀처럼 세 가지 요건을 갖춘 이가 법을 들을 수 있는 그릇[法器]이다. 이 세 가지 요건을 갖춘 자는 법을 설하는 이의 덕을 덕으로 보고 허물로 보지 않는다. 뿐만 아니라 함께 법을 같이 듣는 이의 덕까지도 이 사람은 덕으로 보며 허물로 보지 않는다.

『자주自註』[143]에서는 법을 듣는 자가 이러한 법기의 자격[性相]을 갖추지 못하면 법을 설하는 선지식이 아무리 완전하여도 듣는 자의 허물로 인해 흠 있는 스승이 되거나, 설법자의 허물조차 도리어 덕으로 여기게 된다고 하였다.

---

142 성천(聖天, Aryadeva)의 저술이다.

143 『사백론』의 저자인 성천 본인이 해설한 『사백론』의 주석서이다.

그러므로 모든 자격을 갖춘 완전한 선지식을 찾았더라도 그가 완전한 스승임을 알아보기가 어렵다. 따라서 자격 있는 스승임을 알아보고 그런 스승에게 의지하기 위해서는 이러한 요건들을 갖추어야 한다.

여기에서 치우치지 않는 마음이란 편견이 없는 것이다. 편견이 있다면 그것에 가려서 덕을 볼 수 없기 때문에 선설善說의 뜻을 얻지 못한다. 따라서 『중관심요中觀心要』[144]에서

> 한쪽에 치우쳐 마음이 휘둘리니
> 도[寂]를 결코 깨닫지 못하네

라고 말씀하신 것도 그런 까닭이다. 한쪽에 치우침이란 자신의 교의에 집착하고 다른 교의를 미워하는 것이다. 이러한 것은 자신의 마음을 잘 살펴 버려야 할 바이다. 『보살별해탈경菩薩解脫經』에서 다음과 같이 말씀하셨다.

> 자신의 생각을 버리고 친교사親教師와 아사리阿闍梨의
> 뜻에 함께하고 이를 귀하게 여겨야 하느니라.

그것만으로 법기가 될 수 있는가? 편견이 없더라도 선설善說과 사설邪說, 정도正道와 사도邪道, 이 두 가지를 구별하는 지성이 없다면 또한 법기가 될 수 없기 때문에 이 두 가지를 아는 지성知性이 있어야 한다. 지성을 통해서 비로소 의미 없는 것을 버리고 의미 있는 것을 취할 수 있는 것이다.

144 중관사상에 관한 청변의 논서이다.

그렇다면 편견 없는 마음과 지성, 이 두 가지만으로 충분한가? 이 두 가지가 있더라도 겉멋으로 법을 듣는 경우가 있듯이 진심으로 법을 구하지 않는다면 또한 법기가 될 수 없으므로 법을 구하는 큰 구도심이 있어야 한다. 『자주自註』에서는 법과 설법자를 귀하게 여기는 마음과 법을 들을 때 마음을 기울이는 것까지 두 가지 요건을 더하여 다섯 가지를 말씀하셨다.

그러므로 법기에게는 법을 구하는 큰 구도심과 법을 들을 때 마음을 잘 기울이는 것, 법과 설법자에 대한 깊은 공경심 그리고 사설邪說을 버리고 선설善說을 받아들이는 것을 포함한 네 가지가 필요하다. 네 번째[145] 요건의 순연順緣[146]은 지성이며, 이 요건의 역연逆緣[147]을 없애는 것은 편견 없는 마음이다.

쫑카빠 대사는 최종적으로 법을 듣는 자의 네 가지 요건을 말한다. ①법을 구하는 큰 구도심, ②법을 들을 때 마음을 잘 기울이는 것, ③법과 설법자에 대한 공경심, ④사설을 버리고 선설을 받아들이는 것이다.

스승이 이끌만 한 법기로서의 저 요건들을 갖추고 있는지 아닌지를 스스로 살펴보아야 한다. 갖추고 있다면 기뻐할 일이다. 갖추지 못했다면 앞으로 그러한 요건을 갖추기 위한 원인과 조건을 만드는 데 노력해야 할 것이다. 그러려면 먼저 법기의 요건[性相]을 잘 알아야 한다. 그러한 요건들을 알지 못하면 법기의 자격이 있는지 스스로를 검증할 수 없을 뿐만 아니라 법과 관련된 악업을 짓게 되어 결국 큰 뜻을 그르치게 된다.

145 시빠(བཞི་པ་ bzhi pa)와 시뽀(བཞི་པོ་ bzhi po) 두 가지 판본이 있다. 시빠(bzhi pa)는 '네 가지'라는 의미의 양수사로 해석되고 시뽀(bzhi po)는 '네 번째'라는 의미의 서수사로 해석된다. 맥락상 서수사의 해석이 적절해 보이며 달라이라마의 동일한 해석을 근거로 '네 번째'로 번역하였다. (Ⓓ 128쪽)

146 어떤 것을 이루는 데 도움이 되는 원인과 조건을 말한다.

147 어떤 것을 이루는 데 방해가 되는 원인과 조건을 말한다.

〈3〉 제자가 스승을 섬기는 법

세 번째, 제자가 스승을 의지하고 섬기는 법이다.

그와 같이 법기의 제자는 앞의 설명대로 스승이 자격을 갖추고 있는지를 잘 살펴서 반드시 자격을 갖춘 스승에게 가르침을 받는다.

이와 관련하여 선지식 돔뙨빠와 쌍푸빠(gsang phu ba)[148]는 서로 상반된 행장을 보인다. 쌍푸빠는 스승이 많았다. 설법이면 모두 다 들을 정도여서 어느 날 캄 지방에 갔다가 돌아오는 길에 우바새優婆塞가 하는 설법까지 들었다. 이에 권속들이 처사에게 법을 듣는 것은 체통 없는 짓이라고 나무랐다. 그러자 "그대들은 그렇게 말하지 마라. 나는 두 가지 이익을 얻었다."라고 하셨다. 이에 반해 선지식 돔뙨빠는 스승이 적어 다섯 분[149]도 채 되지 않았다. 이에 대해 뽀또와와 곰바 린첸 라마 두 분께서 저 두 분의 행장 가운데 어떤 것이 더 나은지 담론하였다. 그 결과 초심자의 경우는 허물을 쉽게 보니 스승에 대한 신심이 일어나기 전까지는 선지식 돔뙨빠의 방식이 더 낫다는 것에 서로 동의하였다. 이와 같은 조언은 참으로 지당하신 말씀이다. 따라서 초심자는 많은 스승에게 법을 받는 것을 지양한다.

〈3〉-1. 마음으로 섬기는 법
2. 행으로 섬기는 법

법은法恩을 베풀어주시고 더욱이 완전한 가르침으로 제자의 마음을 잘 이끌어 주시는 선지식을 어떻게 의지하고 섬길 것인가. 그러한 스승을 섬기는 방법은 두 가지로써 마음으로 섬기는 법과 행으로 섬기는 법이다.

---

148 옥 렉빼 셰랍의 또 다른 이름으로 쌍푸 지역에 처음으로 사원을 건립하여 붙여진 이름이다.

149 아띠샤와 미르띠 갸나 끼르띠(smṛitijñāna Kīrti)라는 두 분의 인도 스승과 라마 쎄쭌(se btsun), 도르제 왕축(rje dbang phyug), 융뙨(gyung ston)이라는 세 분의 티벳 스승을 말한다. (Ⓑ 41쪽)

1. 마음으로 섬기는 법

가. 보편적으로 갖추어야 할 마음

나. 근본이 되는 신심의 함양

다. 스승의 은혜를 떠올려 공경심 일으키기

첫 번째, 마음으로 섬기는 법은 세 가지로써 보편적으로 갖추어야 할 마음, 근본이 되는 신심을 함양하는 법, 스승의 은혜를 떠올리어 공경심을 일으키는 것에 대해 설한다.

가. 보편적으로 갖추어야 할 마음

첫 번째, 보편적으로 갖추어야 할 마음이란 『화엄경華嚴經』에서 말씀하신 아홉 가지 마음으로 선지식을 공경하는 것이다. 이는 스승을 섬기는 일체 마음의 요체要諦를 담은 것이며 이를 다시 요약하면 네 가지이다. 그 첫째는 자신의 뜻을 버리고 스승의 뜻에 따르는 것이다. 그것은 ① 효자와 같은 마음이다. 효자는 무엇이든 자기 마음 대로 하지 않고 아버지의 표정을 살펴서 그의 뜻에 따라 행한다. 그와 같이 선지식의 안색을 살펴 따르는 것이다. 『현불현증삼매경現佛現證三昧經』에서도 다음과 같이 말씀하셨다. 그러나

『화엄경』에서 말씀하신 아홉 가지 마음
①효자와 같은 마음
②금강석과 같은 마음
③대지와 같은 마음
④산과 같은 마음
⑤종과 같은 마음
⑥청소부와 같은 마음
⑦주춧돌과 같은 마음
⑧충견과 같은 마음
⑨배(船)와 같은 마음

> 그는 모든 것에 자신의 주장을 버리고
> 선지식의 생각대로 행해야 하느니라

그러나 이는 스승으로서 자격을 갖춘 스승의 뜻에 맡겨야 하는 것이지 아무에게나 자신의 고삐를 맡겨서는 결코 안 된다.

두 번째, 그 누구도 갈라놓지 못하는 견고한 신뢰란 ② 금강석과 같은 마음으로 마구니와 나쁜 벗[惡友] 따위로 인해 갈라서지 않는 것이다. 같은

경에서 다음과 같이 말씀하셨다.

사제 관계에서 크고 작은 일로 신뢰와 안색이 변하지 않아야 한다.

신뢰의 변화와 안색의 변화를 버리라

대지는 모든 무게를 감당하고 지탱하기 때문이다.

세 번째, 스승의 일에 모든 짐을 지는 것이란 ③ 대지大地와 같은 마음으로 어떤 일을 시키든 결코 싫어하지 않는 것이다. 뽀또와께서 짼응아와의 제자들에게 "그대들이 나의 이러한 보살 선지식을 만나서 그 말씀을 따라 수행할 수 있는 것은 큰 복이다. 이제 해야 할 바를 짐으로 여기지 말고 장엄으로 여기라."라고 말씀하신 것과 같다.

네 번째, 스승의 말씀을 받들 때[150] 어떻게 해야 하는가. 여기에는 여섯 가지 마음이 있다. 그 가운데 첫 번째는 ④ 산과 같은 마음으로 어떤 괴로움이 생기더라도 그 어떤 것에도 동요하지 않는 것이다.

'곰바 욘땐 바르'와 '조오 숀누 닥'은 짼응아와의 제자이다.

스승 짼응아와께서 룩바 지방에 계실 때 일이다. 어느 날 곰바 욘땐 바르(sgom ba yon tan 'bar)는 날씨가 너무 추워 기력이 쇠하여 조오 숀누 닥(gzon nu dag)에게 다른 곳으로 옮길 것을 상의하였다. 그가 답하기를 "안락한 침소가 있는 제석천왕의 궁에 또 얼마나 많이 살았던가! 대승의 선지식을 섬기며 법을 듣는 것은 지금껏 해본 적이 없었던 일[業]이니 가만히 있으라."라고 하였다. 산과 같은 마음은 이와 같은 것이다.

⑤ 세상의 종과 같은 마음이란 온갖 궂은 일을 직접 하면서도 분별하지 않고 해내는 것이다. 한번은 아띠샤께서 응아리에서 짱 지방으로 오실 때 역경사와 아사리 모두가 지저분한 처소에 머물게 되었다. 돔뙨빠께

150 원문의 쿠르 쿠르와 (ཁུར་འཁུར་བ་ khur 'khur ba)는 '짐을 지다', '책임을 다하다'는 의미이지만 이렇게 직역할 경우 본문의 세 번째(스승의 일에 모든 짐을 지는 것) 내용과 구분되지 않고 중복되는 것처럼 보일 수 있다. 원문의 내용이 스승의 말씀을 따르며 모든 것을 수용함을 내포하고 있기 때문에 '스승의 말씀을 받들 때'라고 의역하였다.

서는 옷을 모두 벗어 지저분한 진흙들을 치우고 어디서 생겼는지 알 수 없는 마른 백토로 덮었다. 아띠샤 존자 앞에 상床[151]까지 준비해 두니 아띠샤께서 말씀하시길 "오호, 기특하도다. 그대와 같은 이가 인도에도 한 사람이 있다."라고 하신 것과 같다.

⑥ 청소부와 같은 마음이란 아만我慢과 과만過慢[152]을 모두 버리고 스승보다 자신을 낮추는 것이다. 선지식 돔뙨빠께서 말씀하시길 "아만 덩어리에게는 한 방울의 공덕도 생기지 않는다."라고 하셨고 짼응아와께서도 말씀하시길 "봄의 계절에 푸르름이 산봉우리에서 시작되는지 낮은 계곡에서 시작되는지 보라."라고 하신 것과 같다.

⑦ 주춧돌과 같은 마음이란 스승의 일이 하기 어려운 무거운 짐들일지라도 기껍게 여기는 것이다.

스승의 일이란 스승을 봉양하기 위한 일을 말한다.

⑧ 충견과 같은 마음이란 스승이 멸시하고 야단을 치더라도 성내지 않는 것이다. 선지식 하소(lha bzo)가 스승 뙤룽빠를 뵈러 갈 때마다 스승은 그를 야단치곤 하였는데, 어느 날 하소의 제자인 냑모빠(nyag mo pa)가 "이 스승님은 제자인 우리들을 미워하는 것 같다."라고 볼멘소리를 하였다. 그러자 하소께서 "너는 꾸지람으로 들었느냐. 스승께서 나에게 그 같은 말씀을 하실 때마다 나는 헤루까(Heruka)의 가피를 입는 듯 하

151 원문에 만다라(མཎྜལ)로 나와 있으나 일반적으로 알려진 만다라의 의미로 해석하면 많은 의문이 생긴다. 여행길에서 밀교 관정의식을 행하지도 않을뿐더러 쉬는 자리를 준비하는 것과 만다라 사이에 그 어떤 상관성도 없기 때문이다. 1981년 링린포체의 람림 강설 자료에 의하면, 만다라 공양에서 만다라의 형태는 무언가를 담거나 올려놓을 수 있는 것이므로 여기서 진짜 만다라를 가져다 놓은 것이 아니라 흙으로 만든 상(床)과 같은 것을 준비한 것이라고 한다. 이를 근거로 만다라를 '상'으로 의역하였다. (Ⓡ 예비2, 34쪽)

152 『구사론』의 일곱 가지 만(慢) 가운데 두 번째 만으로, 동등한 자에 대해 자신이 더 낫다고 생각하는 것이다.

였느니라."라고 말씀하신 것과 같다.

『반야팔천송般若八千頌』에서도 '가령 법을 설하는 자가 법을 구하는 이를 멸시하고 제자를 생각하지 않는 것 같아도 그대는 그에게 대들지 말고 더욱더 법을 구하여 공경하며 싫어하지 않고 그를 따라야 한다.'라고 하였다.

⑨ 배[船]와 같은 마음이란 스승의 일을 아무리 많이 해야 하더라도 그 때문에 배처럼 이리저리 오가는 것을 싫어하지 않는 것이다.

나. 근본이 되는 신심의 함양

두 번째는 근본이 되는 신심을 특히 함양하는 것이다. 『보등다라니경寶炬陀羅尼經』에서 다음과 같이 말씀하셨다.

신심은 어머니와 같아 처음에 일깨워
모든 공덕을 보호하고 증장시키며
의심을 없애어 대하大河[153]를 건너게 하네
신심은 행복의 마을로 들어가는 문

신심은 청정하여 마음을 맑게 하고
아만을 버린 것이며 공경함의 뿌리이네
신심은 보물과 보장寶藏이고 뛰어난 발이자
선[白法]을 끌어 모으는 손이라네

신심은 해탈의 길을 가는 가장 뛰어난 발이다.

『십법경十法經』에서도 다음과 같이 말씀하셨다.

153 무명, 사견, 상계의 번뇌, 하계의 번뇌를 네 가지 큰 강에 비유한 것이다.

도사導師[154]의 지위에 필경 도달하는데
신심은 뛰어난 수레[乘]이니
그런 까닭에 지혜 있는 사람은
신심에 따라 의지한다네

신심이 없는 사람들에게
선법들이 생기지 않으니
불에 탄 종자에
푸른 싹이 나지 않는 것과 같네

이와 같은 말씀처럼 신심 뒤에는 반드시 공덕이 따르게 되는 인과적 관계에 입각하여 '신심은 모든 공덕의 뿌리'라고 말씀하신 것이다.
어느 날 돔뙨빠께서 아띠샤 존자에게 여쭈기를 "티벳에 수행을 하는 많은 사람이 있지만 특별한 공덕을 얻지 못합니다."라고 하였다. 아띠샤께서 말씀하시길 "대승의 크고 작은 모든 공덕은 스승에 의해 생기는 것인데 그대 티벳인들은 스승을 대수롭지 않게 여기니 어디서 공덕이 생기겠는가?"라고 하셨다. 또 어느 날 한 사람이 찾아와 아띠샤에게 묻기를 "아띠샤여, 가르침을 구합니다!"라고 큰 소리로 말하자 "허허, 내 귀가 아직은 밝다네. 비결祕訣은 신심이야. 신심, 신심!"이라고 말씀하셨다. 이렇듯 신심은 무엇보다도 중요하다. 일반적으로 삼보三寶와 업의 인과因果, 사제四諦에 대한 믿음 등 많은 신심이 있지만 여기서 말하는 것은 스승에 대한 신심이다.

또 제자는 스승을 어떻게 보아야 하는가? 『금강수관정속金剛手灌頂續』에서 다음과 같이 말씀하셨다.

154 부처님을 삼계도사(三界導師)라고 하므로 도사의 지위란 부처의 지위(佛地)를 뜻한다.

밀주密主여, 제자가 아사리를 어떻게 보아야 하는가 하면
불세존을 보듯이 그와 같이 보아야 하느니라
그의 마음이 그와 같다면 항상 선이 생기게 되나니
그는 곧 모든 세상을 이롭게 하는 부처가 되리라

스승을 부처로 여기는 생각[想]을 일으켜야 한다는 말씀은 여러 대승경장뿐 아니라 율장에서도 똑같이 말씀하시는 것이다. 이러한 교전의 뜻은 이와 같다. 부처라는 것을 알게 되면 그에게 허물을 분별하는 생각이 생기지 않고 덕을 생각하는 마음이 생기듯이 스승에 대해서도 나쁜 점을 분별하는 생각을 모두 버리고 좋은 점을 생각하는 마음을 의도적으로 닦는 것이다. 같은 경에서 또 다음과 같이 말씀하셨다.

아사리阿闍梨의 덕을 보고
허물은 절대로 보지 말지니
덕을 보면 성취를 얻고
허물을 보면 성취를 얻지 못하네

이와 같은 말씀처럼 하여야 한다. 스승에게 좋은 점이 더 많음에도 불구하고 스승의 작은 결점부터 찾는다면 그것은 자신의 성취에 장애를 일으킨다. 혹여 결점이 더 많더라도 결점부터 살피지 않고 좋은 점을 찾아 신심을 닦는다면 그것은 성취를 얻는 원인이 된다.
그러므로 자신의 스승이라면 그에게 크고 작은 결점이 있더라도 결점부터 분별하는 해악을 생각하여 그런 분별을 버리겠다고 거듭 다짐하여 분별을 차단해야 한다. 만일 방일함이나 갖가지 번뇌로 결점을 분별하게 되었을 때는 그것을 참회하고 다시 하지 않으려 노력해야 한다. 그와 같이 한다면 그러한 분별의 힘이 점차 줄어들 것이다.

한편으로는 계율이 청정하거나 경을 많이 배웠거나 신심이 깊거나 하는 등 스승이 가지고 있는 좋은 면을 보는 쪽으로 마음이 작용하도록 사유해야 한다. 그러한 사유를 통해 좋은 점을 보는 것에 익숙해지면 스승의 작은 허물을 보게 되더라도 마음이 좋은 쪽을 보기 때문에 신심에 장애가 되지 않는다. 예컨대 자신이 싫어하는 이에게 장점이 많다는 것을 알지만 단점을 보는 마음이 강하기 때문에 장점을 보는 마음을 누르게 되고, 반대로 자신에게 단점이 많이 보여도 자신을 좋게 보는 마음이 강하기 때문에 단점을 보는 마음을 누르는 것과 같다.

한 예로 아띠샤 존자는 중관의 견해를 가지고 있었고 스승 쎌링빠는 유상유식有相唯識[155]의 견해를 가지고 있었으므로 견해의 우열이 있었다. 그러나 대승도의 보편적인 차제와 보리심을 그 스승에 의지하여 성취하였기 때문에 스승들 가운데 쎌링빠를 비할 데 없는 최상의 스승으로 여기신 것과 같다.

아띠샤 존자는 스승의 유식 견해보다 상위의 견해인 중관의 견해를 가지고 있었지만 견해의 우열을 따져 스승의 견해에 따른 결점을 보지 않았다.

스승의 좋은 점을 생각하고 허물을 분별하지 않는다는 말은 설사 계행에 흠결 등이 있더라도 한 게송 이상의 법을 스승으로부터 들었다면 차별 없이 보아야 함을 뜻한다. 『보운경寶雲經』에서도 다음과 같이 말씀하셨다.

어떤 스승으로부터 한 게송의 법을 들었든 많은 법을 들었든 간에 그들을 차별 없이 스승으로 보아야 한다.

> 스승에 의지하면 반드시 선善이 늘어나고 불선이 줄어드는 까닭에 친교사親教師가 많이 배운 자이든 적게 배운 자이든 식자識者이든 식자가 아니든 지계자이든 범계자이든 간에 부처라는 생각[想]을 일으켜

155 유식파를 크게 분류하면 유상유식과 무상유식으로 나뉜다. 이 두 학파의 주된 쟁점은 예를 들면 청색을 인식한 안식(眼識)에 청색이 청색으로 현현(顯現)할 때 현현한 대로 청색이 성립하여 존재하느냐 그렇지 않느냐이다. 안식에 현현한 대로 존재한다는 견해는 유상유식이고 현현한 대로 존재하지 않는다고 주장하는 것은 무상유식이다.

야 하느니라. 부처님을 좋아하고 믿는 것처럼 친교사도 그와 같이 믿고 좋아하여야 하느니라.

아사리阿闍梨들에게 공경심을 일으켜서 봉양하여 그에 의지하면 깨달음을 이루는 데 있어 원만하지 못한 자량이 모두 원만하게 된다. 지금껏 끊지 못한 번뇌를 끊게 될 것을 생각하여 기뻐하고 법열法悅을 얻게 되느니라. 그가 선법에 맞는 행동을 하면 따라 행하고 불선을 행하면 그에 반하는 행위를 해야 하느니라.

또한 『맹리문경猛利問經』에서도 다음과 같이 말씀하신 까닭이다.

장자長者여, 만일 제자보살이 경을 받고 독송을 하고자 하여 보시와 지계, 인욕, 정진, 선정, 지혜의 내용이 있고 혹은 보살도의 자량을 쌓는 내용이 담긴 사구게四句偈를 누군가로부터 듣거나 경을 받았거나 법을 받았다면 제자는 그 아사리에게 법을 이유로 마땅히 공경해야 하느니라. 설하신 그 게송에 이름과 말과 글자가 얼마만큼 있든지 그 수만큼의 겁劫 동안 설령 그 아사리에게 흔들림 없이 재물을 바치고 예경하며 일체 공양물로 시봉하고 공양을 올리더라도 장자여, 여전히 아사리를 스승으로 온전히 공경한 것이 아니라면 도리가 아닌 공경은 말해 무엇하겠는가

다. 스승의 은혜를 떠올려 공경심 일으키기

세 번째, 스승의 은혜를 떠올린다. 이에 대해 『십법경十法經』에서는 다음과 같이 말씀하셨다.

오랫동안 윤회에 떠도는 나를 찾아내신 분이고, 오랫동안 어리석음[癡心]에 가린 나를 잠에서 깨우신 분이며, 윤회의 바다에 빠져있는

나를 건지신 분이고, 나쁜 길에 머무는 나를 선한 길로 인도하시는 분이며, 윤회의 감옥에 묶인 나를 구해주시는 분이고, 오랫동안 병으로 시달리는 나에게 의사이고 탐심을 비롯한 번뇌의 화염에 휩싸인 나를 법운의 감로비로 식혀주시는 분이라는 생각[想]을 일으키는 것이니라.

『화엄경』에서도 다음과 같이 말씀하셨다.

선재동자는 '선지식들은 나를, 모든 악도에서 구해주시는 분이다. (선지식들은 나에게) 법의 평등성을 깨닫게 해주시는 분이다. (선지식들은 나에게) 행복의 길과 불행의 길을 보이시는 분이다. (선지식들은 나에게) 모든 선행으로 가르쳐주시는 분이다. (선지식들은 나에게) 일체종지의 마을로 가는 길을 보여주시는 분이다. (선지식들은 나를) 일체종지의 자리로 데려다 주시는 분이다. (선지식들은 나를) 법계法界의 바다로 들어가게 하시는 분이다. (선지식들은 나에게) 삼세 제법[所知]의 바다를 보여주시는 분이다. (선지식들은 나에게) 성중聖衆의 회상會上을 보여주시는 분이다. 선지식은 나의 일체 선법을 키워주시는 분이다.'라고 그 은혜를 생각하며 눈물을 흘렸다.

이와 같이 스승의 은혜를 떠올리며 모든 문두에 '선지식은 나를(혹은 나에게)'이라는 말을 붙여서 자신 앞에 선지식의 모습을 마음속에 떠올려 입으로는 이러한 말을 하고, 마음으로는 그러한 의미를 일념으로 떠올려 생각한다. 앞의 경에도 문두에 이 말을 붙인다. 이뿐만 아니라 『화엄경』에서 다음과 같이 말씀하셨다.

이분은 법을 설하시는 나의 선지식

모든 법의 공덕을 완전하게 보이시며
보살행의 길을 완전히 보이시는 분이라는
한 생각으로 여기에 왔나이다

그러한 것을 생기게 하였으니 나의 어머니와 같고
공덕의 젖을 먹여 키우는 유모와 같으며
깨달음[菩提]의 가지를 완전히 성숙시키는 아버지
이러한 선지식은 모든 위험에서 구하는 벗

노사老死를 벗어나게 하는 의사와 같고
감로비를 내리는 제석천왕과 같으며
보름달처럼 선법으로 충만하고
적정을 향해 비추시는 밝은 태양과 같나이다

적과 벗에 친소가 없는 산과 같으며
큰 바다[大海]와 같이 동요하지 않는 마음을 지니시고
모두 보살펴서 건너게 하는 뱃사공과 같으신 분
그러한 생각으로 선재동자가 여기에 왔나이다

보살께서는 나의 생각을 일깨우시는 분
부처의 아들께서는 깨달음[菩提]을 일깨우시는 분
나의 이러한 선지식들은 부처님께서 찬탄하시는 분이라는
그러한 선한 마음[善心]으로 여기에 왔나이다

세상을 구하는 영웅과 같으며
노련한 안내자이자 수호자이며 귀의처이시네
이러한 분은 나에게 행복을 보여주는 눈과 같은 존재

그러한 생각으로 선지식을 깊이 공경하나이다

이와 같은 말씀처럼 생각한다. 게송을 음률로도 기억하되 '선재동자'라는 말 대신에 각자의 이름 아무개로 바꾸어 독경한다.

2. 행(行)으로 섬기는 법

두 번째, 행行으로 섬기는 법이다. 『존중오십송尊重五十頌』[156]에서 다음과 같이 말씀하셨다.

여기에 무슨 많은 말이 필요하겠는가
스승께서 기뻐하시는 것은 무엇이든 하라
좋아하시지 않는 모든 것을 끊는 것
그것과 저것에 노력하여 살피라

성취는 아사리를 따르는 것이라는
말씀이 바로 금강지불의 말씀임을
알고서 모든 만물萬物로써
스승을 온전히 기쁘게 하라

스승을 기쁘게 해드리는 세 가지 방법은 ① 필요한 물건(財貨)을 올리는 것, ②몸과 말로 공경하는 것, ③가르침대로 수행하여 깨달음의 성취를 얻는 것이다. 이 중에 세 번째가 스승을 진정으로 기쁘게 해드리는 최고의 공양이다.

그와 같은 말씀처럼 행으로 섬기는 법이란 요컨대, 스승이 좋아하시는 것을 행하고 싫어하시는 것을 하지 않도록 노력하는 것이다.
좋아하시는 것을 행함이란 세 가지로 재물을 올리고, 몸과 말로써 시봉하며, 가르침을 따라 성취하는 것이다.
이와 마찬가지로 『대승장엄경론』에서도 다음과 같이

156 마명의 저술. '스승에 의지하는 법'에 관한 것으로 오십 게송으로 이루어져 있다.

공경하여 공양물을 올리고 시봉하며
성취로써 선지식을 섬겨야 하리라

라고 하셨고, 또 다음과 같이 말씀하셨다.

스승께서 설하신 대로의 성취, 그것이
그의 마음을 진정 만족하게 한다네

여기에서 첫 번째, 재물의 공양에 대해 『오십송五十頌』에서 이르시길

자신의 삼매야 아사리[157]에게
줄 수 없는 처자妻子와
목숨으로 늘 섬겨야 한다면
무상한 재화는 말해 무엇하겠는가

자신의 목숨과 사랑하는 가족은 남에게 줄 수 없는 것이나 밀교수행에서는 그것조차도 삼매야 아사리에게 바칠 수 있어야 한다. 고로 언젠가 없어질 재화를 바치는 것은 당연한 것이다.

라고 하셨고, 또 다음과 같이 말씀하셨다.

그에게 드린 것은 제불諸佛에게
항상 올리는 것이 된다네
그분에게 올린 것은 복덕자량이니
자량에서 최상의 성취가 이루어지리

이 게송은 스승에게 공양하는 이유와 이익을 보여준다.

또한 락쏠와(lak sor ba)[158]께서 말씀하시길, "좋은 것이 있으면서도

157 삼매야 아사리란 세 가지 은혜를 베푸는 근본스승을 가리킨다. 세 가지 은혜란 관정을 주고, 밀교의 법을 설하고, 수행의 비결을 주신 법은(法恩)이다.

158 까담파의 선지식이다.

나쁜 것을 공양 올린다면 삼매야계가 기울게 된다. 허나 스승께서 그것을 좋아하시거나 나쁜 것 밖에 없어서 어쩔 수 없이 올리는 것은 허물이 되지 않는다." 라고 하셨다. 『오십송五十頌』에서도 다음과 같이 말씀하셨다.

> 다함없는 것[159]을 원하는 자는
> 조금이라도 좋은 그 무엇과
> 매우 특별한 그 어떠한 것
> 이런저런 것을 스승에게 올리라

그러나 그와 같은 공양은 제자의 입장에서 자량을 쌓는 가장 뛰어난 방법으로써 필요한 것이지만 스승의 입장에서는 재물을 보지 않아야 한다.

쌰라와(sha ra wa)[160]께서 말씀하시길, "제자의 성취를 좋아하며 조금이라도 재물을 보지 않아야 스승이라 할 수 있다. 이와 반대인 자는 해탈을 이루어 주는 스승이 아니다."라고 하셨다.

두 번째는 목욕, 안마, 몸을 닦아 드리는 것, 병간호 등을 하고 스승의 덕을 말하는 것이다.

세 번째는 스승의 말씀을 따라 가르침에 어긋나지 않도록 수행하는 것이다. 바로 이것이 가장 중요한 것이다. 『본생담本生譚』에서 다음과 같이 말씀하신 까닭이다.

159 다함없는 것이란 부처의 지위 즉, 성불을 뜻한다.

160 쌰라와(1070-1141): 까담파의 선지식. 본명은 욘땐 닥(yön ten drak)이다. 뽀또와의 제자이며 삼장을 다 암송하였다고 한다.

부처님께서 한 때 제석천이었을 때, 나라의 왕과 백성이 모두 술에 빠져있는 것을 보시고 그들을 교화하기 위해 한 연회에 보병을 지닌 비슈누로 화현하셨다. 그들이 보병에 호기심을 보이며 안에 무엇이 있는지를 묻자 이생과 내생을 망치는 술이 있다고 답하였다.

도움에 대한 보답으로 올리는 공양이란
가르침을 그대로 실천한 것이네

만약 스승이 말씀하신 대로 행해야 한다면 그 스승이 잘못된 길로 이끌고 세 가지 계율에 어긋나는 행을 하도록 할 때에도 그대로 따라야 하는가? 『비나야경』에서 이르시길, "법이 아닌 것[非法]을 말하면 거부하라." 라고 하였고, 『보운경』에서도 "그가 선법에 맞으면 따라 행하며 불선에는 반하는 것을 행해야 하느니라." 라고 말씀하셨다. 따라서 법이 아닌 스승의 말은 듣지 않아야 한다. 『본생담』 12품에도 옳지 않은 것은 행하지 않아야 함을 분명하게 설하고 있다.[161]
그러나 그것을 이유로 스승에게 불경하거나 멸시 따위를 해서는 안 된다. 『오십송』에서 다음과 같이 말씀하셨다.

이치로써 살펴서 할 수 없는 것이라면
할 수 없는 그것에 대해 말로써 밝히라

이와 같은 말씀처럼 스승을 따를 수 없을 때는 제대로 그 이유를 밝혀 설명(bshad sbyang)[162]하여 행하지 않아야 한다.
그와 같이 스승을 섬기는 때에도 『대승장엄경론』에서 다음과 같이 말씀하셨다.

---

161 『본생담』의 12품에 의하면, 부처님이 전생에 한 때 바라문의 아들로 태어났는데 어느 날 그의 스승이 제자들을 시험하기 위해 말하기를 "원래 도둑질은 악업이지만 스승이 가난할 때에 도둑질을 하여 스승을 봉양하는 것은 죄가 되지 않는다."라고 하였다. 그의 말을 듣고 제자들이 모두 도둑질을 하였으나 오직 부처님만이 그 말을 따르지 않고 게송을 읊기를 "제석천을 공양하기 위해서 양심을 버리고 악업을 행하느니 깨진 그릇을 들고 초라한 행색으로 원수의 집에 가서 구걸하는 것이 더 나으리라."라고 하였다. 이와 같이 스승의 말씀이 선법에 맞으면 따라야 하지만 불선이라면 따르지 않아야 한다는 것을 명확히 알 수 있다.

162 말로 설명하여 문제를 해결한다는 뜻이다. 사제 관계에서 신뢰의 문제가 발생될 소지가 있는 것은 즉시 말로써 설명하여 그것을 해소하여야 한다.

그 법의 혜택을 누리며 공덕을 갖추기 위해
선지식을 섬기는 것이지 재물 때문이 아니네

그와 같은 말씀처럼 제자는 법의 혜택을 볼 수 있어야 한다. 이에 대해 뽀또와께서 말씀하시길, "아난 존자가 부처님의 시자로 뽑혔을 때, '부처님께서 입지 않으시는 옷을 입게 하지 마시며, 부처님의 남은 음식을 주지 마시고, 시간에 상관없이 부처님의 앞에 나아갈 수 있게 허락하신다면 시봉하겠나이다.'라고 제안하신 것은 미래의 사람들을 염두에 두신 것이다. 그에 비해 우리들은 가르침[法]을 대수롭지 않게 여기고 스승이 주시는 차가 상품上品인지 아닌지에 따라 스승의 마음을 판단하는데, 이는 근본적으로 썩어빠진 생각을 가지고 있다는 증거이다."라고 하셨다.

아난 존자가 시자가 된 것은 법의 혜택을 누리기 위함이지 부처님 곁에서 음식이나 의복 따위의 혜택을 보기 위함이 아니다. 아난의 제안은 스승의 곁에 있는 가장 큰 이유가 무언인지를 미래의 후학에게 보여주는 대목이다.

그렇다면 얼마 동안 스승에 의지해야 하는가? 뽀또와께서 말씀하시길 "나에게 제자가 한 명씩 생기면 부담이 가중되고 한 명씩 떠나면 책임이 줄어드는 셈이다. 허나 제자는 스승과 멀리 떨어져 있으면 되지 않으니 적당히 멀고 가까이 지내며 오래도록 스승에 의지해야 한다."라고 하신 것과 같다.

〈4〉 선지식을 섬기는 공덕(得)

네 번째, 스승을 섬기는 공덕이란 다음과 같다. 부처의 지위에 가까워지고, 부처님께서 좋아하시며, 선지식을 항상 만난다. 악도에 떨어지지 않고 나쁜 업과 번뇌가 해하기 어렵다. 보살행에 어긋남이 없고 이를 잊지 않고 기억함으로써 공덕의 자량이 점점 더 증가한다. 일시적인 목적과 궁극적인 목적이 모두 성취된다. 선지식을 공경하여 삼문三

門의 선善을 얻으니 자타의 뜻을 이루고 자량을 원만히 쌓게 된다. 그와 마찬가지로 『화엄경』에서도 다음과 같이

스승을 섬김으로써 얻는 이로움이란 다음과 같이 ①불지와 가까워진다. ②제불께서 좋아하신다. ③세세생생 선지식을 만난다. ④악도에 떨어지지 않는다. ⑤악업과 번뇌의 장애가 없어진다. ⑥공덕이 증가한다. ⑦일시적이고 궁극적인 모든 목적 및 소원을 성취한다. ⑧선을 얻어 자타를 이롭게 하며 자량이 원만해지는 것이다.

> 선남자여, 선지식께서 돌보는 보살들은 악도에 떨어지지 않느니라. 선지식께서 생각하는 보살들은 보살의 학처(보살행)에 어긋남이 없이 행하느니라. 선지식께서 보살피는 보살들은 세간을 뛰어넘은 자이니라. 선지식을 공경하는 보살들은 일체 행을 잊지 않고 행하느니라. 선지식께서 온전히 섭수하는 보살들은 업과 번뇌들이 해하기 어려우니라.

라고 하셨고, 또 다음과 같이 말씀하셨다.

> 선남자여, 선지식께서 설하신 법에 머무는 보살을 불세존들께서는 어여삐 여기시느니라. 선지식의 말과 어긋남이 없이 머무는 보살에게는 일체지一切智가 가까우니라. 선지식의 말에 의심 없는 자는 선지식들께서 가까이 하시느니라. 선지식을 마음에 짓고 그와 떨어지지 않는 이는 일체의 뜻을 이루게 되느니라.

『불가사의비밀경不可思議秘密經』[163]에서도 다음과 같이 말씀하셨다.

> 선남자나 선여인은 지극한 공경심으로 스승을 의지하고 가까이 하며 봉양해야 하느니라. 그와 같이 선법을 듣고 착한 생각을 하니 거기에서 선한 행이 나오느니라. 그것으로 선한 업을 짓고 선으로 나아가게

163 『보적경(寶積經)』의 한 품으로 「여래불사의비밀품(如來不思議秘密品)」을 말한다. 일반적으로 알려진 부처님 일대기와는 다른 부처님의 숨겨진 행장을 말씀하신 경이다. 한 예로 성도 이후 초전법륜을 굴리시기 전까지 49일간 설법을 하지 않으신 것이 일반적으로 알려진 행장이지만 이 경에는 천신과 비인과 무수한 중생에게 설법하시는 행장을 담고 있는 것과 같다.

되니 선한 벗[善友]이 만족하느니라. 그것으로 악업을 짓지 않고 선을 행함으로 자신과 남을 괴롭게 하지 않느니라. 자신과 남을 지키는 것으로 위없는 깨달음의 길이 완성되므로 나쁜 길[邪道]에 머무는 중생들을 이롭게 할 수 있느니라. 그런 연유로 보살이 스승에 의지함으로써 일체 공덕을 이루는 자량을 완성하게 되느니라.

그뿐만 아니라 선지식에 대한 공경은 업을 정화시킨다. 장차 겪게 될 악도의 업들을 이생에 심신의 미미한 액厄으로 면하거나 꿈으로 겪게 함으로써 그 업을 끌어당겨 소멸시킨다. 스승을 공경하는 선은 무량한 부처님께 공양물을 올리는 등의 선근들을 능가하는 큰 이로움이 있다. 그런 까닭에 『지장경地藏經』에서 말씀하시길

그가 돌보는 자는 무량겁 동안 떠돌 악도惡道의 업들이 이생에 역병疫病 따위의 질병이나 기근飢饉 따위의 재액 등 심신의 화禍로써 닦여지고, 적게는 꿈에서 당하는 혼쭐만으로도 닦여지느니라. 고로 스승을 공경한 한 나절의 선은, 무량한 부처님께 보시하거나 공양하여 생긴 선근 또는 지계에서 생긴 선들을 능가하느니라. 스승에게 공경을 다하면 불가사의한 공덕을 갖추게 되느니라.

라고 하였으며 또 다음과 같이 말씀하셨다.

중생을 교화하는 갖가지 부처의 공덕, 그 무량한 일체의 공덕도 여기에서 생긴 것임을 보라. 그러므로 부처님에게 하듯이 스승을 섬기고 가까이 하며 공경해야 하느니라.

『본생담』에서도 다음과 같이 말씀하셨다.

누구든 현인賢人들과 멀어지지 말고
공경으로써 선善에 의지해야 하네
그를 가까이 하면 그 공덕의 티끌이
일부러 묻지 않으려 해도 묻게 되네

뽀또와께서도 "우리들 대부분은 넝마 가죽처럼 될 위험이 크다. 넝마를 질질 끌고 다니면 금전이 붙기는커녕 온갖 잡다한 쓰레기가 붙게 되는데, 그처럼 선지식의 공덕이 묻지 않고 오히려 쓸데없는 허물들이 묻어 올 수 있으니 온 천지를 돌아다녀서는 안 될 일이다."라고 말씀하셨다.

선지식이 있다고 하면 유명세에 이끌려 어디든 쫓아다니는 이들에게 공덕보다는 허물이 생기는 폐단을 말씀하신 것이다.

〈5〉 선지식을 섬기지 않는 해악[失]

다섯 번째는 스승을 섬기지 않는 해악이다. 스승으로 삼은 후에 섬기는 방법이 잘못되면 이생에 질병이 생기고, 많은 잡귀들이 해하게 되며, 내생에는 무량한 악도의 고통을 무량한 시간 동안 겪게 된다. 이에 대해 『금강수관정속金剛手灌頂續』에서 다음과 같이 말씀하셨다.

세존이여, 누군가 스승阿闍梨을 멸시한 그것의 이숙과異熟果가 어떠하나이까? 세존께서 말씀하시길 금강수보살이여, 천신을 비롯한 세간인들이 두려움에 떨게 되나니 그와 같은 말을 하지 말라. 비밀의 주인[密主]이여, 그러나 조금은 말해 줄 터이니 영웅이여, 집중하여 이를 잘 들을지어다.

무간지옥을 비롯한 견디기 힘든
내가 설한 모든 지옥들은
그들의 처소임을 말하노라

거기에서 끝없는 겁劫 동안
그와 같이 언제나 머물게 되리니
그를 결코 멸시해서는 안 되느니라

『오십송』에서도 다음과 같이 말씀하셨다.

스승阿闍梨을 멸시하는 것으로
역병과 나병과 여러 질병들과
귀신과 불치병과 독극물로
그 어리석은 자는 죽게 되니라

잡귀와 불과 독사와
물과 나찰羅刹, 강도와
원귀와 애신礙神[164]들이
죽여 중생지옥으로 나아가네

정녕 아사리阿闍梨들의
마음을 항시 어지럽히지 말지니
만약 어리석음으로 하게 된다면
지옥가마에 반드시 삶기게 되리라

무간지옥을 비롯한 두려워할 만한
지옥, 부처님께서 설하신 그곳
스승을 멸시한 이들이

스승을 섬기지 않는 것이란 신심을 잃고 흠을 보며 스승에 대한 믿음을 저버리는 일체 행을 뜻한다.

164 코끼리 형상을 지닌 신으로 한역에서는 비나가야(毗那夜迦)라고 한다. 선신과 악신 두 종류의 신이 있으나, 여기에서는 악신을 가리킨다. 『사가합주』 중국어 번역의 '애신(礙神)'이라는 술어를 그대로 차용하였다.

그곳에 머묾이 진실임을 말씀하셨네

대성취자 쌴디빠(寂靜)[165]께서 지으신 『흑염마적석난론黑閻魔敵釋難論』[166]의 인용구[167]에서도 다음과 같이 말씀하셨다.

한 게송만을 들었을지라도 그를
누군가 스승으로 여기지 않으면
백 생百生을 개로 태어나거나
미천한 사람으로 태어나게 된다네

그뿐만 아니라 없던 공덕이 생기는 일도 없으며 생긴 공덕마저 쇠락하게 된다. 『현재제불현증삼매경現在諸佛現證三摩地經』에서 다음과 같이 말씀하셨다.

밀교에서는 스승과의 관계가 현교보다 엄중하여 스승으로 삼은 후에 많은 법을 듣지 않았더라도 그 도리를 다하여야 한다. 그렇게 하지 않을 경우, 여러 생을 축생으로 태어나고 비록 인간으로 태어나도 비참한 삶을 살게 된다.

만일 제자가 스승을 해하려는 마음, 혹은 거친 마음, 혹은 미워하는 마음에 머문다면 공덕을 얻을 기회가 없느니라. 부처라는 생각을 일으키지 못해도 그와 같으니라. 이와 같이 삼승의 길을 가는 자[三乘人][168]와 법을 설하는 비구에게 공경심과 스승 혹은 부처라는 생각을 일으키지 않는다면 그러한 이들은 얻지 못한 법을 얻거나 얻은 것을 헛되이 하지 않을 기회가 없으니 불경함으로 법이 기울게 되는 까닭이니라.

---

165 아띠샤 존자의 스승 중 한 분이다.

166 적적(赤敵, raktayamāri), 흑적(黑敵, yamarikṛṣṇa), 대위덕금강(大威德金剛, vajra-mahābhairava)로 나뉘는 3종 야만따까 탄트라 가운데 흑적을 해설한 책이다.

167 쫑카빠 대사가 인용구라고만 언급한 것은 인용된 경의 출처를 알 수 없어서가 아니라 티벳어로 번역되지 않은 경이기 때문이다. 경론의 출처를 밝히지 않은 경우는 역경이 되지 않아 티벳대장경에 수록되지 않은 것이거나 보편적으로 널리 알려진 경문일 때이다.

168 성문승, 연각승, 보살승의 길을 가는 자를 말한다.

불선지식不善知識과 나쁜 벗에 의지하면 점차 덕이 기울고 모든 허물이 늘어나며 원치 않는 모든 불행을 불러 일으키므로 완전히 끊어야 한다. 이에 대해 『정법념처경正法念處經』에서 다음과 같이 말씀하셨다.

> 모든 탐심貪心과 진심嗔心과 치심癡心의 근간이 되는 자가 나쁜 벗[惡友]이다. 그는 독초의 뿌리와 같으니라.

『열반경涅槃經』에서도 보살은 나쁜 벗[惡友]을 두려워하는 것만큼 미친 코끼리 따위를 두려워하지 않는다고 하였다. 미친 코끼리는 오직 이생의 몸만 해치지만 악우는 선과 청정한 마음 두 가지 모두를 파괴하기 때문이다. 또한 저 두 가지 가운데 미친 코끼리는 오직 육신을 상해하지만 나쁜 벗은 법의 몸을 상해하며, 미친 코끼리는 우리를 악도로 보낼 수 없으나 나쁜 벗은 반드시 우리를 악도로 보낼 수 있다고 하셨다. 「제자품」에서도 다음과 같이 말씀하셨다.

> 어떤 이는 악우惡友라는 독사에 마음을 빼앗겨
> 선지식이라는 해독제를 버린다네
> 그러한 이는 귀한 정법을 듣게 되더라도
> 오호라, 방일함의 깊은 나락으로 떨어지리라

「친우집親友集」에서도 다음과 같이 말씀하셨다.

> 신심信心이 없고 인색하며
> 거짓을 말하고 이간질하는 자와
> 지혜로운 이여, 함께하지 말라
> 악행을 하는 자와 벗하지 말지니

만약 악행을 하는 자들에게
악행하지 않는 이가 의지한다면
또한 악행을 의심 받게 되며
불명예 역시 늘어난다네

의지할 곳이 아닌 바에 의지하는 자는
그의 허물로 허물 있는 자가 되네
독을 바른 화살통에 화살을 넣으면
독을 바르지 않은 것에도 독이 묻듯이

이러한 불선지식不善知識에게 의지하면 이전에 있던 성죄性罪[169]와 차죄遮罪[170]의 죄행들이 줄지 않고 이전에 없던 허물들이 새롭게 생기거나 늘어난다. 선지식 돔뙨빠께서 말씀하시길 "하치가 좋은 친구와 벗한들 중간치 밖에 되지 못하나 상치가 하치와 벗하면 쉽게 하치가 된다."라고 말씀하셨다.

〈6〉 요결(了結)

여섯 번째, 그와 같은 의미의 요결이다. 그러므로 '구루요가(bla ma'i rnal 'byorb)[171]'라는 유명한 가르침도, 앞서 언급한 대로 자격이 있는 스승을 찾아서 마음과 행으로 여법하게 섬기는 것으로 이해해야 한다. 수행법을 한 번 배운 것만으로는 그 무엇도 이룰 수 없다. 그러므로 진심으로 법을 행하고자 한다면 제대로 된 길로 이끄는 바른 선지식을 오

169 살생이나 투도와 같이 어떤 상황에서도 본질적으로 죄가 되는 것을 말한다.

170 본래는 죄가 아니나 특수한 상황에서 죄가 되는 것. 예컨대 오후에 음식을 먹는 것은 일반적으로는 허물이 아니나 비구계를 받은 자에게는 오후불식의 계율에 어긋나므로 허물이 되는 것과 같다. 즉 차죄는 계율을 범한 잘못과 죄행을 일컫는다.

171 좁은 의미로는 밀교 수행 가운데 스승과 밀교본존을 동일시하여 관상 수행하는 것을 뜻한다.

랫동안 의지하고 섬겨야 한다. "스승을 의지하는 때에 도리어 스승을 버리게 될 위험이 있다."라는 체까와의 말씀처럼 스승을 섬기는 법을 모르고 섬기면 득보다 실이 생긴다. 따라서 선지식을 의지하는 방법에 관한 이러한 가르침들은 그 무엇보다 중요하다. 그것은 궁극적인 목적을 이루는 뿌리이기 때문이다. 하여 이해하기 쉽고 마음에 와닿는 무결한 경론을 인용하고 부처님 말씀을 깨달은 선지식들의 어록으로 보충하여 대략 설명하였으니 상세한 것은 다른 경서를 통해 알도록 하라.

우리의 번뇌는 매우 거칠어 스승을 섬기는 법을 모르고 알더라도 행하지 않는다. 더구나 많은 스승에게 법을 듣는 사람은 스승으로 인한 무량한 죄를 짓게 되는데 그것을 참회하거나 반성하는 등의 마음이 생기기 어렵기 때문이다. 따라서 앞서 설명한대로 스승을 섬기는 공덕과 섬기지 않는 해악을 알고 거듭해서 사유해야 한다. 무수한 전생에서 스승을 어떻게 섬겨 왔는지 그것을 돌아보고 마음속 깊이 참회하여 다시금 불경의 죄를 짓지 않을 것을 여러 차례 다짐한다. 제자[法器]의 요건 또한 스스로 노력하여 갖추어야 한다. 선지식을 알아볼 수 있도록 선지식의 완전한 자격과 요건을 거듭 사유한다. 그와 같이 깨달음[菩提]을 얻을 때까지 보살펴 주실 스승을 만나기 위한 인因으로써 자량을 쌓고 수없이 발원해야 한다. 그와 같이 한다면 머지않아 수승한 용기와 담력을 가진 상제常啼보살[172]과 선지식을 항상 갈구하는 선재동자와 같이 될 것이다.

172 상제보살은 반야의 뜻을 얻기 위해 간절히 스승을 찾아 헤매었다. 어느 날 하늘에서 소리가 들려 허공을 바라보니 부처님의 모습이 보였다. 부처님께서 "여기서 동쪽으로 가면 중향성(衆香城)이라 불리는 곳에 최팍(chos 'phags, 法涌)이라는 보살이 있는데 그를 스승으로 섬기면 원하는 뜻을 모두 이루리라."라고 말씀하셨다. 스승을 만날 수 있다는 생각에 오직 동쪽을 향해 나아가면서 먹지도 자지도 않았으며 가시에 찔려도 아픈 줄 몰랐다. 몸이 쇠약해져 때로는 길에 혼절하여 쓰러졌다가 다시 기운을 차리면 스승이 계신 곳으로 향하였다. 스승이 계신 곳에 가까이 다다르자 정작 스승에게 공양할 것이 필요하다는 생각이 들었는데 아무 것도 가진 것이 없었던 상제보살은 자신의 몸을 살 사람을 구하였다. 사람들이 초라한 행색과 쇠약한 몸의 상제보살을 보고 일을 시킬 종으로도 쓸모가 없다며 모두 거절하자 보살은 이에 크게 실망

{2} 수행방식에 대한 약설(略說)

〈1〉 수행방식의 실제

〈2〉 수행에 대한 사견의 차단

수행 방법을 요약하여 두 가지를 설한다. 첫 번째는 수행방식의 실제이고, 두 번째는 사견의 차단이다.

〈1〉 수행 방법의 실제

1. 정근(正勤) 시의 수행

가. 예비행(六加行)

나. 본수행

다. 마지막 회향

2. 비정근(正勤) 시의 수행

첫 번째(수행방식의 실제)에는 정근正勤[173]시의 수행과 비정근 시의 수행이라는 두 가지 방식이 있다. 그 가운데 첫 번째 정근 시의 예비행[加行]은

예비행이란 본수행의 준비 단계에서 행하는 행위를 통칭한 것이다.

하였다. 그때 한 노인이 와서는 "골수가 약이 된다고 하니 그것을 좀 팔수 있겠는가?"라고 물었다. 이 말을 듣고 너무 기뻐서 바로 벽 틈으로 달려가 자신의 팔을 넣고 부러뜨리려 하자 가까이서 이를 지켜보던 대상인의 딸이 이를 보고 깜짝 놀라 만류하였다. 그녀는 상제보살이 자신의 팔을 부러뜨리려는 연유를 듣고 크게 감화되어, 그녀의 아버지가 도움을 줄 수 있으니 같이 갈 것을 제안하였다. 아버지에게 이 모든 사실을 말하고 도움을 청하자 감동한 대상인은 그를 집안으로 들이고 스승에게 올릴 많은 선물과 보물을 준비해주었다. 상인의 딸은 문득 '도대체 어떤 법을 구하길래 자신의 몸을 희생해서라도 그 법을 구하려고 하는 것인가, 나도 그 법을 들을 수 있다면 좋겠다.'라는 생각이 들었다. 아버지에게 그 뜻을 전하자 대상인은 딸을 돌봐줄 500명의 여인을 함께 보내며 법을 구할 것을 허락하였다. 상제보살은 그들과 함께 드디어 선지식 법용보살을 만나게 되었다. 법용보살께서 "한 달 동안 나는 수행에 들어 갈 터이니 너희들도 한 달 동안 악업을 닦고 정진하라. 그러면 한 달 후에 반야의 법을 설하리라."라고 하였다. 상제보살과 여인들은 반야 법문을 듣기 위해 미리 설법하실 곳을 청소하였는데 이웃의 다른 외도들이 이를 시기하여 물을 쓰지 못하게 하였다. 물로 먼지를 없앨 수 없게 되자 상제보살은 나뭇가지를 꺾어 자신의 몸에 상처를 낸 뒤, 피를 뽑아내고 그 피로 먼지를 없앴다. 이를 본 대상인의 딸과 500명의 여인이 상제보살의 신심에 크게 감동하여 그들도 상제보살처럼 몸에 피를 내어 청소를 하였다. 그러자 하늘의 천신들이 피비린내를 없애기 위해 향을 피우고 꽃비를 내려 그 설법장을 장엄하였다. 상제보살의 구도심과 스승에 대한 지극한 신심에 대한 자세한 내용은 『반야팔천송』 마지막에 나와 있다.

173 티벳어 퇸(thun)은 따로 시간을 정하여 특수한 수행에 매진하는 시간을 이르며 퇸참(thun tsams)은 일상의 활동을 하는 시간을 뜻한다. 전자는 정근으로, 후자는 비정근으로 번역하였다.

여섯 가지로 이는 쎌링빠의 방식[174]이다.

① 수행처를 깨끗이 청소하고 신어의身語意의 상징물[175]을 잘 배치한다.

② 흠결이 없는 공양물[176]을 구하여 올리고 보기 좋게 배치한다.

③ 잠과 혼침昏沈의 장애에서 마음을 다스릴 때는 일어나서 경행하거나 움직이고, 그 외 오욕에 대한 욕구 등의 장애로부터 마음을 다스릴 때는 넓은 법좌나 작은 법좌에 결가부좌로 앉으라고 「성문지聲聞地」에서 말씀하셨으므로 여기에서도 편안한 좌복에 몸을 바로 세우고 결가부좌 혹은 반가부좌로 앉아서 신실한 귀의심과 발심을 함께 일으킨다.

세 번째는 귀의심과 보리심을 발하는 것이다.

④ 광대한 보살행의 방편 법맥과 심묘深妙한 공견空見[177]의 지혜 법맥에 계신 스승[178]들을 생각하고 더불어 불보살과 성문·연각 성현들과 호법

네 번째는 부처님을 위시한 불보살들과 좌우 보처에 법맥의 스승들을 관상하는 것이다.

174 원문을 직역하면 '첫 번째 예비의 법이란 여섯 가지로 쎌링빠의 방식이므로 먼저 머무는 방을 잘 닦고'라는 뜻이다. 해당 원문은 첫 번째 항목만 쎌링빠 고유의 방식이라고 해석할 수도 있지만 여섯 가지 예비행 모두 쎌링빠의 방식으로 해석할 수도 있다. 『손안에 해탈(rnam grol lag byang)』에 의하면 첫 번째 예비행(청소)에 국한하여 쎌링빠만의 특별한 방식이라고 설명하고 있으나, 링린포체를 포함한 다른 스승들은 여섯 가지 예비행 모두 쎌링빠의 방식이며, 아띠샤 존자가 전승 받은 것으로 보는 것이 더 타당하다고 해석하기 때문에 후자에 따라 번역하였다.

175 부처님의 몸과 말씀과 마음을 나타내는 상징물을 말한다. 부처님 몸(身)의 상징물은 불상이나 불화, 부처님 말씀(語)의 상징물은 경전, 부처님 마음(意)의 상징물은 불탑이다.

176 원인에 흠결이 없어야 하고 동기에 흠결이 없어야 한다. 원인에 흠결이 있는 것은 공양물의 출처가 바르지 못함을 이른다. 예컨대 훔치거나 빼앗는 등 오사명(五邪命)의 부정적인 방법으로 취득한 공양물을 말한다. 동기의 흠결이 있는 것이란 공양물을 올리는 자가 세속팔풍과 같은 세속적인 동기를 가지고 올리는 것을 의미한다.

177 깊고 미묘한 공의 견해, 지혜, 공사상을 가리킨다.

178 방편 보살행의 법맥은 미륵보살로부터 무착, 세친, 해탈군('phags pa grol sde, Vimuk-tisena), 쮠바 될데(btsun pa grol sde, Bhadanta vimuk tasena), 둘외 데(dul bai sde), 적호(zhi ba 'tsho, shantarakshita), 사자현(seng ge bzng po, haribhadra), 쎌링빠(gsl gling pa)로 이어지며, 깊고 미묘한 공사상의 가르침은 문수보살로부터 용수, 성천, 불호, 청변, 월칭, 릭빼 쿠죽 체와, 릭빼 쿠죽 충와 등으로 이어진다.

신장을 비롯하여 한량없는 성중聖衆이 앞의 허공에 계신다고 생각하여 자량을 짓는 터전[福田]을 관한다.[179]

다섯 번째는 칠지분을 통해 악업을 닦고 자량을 쌓는 것이다.

⑤ 도가 생기는 순연順緣인 자량을 쌓고 도道의 역연逆緣인 업장을 정화한 이 두 가지 구유연俱有緣[180]이 없으면 수행이라는 근취인近取因[181]에 아무리 노력해도 도가 생기기 매우 어렵다. 그러므로 업을 닦고 자량을 쌓는 방법의 정수가 담겨 있는 칠지분七支分[182]을 통하여 마음을 닦을 필요가 있다.

1) 예경분

이 칠지분의 예경분禮敬分 가운데 신구의[三門]를 총괄하는 예경은 '누군가'라고 시작되는 한 게송이다.[183] 한 방향, 한 세계의 부처님과 한 때의 부처님이 아닌, 시방에 계시는 부처님 그리고 과거에 출현하셨던 부처님과 미래에 오실 부처님, 현재에 계시는 모든 부처님께 진심으로 삼문의 공경을 다해 예경하는 것이다. 덧붙여 아사리 예셰 데(ye shes sdes)[184]는 주석[185]을 통해 말씀하시길, '한 분의 부처님께 예경할지라도 그 복덕이 한량없을진대, 무량수의 부처님을 향하여 예경한다면 그 복

179 자신의 수행 법통에 있는 불보살을 비롯하여 각자의 수행 법통에 존재하는 모든 스승들은 복을 쌓는 터전(福田)이다. 스승들에게 큰 신심을 일으키며 칠지분을 행하면 큰 복덕자량을 쌓을 수 있기 때문이다. 보리도차제와 관련해서 수행할 시에는 람림 법통의 스승들을 관하기도 한다.

180 결과를 생성하는 부가적인 원인이다. 예를 들면 농부의 손길, 물, 거름 등은 싹의 구유연이 되며 도예가, 물, 불 등은 도자기의 구유연이 된다.

181 결과를 생성하는 본질적인 원인을 말한다. 예를 들면 진흙은 도기의 근취인이며 종자는 싹의 근취인이다.

182 『화엄경 보현행원품(普賢行願品)』의 십대 행원에 근거를 두고 있으며, 업을 닦고 복을 짓는 뛰어난 행법으로 알려져 있다. 일곱 가지의 내용(yan lag bdun)이라는 의미로 칠지분, 혹은 칠지작법이라고 한다.

183 한역 참조: 所有十方世界中, 三世一切人獅子, 我以清淨身語意, 一切遍禮盡無餘。(끝없는 시방세계 그가운데/ 삼세의 한량없는 부처님들께/ 맑고맑은 몸과말과 뜻을기울여/ 빠짐없이 두루두루 예경합니다)

184 티벳의 역경사이다. 「보현행원품」을 번역하고 그에 대한 주석서를 저술하였다.

185 『상쬐띡까(bzhang spyod Tik ka)』

덕의 무량함은 말할 필요도 없다'고 하셨다.

신구의 삼문 각각의 예경 가운데 몸[身]의 예경은 '보현행원普賢行願'으로 시작하는 한 게송이다.[186] 시방삼세의 일체제불을 마음의 경계에서 실제 뵙는 듯 분명히 관상하여 불국토의 거칠고 고운 모래의 수만큼 자신의 몸을 나투어 절한다. 또 예경의 대상인 제불보살의 선행에 크게 신심을 내고 그러한 마음가짐으로 절한다. 하나의 몸으로 절을 하더라도 복덕이 클진대 불국토의 미진수만큼 몸을 나투어 절하는 복덕은 더욱 크다고 예셰 데께서 말씀하셨다.

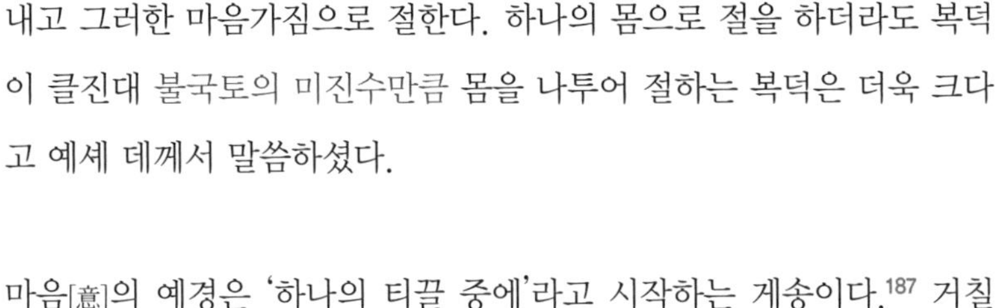

마음[意]의 예경은 '하나의 티끌 중에'라고 시작하는 게송이다.[187] 거칠고 미세한 티끌마다에도 미진수와 같은 부처님께서, 보살권속이 에워싼 가운데 계신다고 생각하고, 그러한 불보살들의 공덕을 떠올려 신심[信解]을 일으키는 것이다.

말[口]의 예경은 '그와 같은 찬탄'으로 시작하는 게송이다.[188] 몸마다 무수한 머리와 머리마다 무량한 혀를 나투라는 말씀대로, 귀의처의 공덕에 그칠 줄 모르는 찬탄을 하며 듣기 좋은 음성으로 한다.

---

186 한역 참조: 普賢行願威神力, 普現一切如來前, 一身複現刹塵身, 一一遍禮刹塵佛。(보현보살행과원의 위신력으로/ 널리일체 여래전에 몸을나투고/ 한몸다시 찰진수효 몸을나투어/ 찰진수불 빠짐없이 예경합니다)

187 한역 참조: 於一塵中塵數佛, 各處菩薩衆會中, 無盡法界塵亦然, 深信諸佛皆充滿。(한티끌중 미진수의 부처님계셔/ 곳곳마다 많은보살 모이시었고/ 무진법계 미진에도 또한그같이/ 부처님이 충만하심 깊이믿으며) 最勝衣服最勝香, 末香燒香與燈燭, 一一皆如妙高聚, 我悉供養諸如來。(으뜸가는 좋은의복 좋은향들과/ 가루향과 꽂는향과 등과촛불의/ 낱낱것을 수미산의 높이로모아/ 일체여래 빠짐없이 공양합니다)

188 한역 참조: 各以一切音聲海, 普出無盡妙言詞, 盡於未來一切劫, 贊佛甚深功德海。(몸몸마다 한량없는 음성으로써/ 다함없는 묘한말씀 모두내어서/ 오는세상 일체겁이 다할때까지/ 부처님의 깊은공덕 찬탄합니다)

여기에서 음성音聲은 찬탄이며 이것의 수단[支]은 원인[因]인 혀이다. 바다[海]는 많다는 말이다.

2) 공양분

유상공양은 실제 공양물을 올리는 것이지만 올릴 때 많은 양의 공양을 작의하여 공양하면 더 많은 복을 쌓게 된다.

공양분供養分에서 먼저 유상공양有上供養은 '아름다운 꽃'으로 시작하는 두 게송이다.[189] '미묘한 꽃[妙花]'이란 천신과 인간의 세계에 있는 희유한 꽃이며 낱개의 꽃(sil ma)[190]이다.

'꽃타래[花鬘]'는 여러 가지 꽃을 엮고 이은 것이다. 저 두 가지 꽃은 생화나 조화 모두를 이른다.

'기악伎樂'이란 현악기, 관악기, 타악기 그리고 흔들어서 소리내는 악기 등에서 나는 다양한 소리이다.

'도향塗香'이란 좋은 향으로 만든 향니香泥[191]이다.

'승산개勝傘蓋'란 산개傘蓋[192] 중 가장 뛰어난 것이다.

'등불[燈燭]'이란 좋은 기름 따위로 만든 향기롭고 밝은 등불 혹은 값비싼 보석의 밝은 빛이다.

'사르는 향[燒香]'은 배합하여 만든 향과 한 가지 향으로 만든 천연향이다.

'뛰어난 의복[勝衣服]'은 모든 의복 가운데 최상의 것이다.

'최상의 향[最勝香]'이란 향기로운 청정수인 음용수飮用水를 의미하며 삼천대천세계에 퍼질 정도의 향취가 베인 청정수이다.

'가루향 주머니香囊'란 뿌리거나 훈증할 수 있는 좋은 가루향을 넣어 주머니를 만든 것 혹은 만다라를 그리는 색모래와 가루향을 섞은 것으로 수미산만큼의 넓이와 높이로 쌓은 것을 올린다.

---

189 한역: 以諸最勝妙花鬘, 伎樂塗香及傘蓋, 如是最勝莊嚴具, 我以供養諸如來。(아름답고 으뜸가는 여러꽃타래/ 좋은음악 바르는향 좋은일산들/ 시방삼세 부처님께 공양합니다)

190 꽃을 엮어 꽃타래를 만들기 전에 낱개 상태의 꽃을 가리킨다.

191 몸에 바르는 것으로 액상이나 반죽으로 된 것을 가리킨다.

192 양산이나 우산처럼 비바람이나 햇볕 등을 가리는 가리개를 가리킨다.

'안배한 것(聚, bkod pa)'은 공양분의 모든 게송 끝에 붙인다. 이는 '많은', '장엄한', '갖가지의' 라는 의미이다.[193]

위없는 공양[無上供養][194]은 '공양 올리는 모든 것'이라고 시작하는 한 게송이다.[195] 위있는 공양[有上供養]은 세간의 일반적 공양이므로 여기서 말하는 무상공양은 보살을 비롯해 법력을 가진 분들이 최상의 일체 공물을 화현하여 올리는 것이다.

보현행원 마지막 두 구절[196]은, 이 두 구절들이 포함되어 있지 않은 앞의 모든 게송에 적용한다. 이 구절은 예경과 공양하는 마음가짐과 대상을 보여준다.

3) 악업참회분

악업참회분懺悔分은 '내가 지은 바'라고 시작하는 한 게송이다.[197] 참회할 악업이란 삼독이라는 원인에 의해 신구의 세 가지를 바탕으로 지은 죄를 본질로 한다. 이는 자신이 행한 죄를 의미하며 자신이 직접 행한

193 한역 참조: 一一皆如妙高聚, 我悉供養諸如來。(낱낱것을 수미산의 높이로모아/ 일체여래 빠짐없이 공양하오며) 공양분의 다른 게송도 이 구절을 모든 공양분의 끝에 붙이면 더 큰 복을 지을 수 있다. 쫑카빠 대사가 칠지분 한 지분마다 자세한 설명을 다는 이유는 칠지분이 전통적으로 악업을 닦고 복을 짓는 가장 뛰어난 행법이며 동기가 청정하고 선할수록 더 큰 복을 짓기 때문에 각 지분마다 어떤 마음가짐과 생각이 필요한 지를 자세히 밝히는 것이다.

194 여기서 말하는 무상공양은 초지 이상의 법력을 가진 보살들이 삼매력에 의해 화현한 최상의 공양물을 올리는 것이므로 우리가 할 수 있는 공양은 아니다. 그러나 『해혜문경(海慧問經)』에서는 범부가 할 수 있는 무상공양으로 ①법보시와 ②발보리심을 언급하고, 『대비백련화경(大悲白蓮華經)』에서는 ③배운(聽聞)대로 행해하는 것을 범부의 무상공양이라고 언급한다. 스승들의 구결에 따르면 생각으로 ④자신의 선근을 공양물로 화현하여 올리는 것도 무상공양이라고 한다. 이것까지 포함하면 일반 범부가 행할 수 있는 무상공양은 네 가지이다. (Ⓝ 213쪽)

195 한역 참조: 我以廣大勝解心, 深信一切三世佛 (넓고크고 수승하온 이내슬기로/ 시방삼세 부처님을 깊이믿삽고)

196 한역 참조: 悉以普賢行願力, 普遍供養諸如來。(보현보살 행원력을 모두기울여/ 일체제불 빠짐없이 공양합니다)

197 한역 참조: 我昔所造諸惡業, 皆由無始貪嗔癡, 從身語意之所生, 一切我今皆懺悔。(지난세상 제가지은 모든악업은/ 무시이래 탐심진심 어리석음이/ 몸과말과 뜻으로써 지었음이라/ 제가 이제 남김없이 참회합니다)

것과 남에게 시켜서 행한 것, 그리고 남이 행한 것을 기뻐한 것이다. 그러한 일체 죄업을 총괄한 것이 '지은 모든 악업[所造諸惡業]'이라는 말이다. 업의 과보에 대한 해악을 생각하여 이전에 지은 것을 후회하고 이후에 다시 짓지 않겠다고 맹세하는 마음으로 진심을 다해 참회한다면 이전에 지은 죄가 늘어나지 않고 현재에 남아 있는 죄가 끊어진다.[198]

4) 수희찬탄분

수희찬탄분隨喜讚嘆分은 '시방의 부처님'으로 시작하는 한 게송[199]으로 저 다섯 존재[200]들의 선善 공덕을 떠올리며 마치 가난한 자가 보물을 얻은 것처럼 기뻐하는 것이다.

5) 권청전법륜분

권청전법륜분勸請轉法輪分은 '부처님들 시방의'라고 시작하는 게송[201]이다. 시방의 국토에서 무상정등각을 증득하여 성불하니 무착無着·무애無碍의 일체지를 얻은 지 오래되지 않은 부처님께 무량한 몸을 나투어 법을 설하시기를 청하는 것이다.

예셰 데는 '무상정등각'이라 번역하여 설명하고 있다.[202]

---

198 참회하지 않은 악업은 그 업력이 점점 증가한다. 반면 참회를 하면 과거에 지은 죄의 업력이 더 이상 증가하지 않고, 현생에 지은 죄나 아직 그 업이 남아 있어 앞으로 이어질 업력도 끊어진다.

199 한역 참조: 十方一切諸衆生, 二乘有學及無學, 一切如來與菩薩, 所有功德皆隨喜。(시방세계 여러종류 모든중생과/ 성문연각 유학무학 여러이승과/ 시방세계 부처님과 모든보살의/ 지니옵신 온갖공덕 기뻐합니다)

200 불, 보살, 성문, 연각, 범부

201 한역 참조: 十方所有世間燈, 最初成就菩提者, 我今一切皆勸請, 轉於無上妙法輪。(시방세계 계시옵는 세간등불과/ 가장처음 보리도를 이루신님께/ 위없는 묘한법문 설하시기를/ 제가이제 지성다해 권청합니다)

202 쫑카빠 대사는 권청전법륜분에 해당하는 구절에서 'byang chub rim par sang ryas(점차로 성불하다)'라는 번역보다 'byang chub rnam par sang rgyas(위없고 비할 데 없는 원만함으로 성불하다)'라는 말이 더 와 닿는다고 생각하였다. 이 또한 근거 없이 해석할 수 없기 때문에 예셰 데(ye shes sde)의 「보현행원품(普賢行願品)」 주석에서 발견한 동일한 번역을 제시하여 설명한 것이다.

청주세분請住世分은 '열반에 드실 것을 보이시는'으로 시작되는 한 게송이다.[203] 시방국토에 열반의 행장을 보이시는 성현들께 '중생들에게 궁극적인 행복과 일시적인 복락이 생기도록 찰토의 미진수와 같은 겁의 세월 동안 열반에 들지 말고 머무소서'라고 무량한 몸을 나투어 청원한다.

6) 청주세분

회향분廻向分은 '예경과[所有禮贊]'로 시작하는 게송이다.[204] 앞의 여섯 지분의 선善을 비롯한 모든 선근이 일체중생과 함께 정등각을 얻는 원인이 되길 진심으로 바라는 마음으로 회향하는 것이다. 그와 같이 회향한다면 결코 선이 훼손되거나 소멸되지 않는다.

7) 회향분

그와 같이 게송들의 의미를 이해하고, 마음이 딴 곳에 흩어지지 않도록 하여 나와 있는 대로 게송을 천천히 염송한다면 크고 무량한 복덕을 얻게 된다.

그와 같이 예경분, 공양분, 권청분, 청주분, 수희찬탄분의 다섯 지분[五支分]은 자량을 쌓기 위한 것이고, 참회분은 장애가 되는 요소인 업장을 닦기 위한 것이다. 특히 수희찬탄의 한 부분으로써 자신이 행한 선을 수희찬탄하는 것은 자신의 선업에 대해 환희심을 내어 자신의 선을 증가시키기 위함이다. 복을 쌓고 업을 닦으며 수희찬탄으로 늘어난 선들이 비록 적다 할지라도 이를 회향한다면 그 선이 크게 증가한다. 한시적인 과보의 발생으로 소멸될 선조차 회향하면 결코 다함이 없게 된다.

203 한역 참조: 諸佛若欲示涅槃, 我悉至誠而勸請, 唯願久住刹塵劫, 利樂一切諸衆生。(부처님이 반열반에 들려하시면/ 찰진겁을 이세상에 계시오면서/ 일체중생 이락하게 살펴주시길/ 있는지성 기울여서 권청합니다)

204 한역 참조: 所有禮贊供養福, 請佛住世轉法輪, 隨喜懺悔諸善根, 回向衆生及佛道。(부처님을 예찬하고 공양한복덕/ 오래계셔 법문하심 청하온공덕/ 기뻐하고 참회하온 온갖선근을/ 중생들과 보리도에 회향합니다)

예비행의 마지막 여섯 번째는 ①잘못된 생각의 소멸, ②바른 생각의 발생, ③안팎의 장애 소멸이라는 세 가지 대의의 성취를 기원하는 것이다.

요컨대 칠지분은 자량을 쌓게 하고, 업장을 닦게 하며, 선을 증장시켜 선이 소멸되지 않도록 하는, 세 가지 행법으로 모두 귀결된다.

⑥ 칠지분을 행한 다음에는 복전을 선명히 관상하여 만다라 공양을 올린다. 이때, '선지식에 대한 불경不敬에서부터 인아와 법아의 상相에 대한 집착에 이르기까지 갖가지 전도된 생각이 모두 속히 사라지고, 선지식에 대한 신심에서부터 무아 진여의 깨달음에 바른 생각이 속히 생기며, 안팎의 모든 장애가 결정코 사라지도록 가피하소서!'라고 강렬한 염원으로 여러 번 기도한다.

나. 본수행
1) 일반적인 수행
2) 선지식을 섬기는 수행

본수행에서 어떻게 수행할 것인지에 대해 두 가지를 설한다. 일반적인 수행 방식과 여기에서 말하는 선지식에 관한 본수행이다.

1) 일반적인 수행

첫 번째 일반적인 수행방식을 설한다.
'수행(곰, sgom)'이라는 이 유명한 말은 선善의 대상에 반복하여 마음을 기울이고 함양하는 것이다. 무시이래로 우리는 자신의 마음에 휘둘려 왔으며, 내가 마음을 내 뜻대로 휘두르지 못하였다. 그러한 마음도 번뇌와 같은 장애들을 좇음으로써 모든 잘못과 허물이 생겨났다. 수행이란 이러한 마음에 자재함을 얻어 선한 대상에 원하는 대로 마음을 부리기 위한 것이다.
두서없이 주먹구구식으로 수행하면 '수행할 가짓수는 이 정도이고 이런 순서로 해야지'라고 생각하여 행하여도 자신의 생각처럼 잘 되지 않는다. 그로 인해 원하는 대로 선의 대상에 마음을 부리는 데 큰 장애가 생긴다.

처음부터 버릇이 잘못 들면 한 평생 수행[善行]에 허물이 생기기 때문에 먼저 수행할 대상의 수數와 단계를 명확히 알아야 한다. 그런 연후에 명확하게 정해진 수행 대상과 다른 어떤 것에 마음을 쓰지 않겠다는 결의를 여러 번 깊이 다진다. 그처럼 확정된 수행보다 지나치거나 부족함 없이 정념正念[205]과 정지正知[206]를 갖추어 수행해야 한다.

수행할 대상의 가짓수와 수행 순서(次第)에는 깊은 관련이 있다. 예를 들면 부정관을 할 때 아홉 가지 상을 관해야 하는데, 이때 아홉 가지는 관하는 대상이 되며 그것이 정해짐에 따라 수행 순서가 정해지는 것과 같다. 수가 명확하지 않으면 과하거나 부족하게 되고, 순서가 어긋나면 제대로 수행의 결과를 얻을 수 없다.

2) 선지식을 섬기는 수행

여기에서 말하는 선지식을 섬기는 수행은 어떻게 하는 것인가? 가장 먼저 스승을 섬기는 공덕과 스승을 섬기지 않는 해악을 사유하는 것이다. 성불을 속히 이루는 공덕과 같이 스승을 섬김으로써 생기는 모든 공덕, 그리고 현생과 내생에 겪는 고통과 같이 스승을 의지하지 않아 생기는 모든 해악을 사유한다.

그런 다음 '스승의 허물을 분별하는 마음을 결코 일으키지 않겠다'라고 스스로를 다스리는 결의를 다진다. 지계와 선정, 지혜, 다문多聞을 비롯하여 자신이 알고 있는 스승의 덕을 생각하여 청정한 신심이 일어날 때까지 그것을 사유한다.

마지막으로, 지금까지 자신에게 도움을 주고 앞으로도 주실 그 은혜들을 생각하는 것인데, 앞서 인용한 경장의 말씀처럼 마음 속 깊이 공경하는 마음이 생길 때까지 사유한다.

205 선법을 잊지 않고 기억하는 것이다.

206 기억한 대로 제대로 행하고 있는지 알아차리는 것이다.

다. 마지막 행

본수행을 한 뒤에는 어떻게 마무리할 것인가? 예비행과 본수행에서 지은 선들을 보현행원송과 『칠십대원七十大願(smon lam bdun cu ba)』[207]을 통해 한시적 서원과 궁극적인 서원을 위해 강렬한 염원[希求心]을 담아 회향하는 것이다.

이와 같은 방식으로 새벽과 아침, 오후, 저녁의 정근 시에 행하되, 처음부터 오래하면 도거掉擧[208]나 혼침惛沉[209]에 빠지기 쉽고 그것에 습관이 들면 마음의 변화를 가져오기 어려워진다. 따라서 처음에는 수행 시간을 짧게 하여 빈도수를 늘려야 한다. 수행을 더 하고 싶을 때 멈추면 이후에 다시 하고 싶어지지만, 반대로 지칠 때까지 하면 이후에 좌복이 꼴도 보기 싫어진다고 말씀하셨다. 어느 정도 수행의 틀이 잡혀 견고해지면 그때 수행을 지속한다. 항시 모든 수행에 있어서 지나치게 엄격하거나 해이함의 허물이 있는지를 살펴서 수행해야 한다. 그와 같이 한다면 장애가 적고 극도의 피로함과 혼침, 졸음 등이 사라진다.

2. 비정근(非正勤) 시의 수행

정근 이외의 일상에서 어떻게 수행할 것인가? 일반적으로 절하기와 꼬라돌기[210] 그리고 기도 등 다양한 일상적 수행이 있다. 그러나 여기에서 가장 주요한 것은 정근에 매진한 뒤에 일상에서도 그 수행과 관련된 경론을 보고 계속 기억하는 것이다. 수행에 대해 잊어버리고 알아차리지

207 마명이 저술한 발원기도문이다.

208 집착하는 대상으로 인해 마음이 들떠 산만한 상태이다.

209 가라앉은 무기력한 마음 상태이다.

210 '꼬라(skor ba)'는 무언가의 주위를 돈다는 의미이다. 대개 삼보를 상징하는 성물이 있는 사원이나 불탑의 주위를 도는 것을 뜻한다. 티벳에서는 사원 외곽에 설치된 마니차를 돌리면서 사원을 도는 것이 보편적이며, 복과 선근을 쌓는 방법으로 일상생활에서 가장 널리 행해지는 수행법이다. 일반적으로 불교도들은 시계방향으로 돌고 외도나 뵌교도들은 반시계 방향으로 도는 특징이 있다.

못한 채 오랫동안 방치하면 수행의 이익이 적기 때문이다.

또 다양한 방법으로 자량을 쌓아 공덕이 생기는 순연順緣을 이루고, 다양한 방법으로 업장을 닦아 역연逆緣을 없애야 한다. 뿐만 아니라 자신이 수지한 계율은 모든 공덕의 바탕이므로 계율을 잘 알고 지키기 위해 노력해야 한다. 이처럼 수행할 바를 마음에 익히고, 계를 지키며, 자량을 쌓는 이 세 가지를 쑴딜(sum bsgril)[211]이라 이름하여 일상의 수행으로 이끄는 방식도 있다.

이외에도 지관止觀의 도를 쉽게 일으키는 네 자량의 조건도 익혀야 한다. 네 가지 자량이란 ① 근문根門을 제어하는 것과 ② 알아차림[正知]으로써 행하는 것, ③ 음식의 적정량을 아는 것, ④ 때가 아닌 때에 잠자지 않도록 노력하며 잘 때는 어떻게 해야 하는지를 아는 것이다.

쫑카빠 대사는 무착의 『유가사지론』「성문지」를 인용하여 네 가지 자량을 설명한다.

첫 번째, 근문의 제어에 다섯 가지를 논한다. 그 중에서 첫 번째, 무엇으로 근문根門을 제어하는가? 정념을 늘 지키고[防護] 정념에 항상 노력함으로써 제어하는 것이다.

육근의 제어에 대해 다섯 가지를 논한다. ① 무엇으로 제어하는가, ②무엇을 제어할 것인가, ③무엇으로부터 제어해야 하는가, ④어떻게 제어할 것인가, ⑤ 제어란 무엇인가이다.

여기에 첫 번째, 정념의 방호란 육근六根[212]을 다스리는 것에 관한 선법들을 잊지 않고 기억하여 계속 행하는 것이다. 두 번째, 정념에 항상 노력함이란 그런 정념에 지속적으로, 열의로 행하는 것이다.

두 번째, 무엇을 제어할 것인가? 육근六根이다.

세 번째, 무엇으로부터 제어하는가? 좋아하고 싫어하는 여섯 가지 경계

211 세 가지에 집중한다는 뜻이다. 수행할 대상에 마음을 익히지 않으면 벽화의 등불과 같고, 지계가 없으면 주인 없는 보물과 같고, 자량을 쌓지 않으면 마른 종자와 같는 말처럼 수행에서 반드시 이 세 가지의 노력이 필요하다.

212 안근, 이근, 비근, 설근, 신근, 의근을 의미하며 감각기관을 가리킨다.

① 육근은 육경과 접촉함으로써 번뇌가 생긴다. 따라서 번뇌가 일어나려고 할 때 번뇌에 휘둘리지 않도록 즉각 대치법으로 번뇌를 막는 것을 말한다.

② 초심자는 육근의 접촉을 차단하는 방법이 더 용이하다. 초심자의 경우, 번뇌의 발생 후에는 이를 다스리기가 매우 어렵기 때문이다.

[六境]로부터 육근을 제어하는 것이다.

네 번째, 어떻게 제어할 것인가? 이것은 두 가지로 설명할 수 있다.
① 육근을 방호하여 제어하는 것이다. 육근根을 방호하는 것이란 무엇인가? 육경六境[213]과 육식六識이 생기고, 그것을 인식한 의식意識이 좋아하는 여섯 대상과 싫어하는 여섯 대상에 탐하는 마음[貪]과 미워하는 마음[嗔]을 일으키게 된다. 따라서 그러한 것이 생기려고 할 때 애써서 탐·진이 생기지 않도록 방호하는 것이다.

② 또한 육근으로 제어한다는 것은 무엇인가? 어떤 것을 보거나 할 때, 가능하면 번뇌가 생기는 경계들로부터 육근의 접촉을 막는 것이다.
또 육근을 방호함에 있어서도 육경의 상에 대한 집착[214]과 간접적인 집착[215]이 없어도 실념失念[216]을 비롯한 다양한 번뇌로 생기는 악한 마음까지도 다스릴 수 있어야 한다.
'상相에 대한 집착'이란 보지 말아야 하는 형상 따위를 일부러 보아 대상으로 삼거나 의도치 않게 보게 된 그러한 것들을 보자마자 좋아하거나 미워하는 것을 마음에 짓는 것으로, 직접적으로 봄으로써 생기는 것이다.
'간접적인 집착'이란 여섯 가지의 식[六識]이 생겨난 뒤에 탐진치 삼독이

---

213 육식(六識)의 대상으로 형상(色), 소리(聲), 냄새(香), 맛(味), 감촉(觸), 법(法)을 뜻한다.

214 육근과 육경이 접촉하여 여섯 가지의 좋아하고 싫어하는 대상을 마음에 짓는다. 그러한 비여리작의(非如理作意)로 인해 상에 집착하게 된다. 예컨대 눈으로 여인을 볼 때 생각(의식)은 실상과 다른 것(非如理)을 아름답다는 상을 마음에 지어서 직접적인 육경의 접촉으로 집착하든 간접적으로 집착하든 어떤 집착의 형태이든 간에 모두 번뇌가 생기지 않도록 다스려야 한다. 이 밖에도 실념과 여러 번뇌의 영향으로 악한 마음이 일어나는 경우에도 다스릴 수 있어야 한다.

215 육근과 육경이 접촉하여 즉시 집착이 생기지 않더라도 대상을 접한 후에 남의 말에 의해서 집착이 생기거나 혹은 접촉조차 하지 않아도 남의 말만으로 탐진이 생기는 경우를 말한다.

216 선법을 망각하는 것으로 자신이 행해야 할 바를 잊어버리고 기억하지 못하는 마음 상태이다.

생기는 대상을 의식意識으로 집착하거나 대상을 직접 보지 않았더라도 타인으로부터 들어서 간접적으로 그것을 분별하는 것이다.

다섯 번째, 제어함[律]이란 무엇인가? 번뇌로부터 마음을 지켜 선善이나 무기無記[217]에 머무는 것이다. 여기에서 무복무기無覆無記로 머무는 것은 선의 소연에 마음을 붙들어야 하는 정근 시가 아닌 일상의 활동을 하는 때이다.

지관의 조건이 되는 두 번째 자량, 알아차림[正知]의 행에 대해 두 가지를 논한다. 행의 바탕이 되는 대상과 그 대상에서 행하는 알아차림이다.

알아차림의 대상은 두 가지이다. 오고 가는 것[行]과 관련된 다섯 가지 행위[業]와 두 번째는 머무는 것과 관련된 다섯 가지 행위[業]이다.

여기서는 주로 사문의 행주좌와(行住坐臥)에 관한 알아차림의 대상인 신구의의 업과 알아차림을 어떻게 해야 할지 설명하지만 재가 수행자도 같은 맥락에서 적용할 수 있다.

첫 번째, 오고 가는 것과 관련된 다섯 가지는 다음과 같다.

① 몸의 업[身業]이란 마을과 사원 등 다른 곳으로 가거나 거기에서 되돌아오는 것이다.

② 눈의 업[眼業]이란 의도치 않은 상황에서 우연히 보여서 여러 대상을 보거나 의도하여 보이는 것을 보는 것이다.

③ 몸의 사지와 신체 모든 마디의 업이란 몸의 사지와 마디를 펴고 움츠리는 것을 의미한다.

④ 법의와 발우의 업이란 세 가지 법의와 발우鉢盂를 사용하고 보관하는 것이다.

세 가지 법의란 승복의 하의, 상의, 가사이다.

⑤ 탁발의 업이란 음식을 먹고 마시는 것이다.

217 무기는 일반적으로 선도 악도 아닌 상태를 말하며 유복무기와 무복무기가 있다. 유복무기(有覆無記)란 예컨대 인아집과 법아집과 같이 무기이지만 해탈에 장애가 되므로 유복(有覆)이라 하며, 무복무기란 예컨대 안·이·비·설·신식과 같은 것으로 해탈에 장애가 되지 않으므로 무복(無覆)이라 한다.

사원에 머무는 것과 관련된 다섯 가지의 업은 다음과 같다.

①몸의 업[身業]이란 포행을 가거나 스승과 도반을 방문할 때 혹은 법을 이유로 길을 나설 때나 포행 중에 머물 때, 스승이나 도반들과 함께 머물 때, 법상과 같은 자리에서 가부좌를 하여 앉을 때의 업을 말한다.

법을 이유로 길을 나서는 것은 법문을 들으러 가거나 설법을 하러 가는 등을 말한다.

②말의 업[口業]이란 아직 받지 않은 십이분교十二分教의 가르침은 받아 모두 이해하고 이미 받은 가르침의 경은 암송하며 타인에게 설하거나 정진하게 만들기 위해 타인과 담론하는 것이다.

③생각의 업[意業]이란 한밤중에 잠을 자고 적정처로 돌아가서 배운 내용을 생각하는 것과 구주심九住心[218]으로 삼매를 행하고 관觀에 매진하여 묵언默言[219]하는 것이다. 무더위에 피로감을 느낄 때 자고 싶더라도 잠의 노곤함을 떨치는 것이다.

④낮[晝業]과 밤의 두 가지 업이란 무엇인가? 낮 그리고 밤의 일부인 초저녁과 새벽에 잠을 자지 않는다고 한 것은 낮의 업을 보여주고 몸과 말의 업까지도 보여준다. '잠을 잔다'는 말씀은 밤의 업[夜業]과 생각의 업[意業]만을 보여준다.

『유가사지론(瑜珈師地論)』의 낮과 초저녁, 새벽에 잠을 자지 않는다고 한 말을 통해 깨어 있는 때임을 알 수 있는데, 깨어 있는 모든 시간은 낮의 업(晝業)에 포함된다. 깨어 있는 시간은 활동하는 때이므로 몸과 말의 모든 것은 알아차림의 대상이 된다. 잠을 자는 것은 밤의 업이며, 이때는 몸과 말의 행위가 없으므로 오직 의업만 적용된다.

이 열 가지 대상에 대하여 알아차림으로써 행한다는 것은, 행주行住의 어떤 업을 하게 될 때 가장 먼저 그 업을 잊지 않고 기억하여 방일하지 않도록 행하고, 그 두 가지(정념, 불방일)로써 위의를 살피되 어떻게 행하는지 살펴서 행하는 그대로를 분별하고 알아차리는 것이다.

218 사마타에 이르는 아홉 단계의 마음상태이다.

219 묵언은 구업으로 짓는 악업을 끊기 위한 것으로 의업은 아니지만 묵언 시의 동기를 살피는 것은 의업이다. 무더위에 노곤함을 떨치려는 경행이나 포행은 의업은 아니나 수행에 더욱 매진하기 위한 동기인지 살피는 것은 의업이다.

여기에는 또한 네 가지가 있다. 첫 번째는 몸의 업을 비롯한 열 가지에 대해 위의를 통해 어떻게 행하는지 살피는 것으로 그 대상을 위의로써 살펴 행하는 그대로를 아는 것이다. 예를 들면 오가는 행위의 경우, 오가는 모든 행위에 관한 율장의 가르침대로 알고 어떤 행위를 할 때, '지금 내가 이렇게 저렇게 하고 있구나'라고 생각하는 것과 같다.

몸의 업을 비롯한 열가지 행위는 율장에서 말씀하신 것이 기준이 된다. 따라서 율장의 위의를 통해 자신이 행위가 어떤지 살피고 그것을 알아차리는 것을 정지라고 한다.

두 번째는 어떤 방향으로 가든 위의를 통해 어떠한지 살피는 것인데, 그 장소를 위의로써 살펴서 행하는 그대로를 분별하는 것이다. 예를 들면 어디를 갈 때 술을 파는 곳을 비롯한 다섯 장소[220]에는 가지 않으며, 그밖에 다른 곳으로 갈 때는 가는 법도를 알고 이러저러한 때를 알아차리는 것이다.

세 번째는 어떤 때이든 위의를 통해 어떤지를 살피는 것으로 그 때를 해당 위의를 통해 살펴서 행하는 그대로를 분별하는 것이다. 예를 들면 오전에는 마을로 외출해도 되지만 오후에는 안된다는 것을 알고서 그대로 행하되 그때를 알아차리는 것이다.

네 번째, 어떠한 행위이든 위의로써 살피고 어떻게 하는지를 생각하는 것으로 해당 위의로써 행위 그대로를 그대로 아는 것이다. 예를 들면 외출 시 '의복을 갖추고 남의 집에 방문해야 한다'라는 말을 비롯하여 방문 시의 지침을 있는 그대로 잊지 않고 기억하는 것과 같다.

요약하면 낮과 밤의 모든 위의를 잊지 않고 기억하여 행위와 행위 아닌 것을 알고, 어떠한 행위를 할 때에도 당장에 해야 할 것과 하지 말아야 할 것을 모두 알아차리는 것이다.

220 술집, 매춘굴, 도살장, 왕궁, 도살자의 거처 등이다.

그와 같이 한다면 이 생에 죄를 짓지 않을 뿐 아니라 죽어서도 악도에 떨어지지 않으며 도의 깨달음을 얻거나 깨달음을 얻는 자량인資糧因을 짓게 된다고 말씀하셨다.

알아차림과 육근의 제어 이 두 가지는 무착보살께서 경을 인용하여 설명하신 의미를 여기에 그대로 서술하였다. 이 두 가지에 노력하면 모든 선을 행함에 있어 보다 특별한 이익이 있으며, 무엇보다도 계율이 청정해지고, 지관을 비롯한 무분별삼매無分別三昧를 속히 얻게 된다고 말씀하셨으므로 이것에 매진하여야 한다.

지관의 자량 가운데 세 번째는 음식의 적정량을 아는 것이다. 그것은 네 가지가 충족되어야 한다. 먼저 음식량이 너무 적지 않아야 한다. 양이 너무 적으면 배가 고프고 몸이 쇠약해져서 선을 행할 힘이 없어지므로 다음날 첫 끼까지 배고픔을 느끼지 않을 정도의 양을 먹는다.
또 양이 너무 많지 않아야 한다. 양이 많으면 짐을 지고 있듯이 무겁고, 숨을 쉬기 어려우며, 잠이 늘거나 선을 제대로 행할 수 없으므로 번뇌를 끊을 여력이 없어지기 때문이다.
또 소화하기 쉬운 음식과 자신에게 맞는 음식을 섭취하는 것이다. 그로써 음식으로 인한 지병의 고통이 사라지고 새로운 병이 생기지 않는다. 번뇌를 일으키지 않는 적절한 음식을 섭취하는 것이다. 그로써 죄가 생기지 않고 몸이 편안해진다.

그뿐만 아니라 식탐을 다스리는 대치법이 필요하다. 그것은 음식의 허물[過患]을 사유하는 것에 달려 있다.
음식에 관한 세 가지 허물 가운데서 첫 번째는 먹는 행위로써 생기는 허물이다. 좋은 빛깔과 좋은 냄새가 나는 음식이라도 이로 씹어 침이 섞여

축축해지면 토사물처럼 되는데 그것을 사유하는 것이다.
두 번째는 소화된 음식에서 생기는 허물이다. 음식은 한밤중에 혹은 새벽에 모두 소화되어 살과 피 등이 되고 어떤 것은 대변과 소변이 되어 몸의 하부에 머무른다. 또 매일같이 배설해야 하며, 그 음식으로 인해 다양한 종류의 병이 생기는데, 그것을 사유하는 것이다.
세 번째는 음식을 구하는 것에서 기인하는 다섯 가지 허물이다. ① 첫째, 성취에서 생기는 허물이란 음식과 음식을 얻는 수단을 위해 더위와 추위로 고생하며 각고의 노력으로 이루고, 이루지 못하면 근심 따위로 괴롭고, 이루어도 빼앗기거나 상할 것을 염려하여 지키는 데 크게 애써야 하므로 고통이다. ② 가까운 이와 멀어지는 허물이란 음식과 음식을 얻기 위한 돈 따위로 서로 언쟁하고 싸우는 것이다. ③ 만족할 줄 모르는 허물이란 탐착이 점점 극에 달하여 권력자들이 서로 전쟁을 하며 많은 고통을 겪는 것이다. ④ 자유가 없는 허물이란 남의 음식을 먹는 이들이 주인을 위해서 상대자와 싸우는 등의 많은 고통을 겪는 것이다. ⑤ 죄행에서 생기는 허물이란 음식과 음식을 얻는 수단 때문에 삼문의 악업을 짓고, 죽을 때는 그러한 것이 떠올라 후회 속에서 죽으며, 죽어서도 악도에 떨어지는 것이다.

그러나 약간의 유익함도 있는데, 그것은 음식에 의해 몸을 유지하는 것이다. 그러나 오직 그 이유만으로 음식을 섭취하는 것은 온당치 않다. 따라서 몸을 유지하여 청정한 행[梵行]을 바르게 이루어야 한다.
음식을 대할 때는 '보시자와 후원자들이 훌륭한 과보에 대한 바람으로 뼈와 살을 깎아서 보시한 것이다. 그들이 한 행위가 또한 헛되지 않고 큰 결과가 되도록 노력해야겠다'라는 생각으로 음식을 먹는다.
『집학론集學論』에서는 보시자에게 도움이 되고, 몸의 미물을 즉시 재시財施로써 섭수하고, 미래에는 법으로 섭수하겠다는 생각과 일체 중생을 이

롭게 하겠다는 생각으로 먹을 것을 말씀하셨다. 이 말씀도 잊지 않고 기억해야 한다. 『친우서親友書』에서도 다음과 같이 말씀하셨다.

음식은 약과 같다는 것을 알고서
탐심과 진심 없이 의지해야 하나니
과시 때문이 아니고 몸집 때문이 아니며
외모 때문이 아닌 오직 몸을 유지하기 위함이네

네 번째, 때아닌 때 자지 않는 수행[覺寤瑜伽][221]은 어떠하며, 자는 때에는 어떻게 자야 하는가? 『친우서』에서 다음과 같이 말씀하였다.

지혜로운 이여, 낮시간과
밤에도 세 선을 넘어서
자는 때에도 결과가 없지 않도록
정념을 갖추어 한밤중에 주무시오

이 말씀은 낮, 저녁, 새벽의 정근 시와 비정근의 일상에서 어떻게 해야 하는지를 보여준다. 앞에서 설명했듯이 잠이 올 때는 경행하고 산만해지면 다시 앉아서 선정을 방해하는 다섯 가지 장애[222]로부터 마음을 다스려 의미 있게 보낸다.

이 부분[覺寤瑜伽]과 육근의 제어, 알아차림[正知], 이 세 가지에는 정근과 비정근의 두 가지 법이 있으나 여기에서는 비정근 시의 일상 수행을 다룬다.

221 여기에서 말하는 자지 않는 수행(覺寤瑜伽)은 때아닌 때에 자지 않는 것이다. 낮과 저녁, 새벽은 정근하는 때로 자는 때가 아니다. 이때 잠을 자면 수행에 여러 가지 장애가 생긴다.

222 ①마음이 가라앉아 생기는 장애는 혼침이나 잠, ②마음이 들뜨는 장애는 도거(掉擧)나 산란, ③오진(五塵: 색성향미촉)에 대한 탐욕(貪慾), ④미워하여 해하려는 마음(瞋恚), ⑤의심하는 마음(疑)을 가리킨다.

잠을 자는 모든 행위를 정근하지 않는 일상의 시간이라는 이유로 의미 없이 보내지 않도록 한다. 그렇다면 어떻게 해야 하는가? 낮에는 잠을 자지 않는다. 밤은 세 부분으로 나누어 초저녁에는 선행으로 시간을 보내고 한밤중이 되었을 때 잠을 자야 한다. 수면으로 촉진되는 요소들을 잠으로 활성화시키기 위해서이다. 그처럼 신체를 회복하면 선을 향한 두 가지 정진[223]을 행하는 데 최적의 상태가 되어 크게 도움이 된다.

밤을 저녁, 한밤중, 새벽으로 세 등분하여 한밤중에 수면을 취해야 하는데 그것은 몸의 회복을 위한 것이며 수행과 연관되는 것이다.

잠을 잘 때에는 침실에 들기 전에 밖에서 발을 씻고 잠자리에 들며, 오른쪽 옆구리는 바닥에 대고 왼발을 오른발 위에 포개어 사자처럼 잔다. 사자처럼 잔다는 것은, 사자는 모든 동물 가운데 가장 활동이 왕성하고 자존심이 높아 위풍당당하게 상대를 제압하는데 그처럼 때아닌 때 자지 않고 정진하는 수행자도 상대를 제압하기 때문에 사자처럼 잔다고 하는 것이다. 아귀와 상계 천신, 욕계 천신들의 자는 모습은 이와는 다른데 게으르고 정진이 미약한 그들은 모두 상대를 제압하기 어려운 까닭이다.

잠을 잘 때의 자세를 보여준다.

또 다른 의미로는 오른쪽 옆구리를 대고 사자처럼 자면 자연스럽게 몸이 해이해지지 않으며 잠들더라도 기억을 잊지 않고, 깊은 잠에 빠지거나 나쁜 꿈이나 악몽을 꾸지 않는 이점이 있다. 이와 다른 방식으로 잠을 자는 것은 지금까지 언급한 네 가지와 반대되는 모든 허물을 생기게 한다.

어떤 생각으로 자야 하는가? 네 가지 생각[想] 가운데 첫 번째는 빛을 생각하는 것이다. 빛의 모양[相]을 잘 생각하여 빛을 떠올리는 마음으로 자는 것이다. 그로 인해 잠이 들었을 때 마음에 어둠이 생기지 않는다.

여기에서는 수행자가 잠을 자기 전에 어떤 생각을 하면서 잠에 들어야 하는지를 설명한다.

---

223 두 가지 정진이란 꾸준하고 지속적인 정진(rtg sbyor)과 열성을 다하는 강력한 정진(Gus sbyor)이다.

두 번째는 정념正念이다. 의미있는 선법[224]을 듣고 사유하고 익힘으로써 생긴 기억을 잠들 때까지 가지는 것이다. 그로 인해 잠들었을 때에도 깨어 있는 것과 같이 계속 선법에 마음을 쓰게 된다. 요컨대 자는 때에도 선을 행하는 것이다.

세 번째는 알아차림[正知]이다. 그처럼 잊지 않고 기억하는 정념에 의지할 때 어떠한 번뇌가 생긴다면 그것을 알아차려서 방치하지 않고 곧바로 끊는 것이다.

네 번째는 일어날 때를 염두에 두고 자기 전에 하는 세 가지 생각이다. 첫째, 잠에 취하도록 마음을 내버려 두지 않고 정진의 마음으로 산짐승처럼[225] 경계하며 잔다. 이로써 잠을 깊이 자지 않고 일어날 때를 지나치지 않고 일어날 수 있다. 둘째, '오호, 부처님께서 허락하신 대로 자지 않는[226] 행을 내가 이루겠노라'고 생각하며 그것을 이루기 위해 크게 노력하여 염원[希求心]을 일으킨다. 이로써 부처님께서 허락하신 '사자처럼 자는 법'에 더함과 부족함 없이 자게 된다. 셋째, '내가 오늘 때아닌 때

224 자신의 수준에서 필요한 내용의 선법을 말한다.

225 맹수나 외부의 공격을 경계하여 깊은 잠에 들지 못하는 노루와 사슴의 잠처럼 얕은 잠을 말한다.

226 '녤와(nyl ba: 자다)'와 '미녤와(mi nyl ba: 자지 않는 것)'의 두 가지 판본이 있어 티벳 논사들 사이에서도 해석이 분분하다. 『사가합주』는 '녤와'의 판본을 옳은 것으로 보았는데 '부처님께서 허하신 자는 것'에 관한 일체 행을 하겠다는 생각으로 해석해야 '사자처럼 자는 것에 더함과 부족함이 없어진다'는 아래 문장과 맥락이 통하기 때문이다. 반면 『람림고어해설서』, 링린포체와 7대 달라이라마 깰상 갸초(bskal bzang rgya mtsho)는 미녤와(mi nyl ba)의 판본을 선택해서 해석하고 있다. 해당 내용은 내일 일어날 때를 염두에 두어 자기 전에 가져야 하는 생각에 대해 언급하는 부분이므로 '일어나서 부처님께서 말씀하신 대로 때아닌 때에 자지 않고 엎드려 자거나 몸을 웅크리는 형태로 자지 않는 일체 행을 하겠다'고 해석해야 기상을 위한 생각이 될 수 있기 때문이다. 또 부처님께서 교시하신대로, 잘못된 방식으로 자지 않는 모든 행을 한다면 사자처럼 자는 것 역시 가능하므로 문맥에 어긋나는 오류가 발생하지 않는다. 따라서 후자의 해석이 더 타당하다고 보아 '미녤와(mi nyl ba:자지 않는 것)'를 선택하여 번역하였다. 「성문지」에도 동일한 문구가 확인된다. (Ⓒ 119쪽, Ⓑ 43쪽)

에 잠들지 않고 정진하여 선법을 이루었듯이 내일도 그와 같이 하리라' 고 생각하는 것이다. 이로써 선을 추구하는 염원이 끊이지 않으며 잠시 잊어버리더라도 더욱 증장시키기 위해 정진하게 된다.

먹고 자는 모든 위의를 바르고 의미있게 행하게 된다면 생을 무의미하게 보내는 것을 막을 수 있다. 이러한 것을 깊이 통감하여 무착보살의 논을 인용하여 그대로 설명하였다.

이상으로 본수행 시의 개별적 수행법을 제외하고 예비행과 본수행, 마지막행, 비정근의 일상에서 어떻게 해야 하는지 모두 설명하였다. 이러한 것들은 여기 선지식을 섬기는 수행에서부터 상근기의 지관 수행까지 어떠한 수행을 하든 간에 모두 적용하여 행하여야 한다. 이로써 비정근 시에 어떻게 행하는지를 설명하였다.

〈2〉 수행에 대한 사견의 차단

두 번째, 수행방식에 대한 사견을 차단한다.

경론을 포함한 모든 교전을 특별한 가르침으로 보는 데 편견을 가진 자[227]들은 이와 같이 말한다. "도를 닦을 때는 대상을 반복적으로 사택思擇하지 않고 오로지 안주하여 닦아야[安住修][228]한다. 관찰지觀察智로 반복하여 사택하는 것은 듣고 사유하는[聞思] 때에 하는 것이기 때문이다. 또 그러한 분별은 상相에 집착하는 것으로 성불에 장애가 되기 때문이

227 여기에 등장하는 대표적인 사견자는 티벳인들이 주로 화상이라 부르던 중국의 일부 선사들과 티벳 내에서 무상무념을 최고의 수행으로 여겼던 단견자를 가리킨다. (© 120쪽)

228 티벳어로는 족곰('jog sgom)이라고 한다. 족곰은 '머무르다, 안주하다, 두다'라는 뜻의 족빠('jog pa)와 '닦다'라는 뜻의 곰빠(sgom pa)의 합성어로 한 대상에 마음을 두고 그것에 몰두하여 유지하는 방식을 말한다. 이러한 방식의 수행은 사마타(止)의 성취를 목적으로 하기 때문에 '지수행'으로도 번역된다.

이 부분은 지수행만을 수행으로 여기는 사견을 차단한다.

들음(聞)에 의한 여리작의는 사유(思)를 말한다. 여리작의를 수습한다는 것은 사유한 바를 익히고 닦는 것(修)이다. 이 닦음을 통해 닦음의 지혜(수혜)가 생긴다.

다."[229]라고 한다.

이러한 말은 수행의 정수를 전혀 깨닫지 못한 매우 터무니없는 말이다. 『대승장엄경론』에서 다음과 같이 말씀하셨다.

> 여기에서는 먼저 들음[聞]에 의해서 여리작의如理作意[230]가 생긴다.
> 여리작의를 수습修習함에서 승의勝義의 지혜가 생긴다.

이처럼 듣고 배운 의미들을 사유의 지혜로 여법하게 작의하는 것에서 참된 의미[勝義]를 실제로 깨닫는 수혜修慧가 생긴다고 말씀하셨기 때문이다.

따라서 수행할 내용을 먼저 남에게 듣는 것은 남의 힘을 빌려 배워서 알게 되는 것이다. 그런 후에는 들은 바를 경의 근거와 논리적 근거를 가지고 여법하게 사유[思]하여 자신의 힘으로 체득하는 것이다. 그와 같이 배움과 사유[聞思]를 통해 그 뜻을 알아가고 점차 의심이 끊어지면 그것에 반복적으로 훈습하는 것을 '닦음[修]'이라고 한다. 그러한 닦음에는 사택하여 닦는 것[思擇修][231]과 사택하지 않고 안주하여 닦는 것[安住修]이 모두 필요하다. 왜냐하면 듣고 사유함으로써 정립된 것에는 사택하지 않고 안주하여 닦는 것과 관찰지로써 사택하여 닦는 두 가지 대상이 있기 때문이다.

229 여기에서 말하는 사견이란 ①대상에 안주하여 삼매를 닦는 안주수/지수행만을 수행으로 보고 관찰지로 분석하여 닦는 사택수/관수행을 수행으로 보지 않으며, ②관찰지의 사택은 문사 시에나 하는 것으로, ③관찰지의 분석은 분별이므로 성불을 장애하는 것으로 보는 것이다.

230 도리나 이치에 어긋남이 없이 합당한 것을 마음에 새기는 것을 뜻한다.

231 티벳어로 쬐곰(dpyod sgom)이라고 한다. 쬐곰은 '분석하다, 살피다'라는 뜻의 쬐빠(dpyod pa)와 '닦다'라는 뜻의 곰빠(sgom pa)의 합성어로 어떤 대상이 지닌 본질적 의미와 성품을 분석하는 방식의 수행을 말한다. 이러한 방식은 위빠사나(觀)의 성취를 목적으로 하므로 '관수행'이라고 번역할 수 있다.

따라서 모든 수행을 안주수安住修라고 주장하는 것은 예컨대 한 톨의 보리를 가지고 모든 곡식을 오로지 이것뿐이라고 말하는 것과 같다.

또한 문혜聞慧 이전에 들음[聞]이 있어야 하고, 사혜思慧 이전에 사유[思]가 선행되어야 하듯이 수혜修慧 이전에도 닦음[修]이 선행되어야 한다. 왜냐하면 그 지혜는 닦음[修]에서 생기기 때문이다.
그런 까닭에 수혜 이전에 선행되는 닦음[修]이란 사혜를 통해 체득된 것을 수습하는 것이므로 사혜에서 수혜가 생긴다고 말씀하신 것이다.

그러므로 들음이 많을수록 들음에서 생기는 지혜[聞慧]가 많고, 문혜가 많을수록 사유가 많으며, 사유가 많을수록 사유에서 생긴 지혜[思慧]가 많아진다. 이 사혜가 많을수록 닦음[修]이 많아지고, 닦음이 많으면 허물을 차단하고 공덕을 이루는 방편이 많아지는 까닭에 수행에 있어 문사의 중요함을 경론에서 거듭 말씀하신 것이다.
문사를 통해 정립된 것은 닦음[修]을 위해서가 아니라 표면적인 지식을 넓히기 위한 것이라고 하거나, 닦을 때 정립된 내용과는 무관한 것을 닦는다면 마치 경마장을 만들어놓고 엉뚱한 곳에서 경마를 하는 것과 같다.
만일 그렇게 되면 경론에서 말씀하신 문사의 중요성은 무의미한 말이 되고, 세 가지 지혜가 순차적으로 발생하는 이치를 설하는 경교의 보편적인 체계까지도 무너지게 된다. 또 올바른 길을 가기 위해 반드시 많이 배울[多聞] 필요가 없다는 잘못된 말도 진실이 되는 것이다.

문사수의 순서, 즉 인과적 관계와 '수(修)'의 의미에 대한 요지를 알지 못한 까닭에 교학을 많이 배운 자와 배우지 못한 자의 수행에 별 차이가 없는 것이다. 이러한 요지를 알면 문사가 많을수록 수행이 깊어지는 것이 순리이다.

앞에서 인용한 경 외에도 『보적경』, 『염주경』, 『법화경』, 『반야경』, 『보협경』 등 수많은 경에서 수행에 있어 문사의 중요함을 설한다. 『도뒤 람딕(mdo btus lam sgrig)』 3-5쪽 일러두기 11번 참조

이러한 핵심들을 이해하지 못한 방증으로 현교와 밀교를 많이 배우거나 전혀 배우지 못한 자 모두 이후 실제 수행에서 별 차이가 생기지 않는 것이며, 또 수행자가 법을 듣고 경책經冊을 보며 생각하는 것 등을

으로 여기는 나쁜 전통들이 뿌리 내리게 된 것이다.

초선의 미지정 이상은 상계의 마음이기 때문에 이를 얻으면 범부라도 상계의 경계에 드는 것이다.

그러므로 문혜와 사혜를 통해 체득한 것을 수습하는 것 자체가 수소성修所成[232]은 분명 아니지만 그러나 그것이 '닦음[修]'이라는 것과 어찌 어긋나는 것이겠는가? 만일 어긋나는 것이라면 색계 초선初禪의 미지정未至定을 얻지 못한 범부에게 닦음[修]이란 것은 결코 있을 수 없는 것이 된다. 욕계의 경계[233]에서 욕계의 심일경성心一境性과 같은 높은 경계[234]에 들어 갈 때 그것에 의해 심신에 경안이 생긴 후 수소성이 생기는 것을 말하는 것일 뿐, 욕계에 수소성이 없다는 것은 아비달마논장論藏[235]에서 여러 차례 설명하고 있기 때문이다.

따라서 '닦음[修:수행]'이란 무엇인가 하면, 『반야경』의 주석서인 『현구론顯句論』[236]에서 말씀하시길

무상, 무아를 닦는다는 것은 의미를 인식하여 닦는 것이고, 자비와 신심 등은 마음이 그러한 감정적 상태, 그 자체가 되어 닦는 것이다. 즉 닦음의 두 가지 형태에서 전자를 된남(don rnms), 후자를 쎄남(she rnms)이라 한다.

> 수행한다는 것은 마음이 그것의 몫을 가지거나
> 또는 그것 자체가 되는 것이다

이와 같은 설명으로 이해될 수 있다. 예를 들면 신심을 닦고 자비심을 닦는다는 것은 마음이 신심과 자비심을 일으킨다는 의미와 같다.

---

232 한역에는 수소성(修所成)으로 번역되며, 티벳어로는 곰중(bsgom byung)이라고 한다. 닦음에서 생긴 결과를 말하며 대표적으로는 사마타와 위빠사나가 있다. 그중에서 위빠사나는 수혜에 해당한다.

233 일반적으로 욕계 마음의 경계를 뜻하며, 갈애(愛)가 마음 한켠을 차지하고 있는 상태이다.

234 사마타 성취 전에 9심주는 모두 욕계의 마음으로 간주하므로 욕계의 높은 경계란 9심주 가운데 심일경성의 8주심과 9주심을 말한다. 욕계에서 가장 높은 경계는 아홉 번째 심주이며 그 결과로 사마타를 성취하면 그것이 최초의 수소성이다.

235 세친보살의 『구사론』과 무착보살의 『아비달마집론』을 뜻한다.

236 『현구론(tshig gsal)』이라고 하면 대표적으로 월칭의 중론 주석서인 『현구론』으로 알고 있지만 『현구론』이라는 동일한 제목의 여러 논서가 있기 때문에 반야경의 주석서라고 밝히신 것이다. 이 논서는 법우(法友, Dharma mirti)의 저술이다.

그런 까닭에 대역경사들께서 때로는 수도修道를 '닦음[修]'이라 번역하였고, 『현관장엄론現觀莊嚴論』에 "보는 길[見道]과 습을 들이는 길[習道]에"라는 구절처럼 때로는 '습을 들이다'의 의미로 번역하였다. 닦는 것과 습을 들이는 것, 이 두 가지는 같은 의미이다. 뿐만 아니라 미륵보살께서는 『현관장엄론』에서 다음과 같이 말씀하셨다.

현관장엄론의 이 게송은 수도위의 정의를 보여주는 구절이다.

> 결택지決擇支[237]와 보는 길[見道],
> 그리고 닦는 길[修道]에서
> 거듭 거듭 사유하고
> 헤아리며, 확고히 깨달아 닦는 길[238]

이 부분은 대승 성현의 수도위修道位에 관한 것이다. 수도위에도 거듭되는 사유와 헤아림, 확고한 지각이 있다고 말씀하신 것이므로 분석하여 닦는 것과 수행이 모순된다는 주장은 조소거리이다.

사무량심의 수행과 무상관, 고통관 등은 모두 관찰지로써 분석하여 닦아야 하는 사택수이다.

그러므로 신심을 닦고, 사무량심四無量心과 보리심을 닦으며, 무상함과 고통을 관하여 닦는다는 말씀처럼 관찰지로 거듭 사택하여 닦아야 하는 것을 수행으로 말씀하신 수많은 사례를 볼 수 있다.

237 결택(決擇)이란 가행도의 결과인 견도를 말하며, 결택지는 갤택의 원인을 뜻하므로 가행도를 가리킨다.

238 『현관장엄론』의 이 구절은 수도위의 정의를 보여주는 것으로 팬첸 소남 닥빠에 따르면 이 구절에서 '거듭거듭 사유하고'는 문사(聞思)를 의미하고 '헤아리며'는 현량과 비량의 지각을, '확고히 깨달아'는 선정에서 깨달은 바를 이후 후득지 상태에서 관찰지를 통해 더 면밀하고 깊이 있게 깨닫는 것을 의미한다. 이는 견도에서 공성을 현량으로 지각하는 깨달음을 얻고 난 후, 다음 경계인 수도위에서도 문사의 행위가 계속됨을 뜻하므로 문사가 수행이 아니라는 말이 잘못된 것임을 나타낸다. 팬첸 소남 닥빠(pan chen bsod nams grags pa), 『팔친짜띡(phar phyin rtsa Tika)』 대풍로쎌링도서관, 2015, 279쪽

『입행론入行論』과 『집학론集學論』[239]에서 다음과 같이 말씀하셨다.

적천은 논서의 서문에서 저술의 목적이 마음을 닦아 수행을 하기 위한 것이라고 밝히고 있다. 그것은 논에서 설하는 수행의 단계를 모두 수행의 의미로 쓰고 있음을 뜻한다.

자신의 마음을 닦기 위해서 내가 이것을 짓노라

이 두 논서에서는 설명하는 모든 도의 도차제를 수행이라고 말씀하신다. 『집학론』에서도 다음과 같이 말씀하셨다.

그러므로 몸과 재물과 복덕을 끊임없이 베풀고, 보호하며, 청정히 하고, 승화하는 모든 것을 수행이라 한다.

몸,[240] 재화,[241] 선근善根[242] 세 가지를 각각 베풀고, 보호하고, 청정히 하며, 승화하는 네 가지 행위를 모두 수행으로 말씀하시고 있기 때문에 수행이라는 것을 좁은 의미로 국한해서는 안 된다.

모든 분별을 상으로 여기므로 경론을 귀하게 여기는 마음을 장애한다. 왜냐하면 경론의 내용은 듣고 사유하고 분석함으로써 그 의미를 얻게 되는데 그 과정에서 발생하는 분별까지 모두 상으로 여기기 때문이다. 따라서 경론의 모든 의미는 결국 버려야 할 것이며, 실제 수행에도 필요 없다는 잘못된 생각을 갖게 되는 것이다.

모든 분별을 상[相]에 대한 집착이라고 하여 이를 성불의 장애로 여기고 관찰지의 일체 수행을 버리는 이 최악의 사견은 중국 화상和尙[243]의 교의이다. 이 사견의 차단은 '지관'편에서 자세히 설명하겠다.
교전을 진심으로 공경하는 마음에 장애를 일으키는 것도 이 사견으로 인한 것이다. 교전의 내용 대부분은 오직 관찰지로써 분석해야 하는 것

239 적천보살의 저술, 『입행론』에서 인용된 경의 출처를 정리해 놓은 것이다.

240 몸을 베푸는 것이란 큰 뜻에 몸을 쓰는 것이며, 몸을 보호하는 것은 의미 없는 일에 몸을 버리지 않고 지키는 것이다. 또 몸을 청정히 함은 부정관을 통해 몸에 대한 집착을 끊어 청정히 하는 것이며, 몸을 승화하는 것이란 지계를 통하여 미래에 좋은 몸을 받을 수 있도록 하는 것이다. (Ⓓ 163쪽)

241 재물을 타인에게 배풀고, 헛되지 않도록 보호하며, 오사명(五邪命)이 아닌 정명(正命)으로써 청정히 하고, 재보시의 선을 회향함으로써 승화하는 것이다.

242 복(선근)을 베푸는 것이란 선근을 회향하는 것이고, 복을 보호하는 것은 분노나 후회로 선근의 훼손을 막아 보호하는 것이다. 또 성불의 원인이 되도록 보리심의 동기로 선근을 지어 복을 청정히 하고, 선근을 수희찬탄함으로써 승화하는 것이다. (Ⓓ 163쪽)

243 중국 선사들 가운데 방편과 관찰지의 수행을 부정하는 일부를 가리킨다.

뿐인데, 문사로써 사택하여 얻게 된 의미들조차 수행할 때에는 필요 없다고 보기 때문이다.

이는 불법이 쇠락하는 큰 원인이 되기도 한다. 왜냐하면 경론을 참된 가르침으로 보지 않고 중요하게 여기지 않기 때문이다.

그렇다면 도를 닦는 데 분석하는 방식의 사택수와 분석하지 않는 방식의 안주수라는 두 가지 수행이 있다면 어떤 방식[道]이 사택수이며 어떠한 것이 안주수인가? 그것을 설명하겠다.

선지식에 대한 신심을 닦고, 가만暇滿[244]의 큰 가치와 가만의 얻기 어려움을 관찰하고, 죽음의 무상함과 업의 인과와 윤회계의 고통을 관하고, 보리심을 닦는 데에는 분석적 방식의 사택수가 필요하다.

사택수의 대상이란 스승을 향한 신심, 가만의 공덕, 죽음의 무상함, 업의 인과, 윤회계의 고통, 중생을 향한 자비심 등 경론에서 말씀하시는 대부분의 내용이다.

그러한 수행에는 마음의 변화를 줄 정도의 강하고 지속적인 의식이 필요하다. 왜냐하면 그러한 의식이 없으면 그러한 것과 반대되는 스승에 대한 불경심과 같은 것을 막을 수 없기 때문이다. 그와 같은 의식을 일으키는 것은 오직 관찰지를 통해 반복적으로 분석하여 닦는 수행에 달려 있기 때문이다.

예를 들면 집착하는 대상에게 좋은 상相을 덧씌우는 것[增益分別]이 많아지면 더 강한 집착이 생기고, 원수에 대해 미운 모습[相]을 많이 생각하면 더 강한 미움이 생기는 것과 같다. 그러므로 이러한 도를 닦는 데에는 대상의 형태가 뚜렷하든 뚜렷하지 않든 이와 상관없이 강하고 지속적인 의식이 필요하기 때문에 사택수를 하는 것이다.

반면 사마타를 닦는 것은 마음을 한 대상[所緣]에 안주하지 못하는 자가 한 대상에 원하는 만큼 안주할 수 있도록 하여 마음을 자유자재로 부리

244 팔유가와 십원만의 조건을 갖춘 인간의 몸을 의미한다. 자세한 것은 이후에 다시 언급된다.

기 위함이다. 그와 같은 때에 반복해서 사택하면 마음이 안주하는 쪽으로 말을 듣지 않으므로 그런 자에게 안주수가 필요한 것이다. 이부분은 상근기의 '지관'편에서 자세히 다루겠다.

이러한 이치를 알지 못한 채 강사講師들은 오직 사택수만 하고 수좌들은 오직 안주수만 해야 한다고 말하는 것도 맞지 않다. 왜냐하면 강사와 수좌도 두 가지 수행을 모두 해야 하기 때문인데, 강사講師도 사마타(止, śamatha)를 이루어야 하며 수좌들도 스승에 대한 강한 신심과 보리심 등을 이루어야 하기 때문이다.

여기서는 지수행과 관수행에 대한 무지와 그것에서 비롯된 잘못된 생각을 타파한다.

이 두 방식의 수행은 현교와 밀교에서 모두 말씀하지만 관찰지를 통해 행해야 하는 수행이 훨씬 더 많다. 관찰지를 통한 수행을 더 많이 말씀하시는 것은 그 수행이 없거나 부족하면 도의 생명인 청정한 지혜가 생기지 않고, 다소 생기더라도 지혜가 더 이상 증장하지 않으므로 결코 도에 큰 이로움을 얻지 못하기 때문이다.

도의 궁극적 목적이란, '지혜 중에서도 일체지를 얻는 것'이라고 하신 아사리 마퀼(ma khol)[245]의 말씀처럼 속제와 진제를 혼동하지 않고 구별하는 지혜에 있기 때문이다. 그런 까닭에 도를 닦을수록 망각[失念]이 심해져 기억이 감퇴되고 취할 바와 버릴 바를 분별함에 어리석음이 생긴다면 잘못된 길을 가고 있는 증거임을 알아야 한다.

또한 불보와 법보, 승보 등이 지닌 공덕의 특별함을 많이 알수록 그에 대한 신심이 더욱 깊어지며, 윤회의 갖가지 해악을 깨달음으로써 깊

245 마명보살을 지칭하는 또 다른 이름이다.

은 출리심出離心[246]과 염리심厭離心[247]이 생긴다. 더불어 해탈의 이로움을 여러 측면에서 봄으로써 강한 구도심이 생기고 보리심과 육바라밀을 비롯한 희유한 보살행을 요해了解함으로써 그것에서 물러서지 않는 신심과 구도심, 그리고 정진이 증장되는 것이다. 이 모든 것 역시 관찰지로써 교설의 의미를 궁구하는 사택수에 달린 것이다. 그러므로 지혜가 있는 이들은 이러한 이치에 대하여 어디에도 흔들리지 않는 확신을 가질 수 있어야 한다.

쫑카빠는 수행을 매우 편협한 의미로만 이해하는 자들의 주장과 그 문제점을 지적하여 그들의 잘못된 생각을 타파한다.

수행방식을 편협하게 이해하는 자들이 말하기를, "관찰지로 사택하는 것이 훨씬 많아지면 한 대상에 심일경성心一境性하는 삼매의 장애가 되기 때문에 견고한 삼매를 이루지 못한다."라고 한다.

이에 대해 말하겠다. 마음을 한 대상에 원하는 만큼 안주할 수 있는 삼매를 이전에 이룬 적이 없는 자가 그것을 처음 이룰 때 여러 대상을 분석하면 삼매가 생기지 않으므로 삼매를 이룰 때까지 그것을 위한 수행으로 안주수만을 해야 한다고 한다면 그것은 나 역시도 인정하는 바이다.

그러나 삼매를 이루기 전에 사택수가 많으면 삼매에 장애가 된다는 주장은 용수와 무착께서 논에서 설명하신 삼매의 성취방식을 전혀 이해하지 못한 것임이 틀림없다.

예를 들면 이와 같다. 세공장인匠人이 세공을 하려 할 때 금과 은을 반복하여 불에 넣고 정제수에 담그면 때와 불순물이 모두 없어져서 세공 가능한 부드러운 상태가 된다. 그런 후에야 비로소 귀걸이를 비롯하여 원하는 장신구를 만들 수 있다. 마찬가지로 먼저 근본번뇌와 수번뇌隨煩惱, 죄행에 따른 악업의 과보와 윤회의 고통 등을 수습하려 할 때 관

246 윤회로부터 벗어나고자 하는 마음을 가리킨다.

247 윤회에 염증을 느껴 윤회계를 떠나고자 하는 마음을 가리킨다.

찰지로써 그 해악을 거듭 사유함으로 인해 온 마음이 윤회에 대해 고뇌하거나 싫어하는 생각[作意]이 생긴다. 이러한 생각은 마치 금을 불에 태우듯 마음을 나쁜 쪽으로부터 멀어지게 하여 허물을 정화하는 것이다. 한편 선지식의 공덕과 가만의 가치, 삼보의 공덕, 선업의 과보, 보리심의 공덕 등을 사유할 때처럼 관찰지로 그 공덕을 거듭 사유함으로써 마음이 유연해지고 맑아지는 작의가 일어난다. 이러한 작의는 금을 정제수로 씻듯이 마음을 선한 쪽으로 향하게 하고 선을 좋아하게 만든다. 따라서 이러한 선법들이 마음을 유연하게 만드는 것이다.

그와 같은 상태가 되었을 때, 사마타[止]와 위빠사나[觀] 가운데 원하는 것에 마음을 주력한다면 어려움 없이 원하는 바가 성취된다. 왜냐하면 이와 같은 사택수는 무분별의 삼매를 이루는 가장 뛰어난 방편이기 때문이다. 이와 같은 내용을 무착보살께서 다음과 같이 말씀하셨다.

> 예를 들면 세공사나 세공사의 제자가 금이나 은의 일체 불순물과 때를 정화하기 위해서 때로는 불에 태우고 때로는 정제수로 씻는다면 이런 저런 장식구로 만들기에 적당하고 형태로서 순수한 상태가 되듯이, 여기에서 세공장인과 세공사의 제자가 그것에 적합한 세공 기술로 원하는 장신구의 형태를 만들듯이, 수행자[유가사] 또한 그 마음이 탐욕심을 비롯한 허물과 불순함에 마음이 향하지 않도록 함으로써 염증을 느끼고, 번뇌의 불편한 마음으로 흐르지 않도록 하고, 선의 편에 있는 것들을 좋아하고, 선으로 마음이 향하게 하여, 그 유가사가 그 마음이 지와 관련된 것이든 관에 관련된 것이든 반드시 그것을 행하는 데 있어 쉽게 들어가고, 깊이 들어서는 지극히 고요하고, 흔들리지 않으며, 그렇게 생각한 것을 바르게 이루는 까닭에 또한 나아가게 되는 것이다.

또 다른 측면으로 관찰지는 삼매의 장애를 없앤다. 한 대상에 마음이 견고하게 머무는 삼매의 주된 장애, 지속되는 삼매의 주된 장애[逆緣]는 두 가지인데 바로 혼침惛沉과 도거掉擧이다. 여기에서 관찰지는 두 가지 장애를 없애는 역할을 한다.
삼보의 공덕을 관하는 마음이 강하게 지속되면 혼침을 끊는 데 매우 용이하다. 공덕을 관하여 가라앉은 마음을 고양시키는 것은 혼침을 다스리는 방법[對治]이라고 현자들께서 말씀하셨기 때문이다.
또 무상과 고통 등의 해악을 관하는 마음이 강하게 지속되면 도거를 쉽게 끊을 수 있다. 도거란 탐착의 일부분으로 마음이 들떠서 산란한 것이므로 이를 다스리는 최고의 방법은 '탐착의 대상에 염증을 느끼는 것'이라고 많은 경서에서 말씀하시기 때문이다.

그러므로 선지식에 대한 신심을 키우는 것에서 행보리심을 익히는 것까지 사택수를 많이 할수록 현자들이 좋아하시는 견고한 삼매를 속히 성취하게 된다. 안주수뿐 아니라 사택수에서도 도거와 혼침에서 벗어날 수 있도록 해야 한다.

여기서는 일체교설을 수행에 적용하는 법을 설명하고 있다.

경론에 통달했던 이 법통의 스승들은 특정 수행의 가르침을 주실 때, 수행 내용에 대한 깊은 이해와 확신을 이끌어내기 위해 경론에 해당 내용의 의미를 스승의 특별한 가르침[口訣]에 비추어 보고, 선대 스승들의 구전口傳으로 보완하여 모든 것을 설하신다.
또 법을 설할 줄 아는 이가 들을 줄 아는 이에게 법을 설하면 마음에 변화가 생기는데, 그처럼 법석에서 생기는 마음의 변화와 같은 것은 혼자 숨어서 하는 사유를 통해서는 생기기 어렵다고 스승들은 말씀하신다. 이는 참으로 지당한 말씀이다. '지금은 수행의 한 주제에 집중하는 때'라고 하며 수행 주제에 대한 깊은 이해를 위한 다각적인 노력을 하지 않고 약간의 노력만 하는 것은 바람직하지 않다. 이러한 생각은 문사를 하

는 시기와 수행하는 시기라고 하여 교학과 수행을 양립할 수 없는 것으로 여기는 사견이기 때문이다.

그러나 설하신 모든 것을 수행에 적용할 줄 안다는 것은 참으로 어려운 일이다. 때문에 수행법을 간추려 중근기 도에서 따로 다루겠다.

관찰지의 사택수가 얼마나 중요한지를 설명한다.

모든 부처님의 말씀[教說]을 참된 가르침으로 받아들이느냐 받아들이지 못하느냐는 이 수행 방식에 확신을 얻느냐 얻지 못하느냐에 달려 있다. 삼장을 배우지 않는 이들은 말할 필요도 없거니와 현교와 밀교의 교전을 오랫동안 배운 이들조차 도를 닦을 때에는 정작 자신이 배운 교전에 나오는 사견자가 되는 경우를 볼 수 있기 때문이다. 따라서 더 자세히 설명해야 할 필요가 있지만 너무 길어질 것이 염려되어 이 정도로만 한다.
이로써 수행 방식에 대한 사견과 그 차단에 대해 모두 설명하였다.

[2] 선지식을 섬기어 어떻게 마음을 닦을 것인가
{1} 가만의 몸을 가치 있게 쓰기 위한 가르침
{2} 가만의 몸을 가치 있게 쓰는 법

이제, 앞서 설명한 대로 선지식을 여법하게 섬기는 제자를 스승이 어떤 차제로 이끌지 설해야 하는 차례이다.
두 번째, 스승을 섬기며 어떻게 마음을 닦을 것인가이다. 그 차제에 대해 가만의 몸을 의미 있게 쓰기 위한 가르침과 가만의 몸을 가치 있게 쓰는 법을 설한다.

{1} 가만의 몸을 가치 있게 쓰기 위한 가르침
〈1〉 가만의 몸이란 무엇인가
〈2〉 가만의 몸이 지닌 뛰어난 가치 사유하기
〈3〉 가만의 몸이 얻기 어려움 사유하기

첫 번째에는 세 가지로 가만의 몸이란 무엇인지, 그것의 뛰어난 가치에 대한 사유, 얻기 어려움에 대한 사유를 설한다.

〈1〉 가만의 몸이란 무엇인가
1. 팔유가(八有暇)
2. 십원만(十圓滿)

첫 번째(가만의 몸이란 무엇인가)에는 두 가지로, 팔유가八有暇와 십원만十圓滿에 대해 설한다.
첫 번째, 팔유가를 『섭덕보경攝德寶經』에서 다음과 같이 말씀하셨다.

계율로써 다양한 축생의 중생으로 태어남과
여덟 가지 무가無暇를 끊고 팔유가를 항상 얻네

이러한 말씀처럼 팔유가란 여덟 가지의 여유가 없는 무가에서 벗어난 한가함을 뜻한다. 『친우서』에서는 다음과 같이 말씀하셨다.

잘못된 견해를 지닌 자나 축생,
아귀나 지옥에 태어나는 것과
부처님의 말씀이 없는 곳과 변방에
미개인으로 태어나고 바보나 벙어리

명이 긴 천신으로 태어나는 이러한
생은 무가라고 하는 여덟 가지 허물
이러한 것을 벗어난 여유를 얻어서
윤회의 생을 끊기 위해 노력하소서

팔무가(八無暇)에서 인간의 몸이지만 무가인 것은 ①오지의 미개인이나 ②지적활동에 장애가 되는 결함이 있거나 ③사견자이거나 ④부처님의 출현이 없는 암흑 시대에 태어나는 것을 말한다. ①②④은 법의 기회가 없고 취사나 유익함을 알지 못하므로, ③은 사견으로 법을 구하지 않으므로 무가이다.

인간의 몸이 아닌 무가는 ①지옥, ②축생, ③아귀인 삼악도나 ④수명이 긴 천신으로 태어나는 것이다.

여기에서 인간의 네 가지 무가는 ① 사부대중의 왕래가 없는 변방에 태어나거나 ② 말을 못하거나 사지가 없거나 귀가 들리지 않는 등 신체적 결함을 갖고 태어나거나 ③ 전생과 내생, 업의 인과를 믿지 않고 삼보가 없다고 여기는 사견이 있거나 ④ 부처님의 출현이 없어 부처님의 말씀이 없는 시대에 태어나는 것이다. 이 네 가지 가운데 앞의 두 가지와 마지막 요건은 버리고 취할 바를[取捨]를 알지 못하고 세 번째는 정법을 구하지 않는다.
삼악도에서는 법에 대한 생각이 생기기 매우 어렵고, 설사 아주 조금 생긴다 하더라도 고통에 시달려서 실천할 수 없다.

수명이 긴 천신에 대해서 여러 해석이 있다. 『친우서석親友書釋』[248]에서

248 용수의 『친우서』를 해설한 것으로 인도 논사 대혜(大慧, blo gros chen po, Mahāmati)의 저술 (Ⓑ 44쪽)

는 무상천無上天과 무색계無色界의 천신으로 설명한다. 아비달마에서는, 무상천은 제4선천四禪天의 세계인 광과천廣果天[249] 한쪽에 500폭 떨어진 곳에 있으며, 그곳에는 태어났을 때와 죽을 때를 제외하고는 심왕心王과 심소心所의 움직임이 사라지므로 수 억겁 동안 머물게 된다고 한다.[250] 그러나 무색계에 존재하는 성현을 여유가 없는 무가라고 할 수 없다. 그러므로 그곳에 태어나는 범부에 한해 해탈도를 이루는 기회가 없기 때문에 무색계를 무가라고 한 것이다.

여기서 말하는 수명이 긴 천신이란 법의 기회가 없는 천신을 말한다. 색계 광과천에 있는 무상천이 대표적인 무가의 천계이며, 무색계에는 성현을 제외한 모든 무색계의 존재를 무가라고 할 수 있다.

『팔무가론八無暇論』[251]에서는 욕계의 오진五塵에 항상 마음이 빼앗기어 산란한 욕계 천신을 수명이 긴 천신으로 설명한다. 늘 마음이 산란한 욕계의 천신도 법의 기회가 없는 상계 천신과 마찬가지로 무가이다.

그러므로 이러한 것을 여유가 없는 곳[無暇]이라고 하는데, 『친우서석』에서 다음과 같이 말씀하신 것과 같다.

욕계의 천계(六欲天)에는 법의 기회가 적고 많음이 있으며 그 중에 법의 기회가 가장 많은 곳은 도솔천이다. 그 외 하늘은 대부분 쾌락에 대한 탐욕 때문에 법의 기회가 희박하다.

> 여덟 가지 세계는 그러한 선善을 행하는 한가함이 없기 때문에 '무가無暇'라고 한다.

2. 십원만 十圓滿
   가. 내부적 원만함
   나. 외부적 원만함

두 번째, 십원만十圓滿에 두 가지를 설한다. 첫 번째, 다섯 가지 내부적 원만함[自圓滿]이란 『유가사지론』「성문지」에서 다음과 같이 말씀하셨다.

249 색계 전체에서 열두 번째 하늘이며 제4선천의 네 번째 하늘이다.

250 무상천은 색계의 사선천 가운데 제4선천의 광과천에 근접해 있는 세계이다. 여기에 태어날 때 '내가 이러한 하늘에 태어났구나'라는 생각이 한 번 들고, 죽을 때 '내가 이제 명을 다하여 죽는구나'라는 생각이 한 번 든다. 이와 같이 생사에서 한 번의 마음 작용이 있을 뿐 그 이외의 마음작용은 전혀 없다고 한다. 무상천을 광과천에 포함하는지에 따라 색계 17천과 색계 18천으로 나뉜다.

251 인도 마명의 저술. (Ⓑ 44쪽)

사람으로, 중앙에 나고, 근根을 갖추며,
극악한 업을 짓지 않고, 처處를 믿는 것

여기에서 중앙에 태어남이란 사부대중의 왕래가 있는 곳에 태어나는 것이다. 오근五根을 갖춘 것이란 지적 장애나 말을 못하는 장애가 없고 지체가 온전하며 눈, 코 등을 모두 갖춘 것이다.

이생에 무간죄를 지으면 성현도나 해탈을 이룰 기회가 없기 때문이다.

극악의 업을 짓지 않음이란 무간죄를 직접 행하지 않았거나 남에게 시키지 않은 것이다. 처處를 믿는 것이란 세간과 출세간의 일체 선법이 생기게 하는 곳[生處]인 율律에 대한 신심이며, 율이란 여기에서는 삼장三藏을 일컫는다.

율(律, vinaya)은 제어하고 다스린다는 의미로 삼장을 통해 마음을 다스린다는 넓은 의미에서 율이라 한 것이다.

이 다섯 가지는 내부적으로 갖춰지는 것이며 법을 이루는 조건이므로 '내부적 원만함'이라 한다.

다섯 가지 외부적 원만함[他圓滿]이란 다음과 같다.

다섯 가지 외부적 원만함은 ①부처님의 출현, ②부처님과 성문의 설법, ③정법의 존속, ④법을 따르는 사부대중, ⑤타인의 지원이다.

부처님의 출현과 정법의 강설
법의 존속과 그것을 따르는 자
타인이 위해주는 사랑의 마음이다

여기에서 첫째, 부처님의 오심 혹은 출현이란, 삼대무량겁으로 자량을 쌓아서 보드가야에 머무시며 성도의 행장을 보이시는 화신의 출현을 뜻하는 것이다.

둘째, 정법의 강설이란 부처님 혹은 불제자인 성문聲聞이 법을 설하는 것이다.[252]

252 여기서 성문은 부처님 재세 시에 직접 가르침을 받은 직속 제자를 뜻한다. 「성문지」

셋째, 법의 존속이란 성불하여 법을 설하신 이후 열반에 드시기 전까지 부처님 재세 동안 승의정법勝義正法[253]의 증득을 통해 증법證法이 기울지 않고 존속하는 것이다.

넷째, 법의 존속을 따르는 자란 증법을 통해서 인간들에게 정법을 증득할 능력이 있음을 알고 난 후에 깨우친대로 법을 따라 행하는 자이다.[254]

다섯째, 나를 위하는 타인의 사랑이란 보시자와 후원자들이 법의法衣와 같이 수행에 필요한 것들을 나에게 베풀어 주는 것을 뜻한다.

이 다섯 가지는 타인에 달려 있는 것이며 법을 이루는 조건이므로 외부적 원만함[他圓滿]이다. 「성문지」에서 말씀하신 네 가지 외부적 원만함은 지금 우리에게 갖춰지지 못한 요건으로 보인다. 하지만 '정법의 강설, 법의 존속, 법의 존속을 따르는 자' 라는 세 가지의 경우는 이와 유사한 형태를 갖출 수 있다.[255]

부처님 재세 시에 깨달음을 얻은 성현들의 존재는 깨달음의 법맥이 유지됨을 의미한다. 이를 통해 많은 이들이 깨달음의 가능성을 확인하여 실제 그들처럼 법을 따르게 되는 것이다. 즉 여기서 말하는 법의 존속은 교법과 증법 중에 증법의 존속을 뜻한다.

〈2〉 가만의 몸이 지닌 뛰어난 가치 사유하기

두 번째, 가만의 뛰어난 가치를 사유하는 것이다. 살아 있는 동안 행복을 이루고 고통을 없애는 정도의 노력은 짐승들도 하는 것이다. 그러므

D4036, 4a5-4b4

253 승의의 정법은 예류(預流), 일래(一來), 불환(不還), 아라한(阿羅漢)의 사향사과(四向四果)를 비롯한 성현도의 성취를 뜻한다. (Ⓝ 320쪽)

254 법의 존속이란 증법을 성취한 자가 존재함을 의미하는데 부처님 재세 시에는 뛰어나지 않은 평범한 이들조차 증법을 성취하는 사례가 많았다. 따라서 그것을 보고 정법을 증득할 수 있는 가능성을 자각하여 법을 따르는 자들이 있음을 뜻한다.

255 후대 중생에게 「성문지」에서 말씀하신 네 가지 원만함과 유사한 원만함이 있다는 의미이다. 비록 부처님과 성문들의 법의 강설은 없으나 전승된 교법을 강설하는 스승들이 있고, 부처님 재세 시처럼 깨달음을 얻은 성현들은 없으나 증법의 전승으로 법을 깨달은 자가 있으며, 또 이를 본보기로 삼아 법을 따라 행하는 자들이 있기 때문이다. (Ⓝ 320쪽)

로 참된 행복을 이루기 위해 청정한 법을 성취하지 못한다면 선취의 인간으로 태어났으나 축생과 다를 바가 없다. 『제자서弟子書』[256]에서 다음과 같이 말씀하셨다.

새끼 코끼리가 깊은 구덩이의 둘레에 나있는
몇 입 안 되는 풀잎과 줄기에 욕심을 내지만
얻지 못하고 낭떠러지에 떨어지는 것과 같이
이 세간의 안락함에 대한 욕망도 그와 같다네

그와 같이 청정한 법을 이루고 특히 대승의 도를 성취하는 것은 육도중생의 아무 몸으로나 이룰 수 있는 것이 아니다. 그렇기 때문에 앞서 언급한 가만의 조건을 갖춘 인간의 몸을 얻어야 하는 것이다. 『제자서』에서 다음과 같이 말씀하셨다.

여래도如來道, 보살행, 중생을 이끌기 위해 나아가고
뛰어난 큰마음, 인간으로 얻을 수 있는 것과 같이
그 도는 천신과 용이 얻지 못하며 비천非天과
가루라迦樓羅, 야차夜叉, 긴나라緊那羅, 마후라가摩睺羅伽가 얻을 수 있는 것이 아니다

또 『입태경入胎經』에서도 다음과 같이 말씀하셨다.

사람으로 태어나도 그와 같이 끝없는 고통이 있지만 최상의 생이므로 수백만 겁에도 얻기 어렵다. 천신들이 죽게 되어도 다른 신들이

256 찬드라고미의 저술로 제자에게 보내는 서한 형식의 글이다. 범본은 『Śiṣyalekha』이다.

'그대가 선취에 태어나기를' 하고 기도한다. 여기서 선취란 인도人道이다.

그와 같은 말씀처럼 천신들조차 인간의 이 몸을 부러움의 대상으로 여기기 때문이다. 또한 전생에 인간의 몸으로 도를 닦은 습이 두터운 욕계 천신의 경우는 천신의 몸으로도 최초의 견도를 성취할 수 있으나 그 외에는 상계 천신의 몸으로 최초의 성현도를 얻는 것이 불가능하다.[257] 대부분의 욕계천 역시 여유롭지 못한 세계라고 말씀하셨기 때문에 도를 처음 이루는 몸으로는 인간의 몸이 최상이다.

또한 북구로주北俱盧洲의 인간은 계율을 받는 몸으로 적합하지 않다.[258] 따라서 오직 세 가지 세계의 인간 몸을 찬탄하고, 그 중에서도 이 남섬부주 세계의 인간 몸을 찬탄하는 것이다.

세 세계란 동승신주, 서우화주, 남섬부주를 가리킨다

따라서 자신의 몸이 지닌 뛰어난 가치에 눈뜨고 기회의 소중함을 알아서 그것을 무의미하게 쓰고 있는 상황을 자각해야 한다.

이렇게 훌륭한 몸을 얻었음에도 스스로가 어째서 헛되게 하려 하는가? 이를 헛되이 한다면 그것은 자신이 스스로를 기망하는 것이니 이보다 더 어리석은 것이 어디 있겠는가? '악도를 비롯한 여유롭지 못한 세계의 나락을 수없이 지나고 지나서 겨우 한 번 벗어난 이 기회를 의미 없이 보내고 또다시 그러한 세계로 돌아가서 헤맨다면 주술에 홀린 자마냥 나는 제정신이 없는 자가 아닌가?' 이와 같이 반복하여 사유해야 한다.

마명보살께서 다음과 같이 말씀하셨다.

---

257 성현도(聖道)를 일으키는 데에는 강한 염리심이 필요하지만 천상에는 강한 염리심이 일어날 수 없기 때문에 최초의 성현도를 일으킬 수 없다.

258 북구로주는 너와 나의 개념이 불분명하고 아집과 아소집이 희박하기 때문에 수계가 불가능하다. 『구사론주석』에 의하면 선악의 동기가 없기 때문이라고 한다.

몸을 얻는다면 윤회의

피안彼岸으로 가는 종자를 심고

길상 보리의 뛰어난 종자를 심을 수 있어

여의보주如意寶珠보다도 뛰어난

끊임없는 공덕, 인간의 몸을 지닌 이들

그 누가 이생에서 그것의 과를 없애겠는가[259]

그리고 『입행론』[260]에서도 다음과 같이 말씀하셨다.

이러한 여유를 얻게 되어서

내가 선善을 닦지 않는다면

이보다 더한 속임이 없으며

이보다 더한 어리석음이 또 없네

만일 내가 그것을 깨달았더라도

어리석음으로 이후에도 게으름을 피운다면

죽을 때가 되었을 때

큰 괴로움이 일어날 것이네

견디기 힘든 지옥의 불로 오래

나의 몸이 태워질 때에

큰 후회의 불이 타올라

마음의 괴로움이 틀림없이 생길 터

너무나도 얻기 힘든 경계[人身]를

259 마명의 저술 『선설보협론(善說寶匧論)』의 게송이다. 범본은 『Subhāṣitaratnakaraṇḍaka kathā』이다.

260 『입행론』 제4장 「불방일품」

우연히 얻게 되었음을
스스로 알고 있으면서
다시 지옥에 데려간다면

주술에 홀려 혼미한 자처럼
나에게 생각이 없는 것일 뿐
무엇이 어리석은지 나조차 알지 못하니
내 속에는 무엇이 들었는가?

돔뙨빠께서는 짼응아와께 항상 "가만의 몸을 얻은 것을 잊지 않고 있느냐?"라고 물어보시곤 하셨다. 이에 짼응아와 역시 어떤 수행을 하시든 그때마다 '자유가 있고 조건이 갖추어진 이때 만일 이 기회를 내가 잡지 않는다면 나락에 떨어져 다른 것에 휘둘리게 될 터, 그곳에서 다시 누가 건질 것인가'라는 『입중론』의 게송을 매번 암송하시고 수행을 행하셨다고 한다. 우리도 그와 같이 해야 한다.

이와 같이 인간의 몸은 궁극적인 의미에서 뛰어난 가치가 있을 뿐 아니라 선취의 몸과 재화, 훌륭한 권속을 얻는 원인인 보시, 지계, 인욕 등을 이 몸으로 속히 성취할 수 있기 때문에 한시적인 의미에서도 뛰어난 가치가 있음을 사유한다.

가만의 조건을 갖춘 인간의 몸은 궁극적으로 해탈과 성불을 성취하는 뛰어난 가치가 있을 뿐 아니라 보시, 지계 등을 실천하여 재물과 좋은 몸과 같은 윤회의 한시적인 원만함을 얻게 한다.

그처럼 선취와 해탈에 있어 큰 의미를 갖는 이 몸으로 선취와 해탈을 이루어 주는 원인에 밤낮으로 노력하지 않고 헛되이 한다면 이는 보물섬에 갔다가 빈손으로 돌아오는 것과 같은 것이다. '이생뿐 아니라 내생에조차 행복이 사라지고 여유로운 몸을 얻지 못한다. 그것을 얻지 못하면 고통이 계속 생기게 되니 그보다 어리석은 것이 어디 있는가'라고 사유한다. 이에 대해 마명보살께서 다음과 같이 말씀하셨다.

선이 풍족한 인간의 몸
무량겁을 통해 얻었음에도
이생에서 어리석음으로 복덕을
조금도 짓지 않는다면
그러한 자, 내세에
큰 고통의 집으로 들어가니
보물섬에 간 상인이
빈손으로 집으로 돌아온 것과 같네

십선업의 도가 없이는
이후에도 인간 몸을 얻지 못하네
인간의 몸을 얻지 못하고 행복이
어찌 있을까, 그 행복은 고통 뿐
이보다 더한 기만이 있지 않고
이보다 더한 어리석음이 없네

이와 같이 사유한 끝에 또한 가만의 몸을 가치롭게 쓰고자 하는 마음을 크게 일으켜서 『입행론』에서

선을 행하는 몸에는 댓가와 선물을 주고 자신의 뜻을 이루는 데 도움이 되지 않는 몸에는 어떤 것도 주지 않아야 한다.

이것에는 댓가와 선물을 주고
이제는 자신의 뜻에
도움이 안 되는 이것에는
어떤 것도 주어서는 안 되네

사람이라는 배에 의지하여
고통의 큰 강을 건너는

이 배를 이후에 얻기 어려우니
어리석은 자여, 때에 잠들지 마라

라고 말씀하신 것이다. 뽀또와의 『유법喩法』[261]에서도 다음과 같이 말씀하셨다.

미물이 예경[262]하는 것과 야생마에 올라타는 것과 같고[263]
짱 사람의 생선[264]과 메우센[265] 특식[266]과 같네

이와 같은 말씀처럼 가만의 몸에 대해서 사유하고 이 몸을 의미 있게 쓰려는 마음을 일으킨다.

때란 가만의 몸을 얻은 현생의 기회를 말한다.

미물의 예경처럼 인간의 몸은 희유한 것이다. 이를 얻기란 절름발이가 야생마에 올라탈 가능성만큼 희박한 것이다. 따라서 짱 사람의 생선처럼 헛되이 하는 일이 없어야 하며 메우센의 이야기처럼 쓸데없는 일에 이 몸을 쓰게 되는 것을 애석해 해야 한다.

〈3〉 가만의 몸의 얻기 어려움 사유하기

세 번째는 지극히 얻기 어려움을 사유하는 것이다.

261 뽀또와의 저술로 원 제목은 『뻬최린첸뿡바(dpe chos rin chen spungs pa)』이다. 다양한 비유를 통해서 보리도차제를 설명한다.

262 미물이 삼보에 절을 하거나 합장을 하는 것이 매우 희유한 일이듯이 사람의 몸을 받은 것은 참으로 희유한 일이다. '미물의 예경'은 일찍이 보지 못했던 희유한 일의 비유이다.

263 절름발이가 우연히 산에 올라갔다가 낭떠러지에서 미끄러지는 찰나에 지나가던 야생마의 무리 속으로 떨어져 야생마의 등에 올라타게 되었다. 주위 동료들이 말에서 떨어질 것을 염려하자 다리가 성해도 이런 말을 탈 기회가 없는데 내게 오늘 이런 기회가 생겼다고 기뻐 소리쳤다는 이야기이다. 이는 매우 얻기 힘든 기회를 빗댄 것이다.

264 생선을 먹어보지 못한 짱 지방 사람이 어느 날 초대를 받아 처음 생선을 맛보게 되었다. 그는 생선이 매우 맛있었던 탓에 지나치게 많이 먹고 말았다. 점점 배가 불러 목구멍으로 음식이 역류하자 그것이 아까워서 자신의 목을 졸라 음식이 올라오지 못하도록 하다가 결국 죽게 되었다. 부질없는 일로 목숨을 버리는 어리석음을 빗댄 이야기이다.

265 티벳인의 주식인 짬바(볶은 보리가루)에 귀한 버터와 사탕수수, 치즈가루 등을 넣어 만든 특별식인 체마르(phye mar)를 일컫는 고어이다.

266 한 가족이 어느 날 메우센이라는 특식을 만들어 식구 수대로 나누었는데, 한 아이가 더 많이 먹을 욕심에 자신의 것을 뒤에 감춰 놓고 부모의 것을 더 얻어먹었다. 그 사이 정작 자신 뒤에 숨겨둔 것을 개가 물어 가자 이를 알고 너무 아까운 마음에 울음을 터트렸다. 어떤 일에 대한 애석한 마음을 특식을 빼앗긴 아이의 마음에 빗대어 말한 것이다.

그와 같은 가만의 몸에 대해 『사교事教』[267]에서 말씀하시길

악도에서 죽어서 다시 악도로 태어나는 것은 대지大地의 티끌 수와 같고, 악도에서 선취로 태어나는 것은 손톱 끝으로 긁어모은 티끌 수와 같으며, 천인의 두 선취에서 죽어서 악도로 가는 것은 대지의 티끌 수와 같고, 거기에서 다시 선취에 태어남은 손톱 끝에 있는 티끌 수와 같다.

그와 같이 말씀하신 까닭에 선취이든 악도이든 두 세계에서 내생으로 태어날 때 가만의 몸을 얻기는 힘들다.

그렇다면 가만의 몸이 그토록 얻기 어려운 것은 무엇 때문인가? 『사백송四百頌』에서 다음과 같이 말씀하셨다.

> 대부분의 사람들은
> 바르지 못한 곳에 계속 머무네
> 그러므로 범부들은
> 대부분 악도로 필경 나아가리라

그처럼 선취의 사람을 비롯해 대부분은 바르지 않은 열 가지 불선[十惡] 등을 행하는 경우가 많아 과거생의 악업뿐 아니라 이생에 지은 악업으로도 악도에 나아가기 때문이다.
또 보살에게 화를 내는 경우 화내는 찰나만큼의 겁劫 동안 무간지옥에 머물러야 한다면, 과보를 아직 받지 않았고 대치법으로 없애지 못한 다

---

267 설일체유부의 사부율전 중 하나로 『십칠사(十七事)』라고도 한다. 한역은 의정(義淨)이 번역한 『근본설일체유부비나야(根本說一切有部毘奈耶, vinaya-vibhaṅga)』가 있다. 『사가합주1』 450쪽

생多生의 악업이 심속心續에 많이 남아있는 자가 수 겁 동안 악도에 머물러야 하는 것은 말할 필요도 없다.
전생에 지은 악도의 인因을 반드시 닦고 새로 지을 업을 다스린다면 선취에 나는 것이 드문 일은 아니나, 그렇게 하는 이가 지극히 드물다. 이와 같이 하지 않는다면 악도로 나아가고, 악도에 태어나면 선을 행하지 못하고 죄를 계속 행하게 되어 결국 다겁생 동안 '선취'라는 말조차 듣기 어려워진다. 그러한 까닭에 인간의 몸을 얻기 힘들다고 하는 것이다.
『입행론』에서 다음과 같이 말씀하셨다.

> 나의 이러한 행으로는
> 인간의 몸조차 얻지 못하니
> 인간의 몸을 얻지 못한다면
> 오직 악업뿐 선이 없다네
>
> 이때 선행의 기회가 있지만
> 선을 내가 행하지 않는다면
> 악도의 고통으로 혼미한
> 그때, 내가 무엇을 할 수 있으리
>
> 선을 행하지 않았는데
> 악업들을 또 짓게 된다면
> 수억겁 동안에도
> 선취라는 말조차 듣지 못하네
>
> 그런 까닭에 세존께서
> 큰 바다에 떠다니는 나무판의
> 구멍에 거북의 머리가 들어가듯이

인간의 몸 지극히 얻기 어렵다 하셨네

한 찰나에 지은 악업으로도
겁의 세월 무간지옥에 머무르게 된다면
무시이래 윤회에서 지은 악업으로
선취로 가지 못함을 말해 무엇하나

악업의 과보를 받아 악도의 고통을 겪고 나면 이전의 나쁜 업들이 소멸되어 다시 선취에 태어날 수 있기에 악도에서 벗어남이 어렵지 않을 것이라 사람들은 생각한다. 그러나 고통을 겪는 중에도 매순간 악업을 짓기 때문에 악도에서 죽어 다시 악도로 연이어 태어나게 되므로 벗어나기 힘든 것이다. 그러므로 『입행론』에서 다음과 같이 말씀하신 것이다.

그만큼 겪고 나서도
그가 벗어나지 못하는 것은
이와 같이 그것을 겪으면서도
다른 악업들이 많이 생겨서이네

이와 같이 얻기 어려움을 사유한 끝에, 이 몸을 죄행에 쓴다면 매우 허망한 일이라고 여겨 정법을 이루는 데 시간을 보내겠다는 생각으로 인간의 몸을 가치롭게 쓰고자 하는 마음을 일으킨다. 『친우서』에서 다음과 같이 말씀하셨다.

큰 바다에 떠다니는 나무판의 구멍과
거북이가 만나는 것보다 축생에서
인간 몸 얻기가 더 어려우니 인간의 왕께서

정법을 행함으로써 그 과果가 있게 하소서

누군가 보석으로 장식된 금그릇을
오물을 쓸어 담는 것으로 쓰는 것보다
누군가 인간으로 태어나 몸을, 악업을
행하는 데 쓰는 그것이 더욱 어리석도다

『제자서』에서도 다음과 같이 말씀하신 까닭이다.

지극히 얻기 어려운 인간의 몸을 얻었으니
이제 소원하는 그것을 노력해서 이루어야 하리

한번은 대유가사가 짼응아와에게 가끔 바람을 쐬라고 말씀하셨는데 짼응아와는 그렇게 해야겠지만 가만의 이 몸은 좀처럼 얻기 어려워 그러지 못한다고 답하셨다고 한다. 이러한 선지식과 같이 가만의 얻기 어려움을 늘 생각하여야 한다.

선지식 뽀또와께서 말씀하시길 "팬 지방에 '마이 차카르'라는 웅대한 성이 있었는데 적에게 빼앗겨 오랫동안 권세가 기울게 되었다. 노인이 된 성주는 그로 인해 번민하던 중 어느 날 그 성을 다시 되찾게 되었다는 소식을 듣게 되었다. 그러자 잘 걷지도 못하면서 창을 들고 비틀거리며 '이렇게 마이 차카르 성을 되찾은 것이 정녕 꿈이 아니기를'이라고 하며 기뻐했다고 한다. 가만의 인간 몸을 받은 것에 대해서도 그와 같은 환희심을 가지고 법을 이루어야 한다."
이러한 뽀또와의 말씀처럼 그와 같은 환희심이 생길 때까지 사유해야 한다.

그와 같이 얻기 어려운 가만의 몸을 가치롭게 쓰고자 하는 참된 바람[希求心]을 일으키기 위해 네 가지를 생각하여야 한다.

① 반드시 법을 성취해야 한다고 생각한다. 모든 중생은 오직 행복을 바라고 고통을 원치 않는데, 행복을 이루고 고통을 없애는 것도 정법에 달려 있기 때문이다.

② 이룰 수 있다고 생각한다. 외부적 조건인 선지식과 내부적인 조건 가만을 갖추었기 때문이다.

③ 더구나 현생에서 이뤄야 한다고 생각한다. 이생에서 이루지 못하면 여러 생 동안 가만을 얻기가 너무나 어렵기 때문이다.

④ 지금부터 당장 이루어야 한다고 생각한다. 왜냐하면 죽는 것이 정해져 있지 않아 언제 죽을지 모르기 때문이다.

이 가운데 세 번째 생각은 다음 생에 법을 행하겠다는 생각으로 실천을 하지 않고 미루는 게으름을 차단한다. 네 번째 생각은 이 생에서 이루어야 하지만 다음 해, 다음 달, 다음 주, 이 다음에 할 수 있다고 생각하며 다음으로 미루는 게으름을 막는다. 혹은 이 두 가지를 '조속히 법을 이루어야 하는 생각'으로 한데 묶어 세 가지로 사유해도 된다. 이 부분은 죽음의 무상관과 깊은 연관이 있지만 말이 길어지므로 뒤에서 설명하겠다.

죽음의 무상관은 하근기의 도에 해당된다.

이와 같이 가만의 조건을 갖춘 인간의 몸을 다각적으로 사유한다면 마음에 큰 변화를 가져올 수 있다. 따라서 앞서 설명한대로 사유하되 만약 그만큼 사유하는 것이 어렵다면 가만의 의미, 가만의 궁극적인 가치와 한시적인 가치, 인과에 있어 얻기 어려운 이치를 요약하여 앞의 설명한 것 중에 적합한 것을 수용하여 사유한다.

일반적으로 가만의 몸은 물론이거니와 선취에 태어나는 데에도 지계와 같은 하나의 청정한 선이 필요하다. 더구나 가만의 요건을 갖춘 인간의 몸을 얻기 위해서는 청정한 지계를 바탕으로 보시를 비롯한 선행이 뒷받침 되어야 하고, 청정한 염원이 매개가 되는 등 많은 선근을 요한다. 그러나 이러한 원인을 이루는 이가 지극히 적기 때문에 이를 가늠하여 선취의 일반적 몸과 가만의 몸이라는 특별한 결과가 얼마나 얻기 어려운 지를 사유하는 것이다.

가만의 조건을 갖춘 인간의 몸을 이루게 하는 원인의 어려움을 생각하여 그 몸의 얻기 어려움을 사유하는 것이다.

다음은 결과에 있어서 얻기 어려움을 사유하는 것이다. 인간의 개체는 종種이 다른 악도 중생들에 비하면 극히 소수에 불과하다. 그뿐 아니라 선취의 동종同種에 있어서도 가만의 요건을 갖춘 특별한 인간의 몸은 지극히 드물다. 이러한 것을 사유하는 것이다.

결과적으로 인간의 몸과 다른 여러 몸을 비교하여 가만의 몸이라는 결과가 얼마나 얻기 어려운가를 생각하는 것이다.

선지식 될빠께서는 이러한 가만의 사유에 애쓰셨는데, "이 수행이 다른 모든 법으로 이끌어 주었다."라고 말씀하셨다. 이 말씀처럼 이 같은 사유는 모든 수행을 가능케 하는 큰 이익이 있으므로 이것에 노력해야 하는 것이다.

{2} 가만의 몸을 의미 있게 쓰는 법

〈1〉 보편적 도에 대한 이해

〈2〉 가만의 몸을 의미 있게 쓰는 법의 실제

가만의 몸을 의미 있게 쓰는 방법과 관련하여 두 가지를 설한다. 보편적 도에 대한 이해와 가만의 몸을 의미 있게 쓰는 방법의 실제이다.

〈1〉 보편적 도에 대한 이해

1. 일체교설이 세 근기의 도로 수렴되는 이치

2. 세 근기의 도를 통해 순차적으로 이끄는 이유

첫 번째, 보편적 도에 대한 이해를 갖기 위해 일체교설이 세 근기의 도로 수렴되는 이치와 세 가지 도를 통해 순차적으로 이끄는 이유를 설한다.

1. 일체교설이 세 근기의 도로 수렴되는 이치

첫 번째, 부처님께서 처음에 보리심을 발하시고, 중간에 자량을 쌓고, 마지막에 성불하신 것은 모두 오직 중생을 이롭게 하기 위한 것이다. 그러므로 일체의 설법 또한 오직 중생을 이롭게 하기 위한 것이다. 중생을 이롭게 하는 것은 두 가지로 하나는 한시적인 선취善趣의 행복을 이루게 하고, 다른 하나는 궁극적인 행복을 이루게 하는 것이다.

이 가운데 한시적인 선취의 행복을 이루기 위한 모든 말씀은 실질적인 하근기下根機의 법 또는 이와 공통되는 법의 범주에 포함된다. 뛰어난 하근기(skyes bu chung ngu khyad par can)란 이생의 행복을 주목적으로 두지 않고 내생에 선취의 원만함을 추구하며 그 조건을 이루기 위해 행하는 자이기 때문이다.

그런 까닭에 『보리도등론』에서 다음과 같이 말씀하셨다.

하근기에는 이생의 행복만을 추구하는 일반적인 하근기와 내생의 행복을 추구하는 뛰어난 하근기가 있다. 보리도차제의 하근기는 이 뛰어난 하근기의 도를 말하는 것이다.

누군가 어떤 방편으로
오직 윤회의 행복[268]만을
자신을 위해 추구하는 자
그 중생은 아래[下]임을 알라

궁극적인 행복이란 두 가지로 오직 윤회에서 벗어나는 정도의 해탈과 일체종지의 지위이다. 이 가운데 성문·연각승에 관한 모든 말씀은 실질적인 중근기中根機 혹은 중근기와 공통적인 법의 범주에 포함된다. 왜냐하면 중근기란 모든 윤회 세계에 염증을 느끼어 윤회를 벗어난 해탈을 자신을 위한 목적으로 삼으며 해탈의 방편도인 삼학을 실천하는 자이기 때문이다. 그런 까닭에 『보리도등론』에서 다음과 같이 말씀하셨다.

오직 윤회에서 벗어나는 정도의 해탈이란 이타를 위하지 않고 자리만을 추구하는 해탈을 뜻한다. (© 146쪽)

윤회계의 안락을 뒤로 하고
악업에서 벗어나고자 하는 이
오직 자신의 적멸을 추구하는
그 중생을 중간[中]이라 하네

아띠샤께서 지으신 『섭행등론攝行燈論』[269]에서 다음과 같이 말씀하셨다.

비밀진언승과 바라밀승에
의해 보리菩提를 이룬다고
부처이신 스승께서 말씀하시니
그 의미를 여기에 적노라

268 인간이나 천신 등 선취에 태어나 누리는 윤회의 일시적 안락을 뜻한다.

269 범본은 『cārya saṃgraha pradīpa』 라고 한다. 밀교에 관한 아띠샤 저술이다.

'두 차제'는 밀교의 생기차제와 원만차제를 가리키고 '등'은 소작(所作), 행(行), 요가, 무상요가 탄트라를 말한다.

일체지一切智라는 궁극적인 행복을 이루는 방편은 두 가지로 대승 비밀진언승[密敎]과 대승 바라밀승[顯敎]이다. 이 두 가지는 상근기上根機의 법에 포함된다. 왜냐하면 상근기란 대비심大悲心으로 인해 중생의 일체 고통을 없애기 위해 성불을 목표로 육바라밀과 밀교의 두 차제 등을 수행하는 자이기 때문이다. 『보리도등론』에서 다음과 같이 말씀하셨다.

> 자신에게 있는 고통으로써[270]
> 타인의 모든 고통이
> 온전히 없어지길 바라는
> 그 중생은 최상(上)이라네

이와 같이 말씀하셨을 뿐 아니라 상근기가 정각을 이루는 방법으로써 바라밀승과 금강승을 실제 이후에 설하고 있으므로 두 가지 모두 상근기의 도에 포함된다는 것을 알 수 있다.

세 사람(gnag zag gsum; 세 근기)이라는 용어에 대해 『유가사지론』「섭결택분攝抉擇分」에서는 다음과 같이 말씀하셨다.

별해탈계가 없어도 십선계를 지녔다면 하근기이다. 성문에게 있는 계율이란 별해탈계를 뜻하며 그것은 해탈을 추구하는 중근기를 나타낸다. 보살계율을 지닌 자는 상근기를 나타낸다. (© 147쪽)

> 또한 세 사람이다. 출리심의 동기가 없으니 별해탈계율도 아니고 십선계가 있어 계율이 아닌 것도 아닌 불선을 제어하는 계율을 바르게 수지한 자도 있다. 성문에게 있는 계율을 바르게 지닌 자도 있다. 보살의 계율을 바르게 지닌 자도 있다. 여기에서 첫 번째는 아래[下]이

270 『보리도등론』의 원문에 རང་རྒྱུད་གཏོགས་པའི་སྡུག་བསྔལ་གྱིས་ (rang rgyud gtogs pai sdug bsngal gyis)와 རང་རྒྱུད་རྟོགས་པའི་སྡུག་བསྔལ་གྱིས་ (rang rgyud rtogs pa'i sdug bsngal gyis) 두 판본이 있기 때문에 티벳의 논사들도 두 가지 해석을 한다. 전자는 '자신에게 있는 고통으로 인해'라는 뜻으로 똥렌 수행(타인의 고통을 모두 받고 자신의 행복을 타인에게 보내는 수행)으로 해석하고, 후자는 자신의 고통을 깨달음으로써 타인의 고통을 이해하는 자비심으로 해석한다. 두 가지 가운데 후자의 해석이 더 보편적이므로 후자의 해석을 선택하였다.

다. 두 번째는 가운데[中]이다. 세 번째는 최상[上]이다.[271]

이 말씀은 여기서 말하는 세 근기와 같은 의미이다. 뿐만 아니라 하, 중, 상의 세 근기를 규정하는 다양한 방식을 설하고 있다.
『보리도등론』과 마찬가지로 세친보살께서도 『구사론석』을 통해 세 근기의 정의에 대해 말씀하시고 있다.

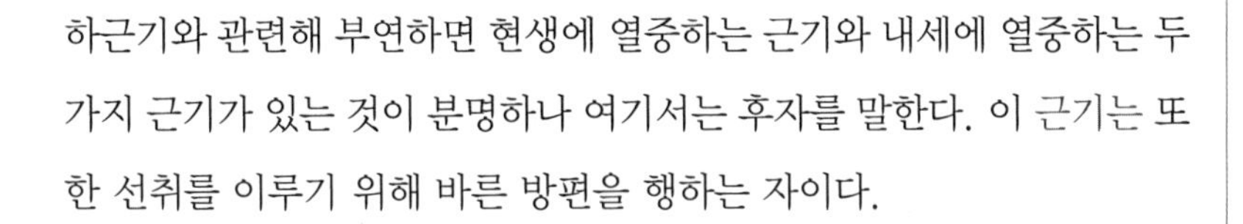

하근기와 관련해 부연하면 현생에 열중하는 근기와 내세에 열중하는 두 가지 근기가 있는 것이 분명하나 여기서는 후자를 말한다. 이 근기는 또한 선취를 이루기 위해 바른 방편을 행하는 자이다.

2. 세 근기의 도를 순차적으로 이끄는 이유
가. 세근기의 도를 통해 이끄는 의미
나. 그와 같은 차제대로 이끄는 이유

두 번째, 세 가지 도를 차제대로 이끄는 이유에 두 가지를 설한다. 세근기의 도를 통해 이끄는 의미와 그와 같은 차제로 이끄는 이유를 설한다.

가. 세 근기의 도를 통해 이끄는 의미

첫 번째, 그처럼 세 근기의 도라고 설명하지만 상근기의 도차제에 다른 두 근기의 도차제까지도 빠짐없이 모두 포함되기 때문에 하근기와 중근기의 두 도는 대승도의 줄기 또는 일부분이다. 마명보살께서는 『수습속보리심』에서 다음과 같이 말씀하였다.

하근기와 중근기의 도는 상근기 도의 일부이므로 하위 도부터 순서대로 이끈다는 의미를 지닌다.

271 이 내용은 세 근기를 계율로써 설명하고 있다. 『사가합주』에 근거하여 뜻이 통하도록 별색으로 표시한 단어를 보충하였다.

해하지 않고 진실하고
주는 것을 받고 청정행을 하며
지니고 있는 일체를 베푸는 것
이것이 선취의 행이네

윤회의 고통을 모두 보고서
이를 끊기 위해 진실한 도를 닦고
두 가지 죄를 끊는 것
이는 적멸의 행이네

이 모든 것은 또한 취할 바이며
가장 뛰어난 도의 부분이네
제법 공성을 깨달음으로써
유정에게 자비심이 샘솟네
가없는 선교방편의 보살행은
최상의 행이네

그러므로 여기에서는 윤회의 행복만을 목적으로 하는 하근기의 도와 윤회에서 벗어나 오직 자신의 해탈만을 목적으로 하는 중근기의 도로 이끌기 위한 것이 아니다. 이 두 가지 도를 상근기의 도로 가는 예비행으로 삼아 상근기의 도를 닦기 위한 방편으로 설하신 것이다.

그렇다면 앞서 언급한 대로 가만의 조건을 갖춘 인간의 몸을 의미 있게 쓰고자 한다면 어떻게 해야 하는 것인가, 그 방법을 『중관심론中觀心論』[272]에서 다음과 같이 말씀하셨다.

해하지 않음은 불살생, 진실함은 불망어, 주는 것을 받음은 불투도, 청정행은 불사음을 뜻한다. 첫 번째 구절은 그러한 선으로 선취의 행복을 추구하는 하근기의 도를 보여준다.

두 번째 구절은 윤회에서 중근기의 도를 뜻한다. 두 가지 죄란 업과 번뇌를 말하는데, 중근기의 도에서 그것을 가장 큰 허물로 여기기 때문에 죄라고 하였다.

마지막 구절은 하근기와 중근기의 도가 가장 뛰어난 상근기 도의 일부분으로써 모두 수행해야 하는 것임을 명확히 드러낸다.

272 중관사상에 관한 청변의 저술. 범본은 『madhyāmaka hṛīdaya kārikā』 이다.

그 누가 파초와 물거품처럼
허망한 이러한 육신을
이타를 위한 조건으로 만들어
수미산 같은 정각을 이루지 않는가

자비심을 지닌 선한 이들은
찰나의 순간마다 노사老死와
병고의 바탕이 되는 육신을
타인을 위한 행복의 터전으로 삼네

정법의 등불을 지니고
팔무가八無暇를 끊은 여유로운 이 몸
상근기의 도를 행하여서
결과를 있게 함이 마땅하리라

이와 같은 말씀처럼 인간의 육신은 파초나 물거품 같이 허망하며 병의 집이자 늙음을 비롯한 고통의 근원이다. 그러나 이 몸으로 상근기의 모든 수행을 하며 밤낮을 보내어 그것을 헛되이 하지 않겠다는 생각으로 대승에 들어가는 것이다.

그렇다면 '처음부터 상근기의 도로 이끄는 것이 마땅한데, 어째서 하근기와 중근기의 공도를 닦아야 하는 것인가'라고 물을 수 있을 것이다. 그 이유는 두 가지 공도는 상근기의 도를 일으키는 예비 도이기 때문이다. 그것이 어떻게 상근기의 예비 도가 되는지는 아래에서 설명하겠다.

나. 그와 같은 차제대로 이끄는 이유
1) 실질적인 이유
2) 의의

두 번째, 그와 같은 차제次第대로 이끄는 이유에 대해 두 가지를 설한다. 다음은 차제대로 수행해야 하는 실질적인 이유와 그 차제 수행의 의의이다.

차제대로 이끌어야 하는 첫 번째 이유는 상근기의 도에서 대승의 관문이 되는 보리심을 일으키는 데에 하근기와 중근기의 도가 선행되어야 하기 때문이다.

첫 번째, 대승에 들어가는 관문은 최상의 발보리심이다. 『입행론入行論』에서 다음과 같이 말씀하셨다.

보리심을 발하면 찰나에
윤회의 감옥에 있는 불쌍한 이들도
여래의 아들이라 불리며
세간천신과 인간이 예경하게 되네

이와 같은 말씀처럼 보리심이 마음에 생기면 부처의 아들[佛子] 또는 보살菩薩이라는 이름을 얻어서 대승도에 들게 되지만, 보리심이 기울면 대승인의 범주 밖으로 벗어나므로 보리심을 대승도의 관문이라 한다. 그러므로 대승에 들어가기를 원하는 이들은 갖가지 방편에 노력하여 이 마음을 일으켜야 한다. 보살의 도차제를 설하는 최고의 논서 『집학론』과 『입행론』에서는 보리심을 일으키기 위해서 먼저 그 발심의 공덕功德과 이로움을 사유[273]하여 마음 속 깊이 그것에 큰 환희심을 일으켜 증장하고, 귀의를 비롯한 칠지분의 실천이 필요하다고 말씀하셨다.[274] 그

보리심을 일으키기 위해서는 보리심의 공덕과 그것이 가져다 주는 이로움을 알아야 한다. 그것을 알면 진심으로 보리심을 원하는 마음이 생기고 그로써 발심을 위해 노력하게 된다.

273 보리심의 공덕과 이익이 무엇인지를 보여주는 대표적인 경은 『화엄경』이며, 논은 『입행론』이다. 이러한 경론의 가르침을 통해 보리심의 공덕과 이익을 사유할 수 있다.

274 보리심이라는 위대한 선의를 일으키기 위해서는 업장을 정화하고 복을 짓는 것이 필요하다. 따라서 그러한 법기가 되기 위한 방편으로 칠지분을 행하는 것이다. (© 상, 152쪽)

러므로 그와 같은 것이 가능하려면 하근기와 중근기의 공도를 닦아야 하므로 보리심을 일으키는 데에도 하근기와 중근기의 도가 필요한 것이다.

그처럼 경론에서 말씀하신 보리심의 공덕과 이익을 요약하면 두 가지로 일시적인 이익과 궁극적인 이익이다. 첫 번째, 일시적인 이익에도 두 가지가 있는데 악도에 떨어지지 않는 이익과 선취에 태어나는 이익이다. 보리심이 생기면 이전에 지은 악도의 원인[惡業]이 정화되고 이후에 지은 악업들의 흐름이 끊어지며, 이전에 지은 선취의 원인[善業]들은 발심의 영향으로 크게 증가할 뿐 아니라 새로 짓는 선업들도 발심의 선의로 인해 그 과보의 다함이 없다.[275]

두 번째, 궁극적인 이로움은 해탈과 일체종지이다. 이 역시도 보리심에 의해 속히 성취되는 것이다. 그러나 우선적으로 보리심이 가져다 주는 일시적인 이로움과 궁극적인 이로움을 얻기 바라는 진정한 바람[希求心]이 있어야 한다. 그것이 없으면 '발심에서 그러한 공덕이 생기니 발심에 노력해야지'라고 말은 해도, 말뿐이라는 것은 자신의 마음을 보면 명백하다. 그러므로 선취에 태어남과 해탈이라는 두 가지 이익을 얻고자 하는 마음을 일으키기 위해 하근기와 중근기에 해당하는 의요[276]를 닦아야 한다.

보리심이 가져다 주는 선취와 해탈의 이익을 얻고자 하는 마음은 하근기와 중근기의 의요와 다르지 않으므로 그것을 닦는 것은 보리심을 원하는 희구심을 일으키는 원인이 된다.

그처럼 선취와 해탈이라는 두 가지 공덕을 얻고자 하는 마음이 생겨서 공덕의 근원인 보리심을 본격적으로 닦으려고 한다면 먼저 보리심의 뿌리인 사랑[慈]과 연민[悲]의 마음을 일으켜야 한다. 자신이 불행과 고통에 시달리는 윤회계를 떠도는 과정을 생각해보면 소름 돋을 정도의 섬

275 보리심의 동기로 짓는 선업은 그것의 좋은 과보가 끝이 없다. 보리심이란 일체 중생을 제도하고자 하는 최상의 이타심이므로 중생계가 다 할 때까지 선업의 과보가 지속되기 때문이다.

276 의요란 어떤 목적을 향해 나아가는 마음이다. 하근기의 의요는 내생의 행복을 구하는 마음이며, 중근기의 의요는 윤회를 벗어난 해탈을 구하는 마음이다.

뜨함이나 끔찍함을 느껴야 함에 불구하고 아무런 감정의 동요가 없다면 그러한 자에게 윤회 속에서 겪는 중생의 불행과 고통을 견디지 못하는 연민의 마음이라는 것은 불가능한 것이다. 따라서 『입행론』에서 다음과 같이 말씀하셨다.

보리심을 본격적으로 수행할 때에 하근기와 중근기의 도가 필요하다. 왜냐하면 보리심의 근본인 사랑과 연민의 마음을 일으키는 데 악도의 고통을 관하는 하근기의 도와 윤회의 고통을 관하는 중근기의 도가 반드시 필요하기 때문이다.

그러한 중생에게 이전에
자신을 위해서도 이 같은 마음
꿈조차 꾸지 않았다면
타인을 위해 어찌 생길까

그런 까닭에 하근기의 도에서는 자신에게 악도의 고통과 해악이 발생하는 이치를 사유하고, 중근기의 도에서는 선취에도 고통이 있을 뿐 아니라 적멸의 참된 행복이 없다는 사실을 사유하여야 한다. 그런 후에 자신의 경험으로 사랑하는 중생들의 고통을 관찰하게 되면 그것은 중생을 향한 사랑과 연민이 생기는 조건이 된다.
이러한 하근기와 중근기의 도에서 보리심이 생기므로 하근기와 중근기의 의요를 닦는 것은 참된 보리심을 일깨우는 방편이며, 상근기와 무관한 도로 이끄는 것이 아니다.

그와 마찬가지로 하근기와 중근기의 도에서 귀의심을 함양하고 인과를 사유하는 것 등을 통해 복을 짓고 업을 닦는 다양한 노력은 보리심을 닦는 예비행으로써 칠지분이라는 마음을 정화하는 방편의 일부이므로 그 역시 보리심이 생기는 방편이라는 것을 알아야 한다.

보리심이라는 위대한 이타심을 일으키는 법기가 되려면 업장을 정화하고 복을 짓는 것이 필요한데 그것의 방편으로 칠지분을 행하는 것이다. (© 152쪽)

이 부분에서 하근기와 중근기의 법문은 위없는 깨달음을 구하는 마음[無上正等覺心]을 생기게 하는 방편이 되는 과정임을 스승이 잘 설명하여

야 하며, 제자 역시 이에 대한 확신을 가져야 한다. 어떠한 수행을 하든 이러한 이치를 잊지 않고 보리심이 생기는 방편으로써 수행하는 것이 매우 중요하다. 그와 같이 하지 않으면 상근기의 도와 각각의 도는 무관한 것이 되며, 실제 상근기의 도에 이를 때까지 보리심에 그 어떤 확신도 얻지 못해서 발심하는 데 장애가 되거나 또는 그 사이에 큰 뜻이 기울게 된다. 따라서 상근기의 도의 예비행으로 그러한 것을 실천하는 데 노력해야 한다.

그와 같이 하근기와 중근기의 도를 닦고 상근기에서 설명하는 대로 잘 수행하여 어떻게 해서든 참된 보리심이 생기도록 해야 한다. 그런 후에 보리심의 마음을 공고히 하기 위해 먼저 특별한 귀의심[不共歸依][277]을 내고, 원보리심 발심의궤를 통해 원보리심을 발하며, 그 내용[學處][278]을 실천하는 데 노력한다.

그런 다음 육바라밀과 사섭법 등의 보살행을 행하고자 하는 마음을 닦는다. 마음 속 깊이 보살행을 행하고자 하는 마음이 생긴다면 반드시 청정한 보살계[279]를 받아 지닌다.

---

277 대승의 귀의를 의미한다. 대승의 귀의란 사랑하는 중생이 끊임없는 고통을 겪는 것을 두려워하여 삼보만이 그 두려움을 벗어나게 할 수 있다는 확신으로 귀의하는 것을 말한다.

278 원보리심을 발한 보살이 배우고 행해야 할 바를 의미하며 크게 두 가지로 나뉜다. 첫 번째는 현생의 보리심이 기울지 않게 하는 원인이 되는 학처이며, 두 번째는 내생에 보리심과 멀어지지 않도록 하는 원인이 되는 학처이다. 우선 첫 번째에 네 가지 학처가 있는데 ①발심의 공덕을 사유하는 것, ②낮에 세 번, 밤에 세 번 발심하여 하루에 여섯 번의 보리심을 발하는 것, ③중생을 버리지 않는 것, ④복을 짓고 지혜 자량을 키우는 것이다. 두 번째는 네 가지 악법을 끊고 네 가지 선법을 행하는 것인데 네 가지 악법이란 ①스승들을 속이는 것, ②타인의 선행을 후회하도록 만드는 것, ③분노로 인해 보살에게 악구를 하는 것, ④중생을 기만하는 것이다. 그리고 네 가지 선법이란 ①거짓을 말하지 않는 것, ②중생을 진실하게 대하는 것, ③보살들을 부처님을 보듯 하여 찬탄하는 것, ④대승의 법기 중생들에게 보리심을 일깨우는 것이다. 자세한 것은 상사도에서 언급한다.

279 열여덟 가지의 중계(重戒)와 마흔여섯 가지의 경계(輕戒)가 있다.

그 다음에는 보살계의 근본 바라이죄에 물들지 않도록 목숨을 걸고 계를 지킨다. 또한 소루疏漏,[280] 중루中漏[281]와 또 다른 46가지 경죄에도 물들지 않도록 노력한다. 혹여 물들었더라도 교전의 말씀대로 타죄墮罪를 바로 잡는 환정還淨 의궤를 통해 잘 정화한다.

사마타를 이루는 가장 주된 목적은 위빠사나를 이루기 위함이다. 이타를 위한 신통의 성취는 사마타의 부수적 목적이다.

그런 다음에는 육바라밀을 행하고, 특히 선의 대상에 뜻하는 대로 마음을 부리기 위해 사마타를 본질로 하는 선정을 잘 수행한다.
『등론』에서 신통을 일으키기 위해 사마타의 성취를 말씀하신 것은 하나의 예일뿐이며, 아띠샤께서 다른 곳[282]에서는 위빠사나[觀]를 일으키기 위해 사마타의 성취를 말씀하시므로 그런 이유에서 또한 사마타를 이루어야 한다.

그 다음에는 두 가지 아집의 결박을 끊어내기 위해 무아라는 공성의 의미를 정견으로 확정하고 올바른 방법으로 수행하여 지혜를 본질로 하는 위빠사나[觀]를 성취한다.

보살계는 육바라밀의 실천을 담고 있으므로 선정바라밀과 지혜바라밀에 포함되는 지관을 제외한 학처는 계학에 해당하는 것이다.

따라서 지관의 성취를 제외한 보살계('jug sdom) 학처學處의 실천까지는 계학戒學이고, 지止는 정학定學 또는 심학心學이며 관은 혜학慧學이라고 『등론』의 주석서에서 말씀하셨다.

세 근기의 도는 복덕자량을 쌓는 도와 지혜자량을 쌓는 도로 크게 나뉜다. 그것은 부처의 색신과 법신을 이루는 원인이기 때문이다.

또한 사마타[止]까지는 방편에 관한 것이며 복덕자량이자 세속제世俗

---

280 보살계의 열여덟 가지 바라이죄를 행하였을 때, 네 가지의 허물(四纏)의 요건에 따라 경중을 따진다. 네 가지 허물이란 ①죄행을 잘못으로 보지 않는 것, ②미래에 다시 죄를 행할 의향이 있는 것, ③죄행에 대한 부끄러움을 모르는 뻔뻔함, ④죄행을 좋아함이다. 이 가운데 한 가지의 요건을 갖추어 바라이 죄를 행하면 소루라고 한다.

281 네 가지 허물 가운데 두 가지 혹은 세 가지 요건을 갖추어 죄를 행하면 중루라고 한다. 네 가지 요건을 모두 갖추면 대루(大漏)라고 하는데 이는 근본 계를 완전히 파하는 것이다.

282 아띠샤가 저술한 『보리도등론』의 주석서 [བྱང་ཆུབ་ལམ་སྒྲོན་གྱི་དཀའ་འགྲེལ། (bodhimārga dīpaṃ pañcika nāma)]의 구절(D3948, 276b)을 말한다.

諦에 의한 도, 또는 광대보살행의 도차제이다. 특별한 세 가지 지혜[283]를 일으키는 것은 지혜에 관한 것이며 지혜자량이자 진제眞諦에 의한 심밀의深密意의 도차제이다. 따라서 그러한 차제가 뒤바뀌거나 수가 부정확하거나 지혜와 방편 가운데 한쪽으로 치우친 수행으로는 깨달음[菩提]을 이룰 수 없다는 큰 확신을 가져야 한다.

이와 같은 방식으로 공덕의 큰 바다, 부처의 지위[佛地]로 나아가는 기러기왕 보살은 광대한 방편이 모두 구족된 속제의 날개와 두 무아의 실상[眞如]을 온전히 깨달은 진제의 날개를 펼치어 나아가는 것이다. 따라서 한 쪽 날개가 부러진 기러기처럼 도의 일부만으로는 불지에 이를 수 없다. 그런 까닭에 『입중론』에서 다음과 같이 말씀하셨다.

> 속제와 진여의 희고 긴 두 날개를 크게 펼친
> 저 기러기 왕은 범부 기러기 무리보다
> 앞에 서서 선풍善風의 힘으로 인해
> 부처의 공덕해功德海, 뛰어난 피안으로 나아가네

그와 같이 공통의 도[共道][284]로써 마음을 정화한 후에는 반드시 밀교에 들어가야 하는데, 거기에 들면 속히 두 자량을 원만히 이룰 수 있기 때문이다. 만일 현교의 도를 닦을 정도의 여력밖에 없거나 타고난 근기[種性]의 능력이 미약해서 밀교에 들어가는 것을 원치 않는다면 현교의 도

283 속제를 깨달은 지혜, 실상(진제)을 깨달은 지혜, 이타의 방편을 아는 지혜를 삼종지로 해석한다. 달라이라마는 여기에 두 가지 해석을 보태어 성문·연각·보살의 지혜 혹은 공성을 소연하는 문혜, 사혜, 수혜를 삼종지로 해석할 수 있다고 보았다. 그의 설명에 따르면 원문에서 '진제에 의한 도'라고 언급하고 있고, 세속제와 관련된 지혜는 진제에 의한 도라고 할 수 없으므로 마지막 해석을 타당한 것으로 본다. (Ⓒ 157쪽, Ⓓ vol 1. 520쪽)

284 보리도차제에서 공도는 주로 하근기와 중근기의 도를 의미하지만 여기서 말하는 공도란 현교와 밀교의 공도이므로 현교 바라밀승을 뜻한다. 바라밀승의 도를 모두 닦은 후에 자격을 갖춘 자는 반드시 금강승 밀교의 도를 수행해야 불지(佛地)를 이룰 수 있다.

차제를 더욱 깊이 수행한다.

금강승에 들어간다면 모든 승乘은 물론이거니와 특히 금강승에서는 선지식을 섬기는 법에 대해 매우 엄중하게 말씀하시므로 거기에서 설명한 대로 이전보다 더 특별한 방식을 따라야 한다.

하위 밀교에는 소작, 행, 요가의 3종이 있으며 각각에 해당하는 본존이 존재하고 거기에는 각각 유상요가와 무상요가가 있다.

그런 다음에는 밀교[續部] 전통에서 전승된 관정灌頂 의식을 통해 마음을 성숙시키고, 그때 받은 삼매야계三昧耶戒와 모든 계율을 목숨을 걸고 여법히 지킨다. 근본 타승죄[285]에 물들었어도 다시금 계를 받을 수는 있으나 마음이 훼손되어 공덕이 생기기가 매우 어렵다. 따라서 근본 타승죄에 물들지 않도록 노력한다. 또한 경죄들에 물들지 않도록 노력한다. 만약 죄가 생겼다면 참회와 개심改心으로써 닦아야 한다. 왜냐하면 삼매야계와 율의는 밀승도의 바탕이기 때문이다.

그런 후에 하위 밀교[續部]를 수행하는 자라면 유상有相[286]요가를, 상위 밀교를 수행하는 자라면 생기차제 요가를 잘 배워서 수행하도록 한다. 그러한 수행이 견고해지면 하위밀교의 경우에는 무상요가를, 상위의 경우에는 원만차제 요가를 잘 수행한다.

이와 같은 도의 체계體系는 『보리도등론』에서 말씀하신 것이므로 『보리도차제론』에서도 그대로 이끈다. 아띠샤께서는 다른 경서에서도 도차제를 말씀하시고 있다. 『섭대승도방편론攝大乘道方便論』[287]에서 다음과 같이 말씀하셨다.

---

285 이치를 아는 지혜, 굳건한 신심, 끊임없는 정진력을 지닌 선연자는 밀교 수행의 적격자이다. 그러한 자질의 선연자는 반드시 밀교의 도에 입문해야 한다. (© 158쪽)

286 본존의 모습만을 관하여 닦으면 '유상요가'라 하고, 공성을 체득하여 본존의 모습과 성품의 공함을 닦으면 '무상요가'라 한다. 이 두 가지 모두 본존관의 형태이다.

287 도차제에 관한 아띠샤의 저술. 범본은『mahāyānapathā sādhana varṇṇa saṃgraha』이다.

불가사의한 공덕을 갖춘
무상정등각을 얻고자 한다면
깨달음은 수행에 달려있으니
수행 매진하여 뜻 있게 하라

가만暇滿의 원만한 몸
참으로 얻기 힘든 것을 얻게 되었으나
이후에 또 다시 얻기는 어려우니
수행에 노력하여 헛되지 않게 하라

라고 하셨고, 또 다음과 같이

가령 수감자가 감옥에서
도망칠 기회가 생겼을 때
중요하던 어떤 것도 개의치 않고
그 자리에서 도망치듯이

이 윤회의 큰 바다에서
건너갈 기회들이 생긴다면
중요하던 어떤 것도 개의치 않고
윤회의 집에서 벗어나야 한다네

수감자에게 감옥에서 도망칠 기회가 생겼을 때, 감옥에서 요긴했던 물건에 집착하지 않고 도망가듯이 고통의 바다인 윤회에서 벗어날 기회가 생긴다면 윤회에서 필요했던 것에 집착하지 않고 벗어나야 하는 것이다. 이는 중근기의 도를 뜻한다.

라고 하셨으며, 또 다음과 같이

귀의와 뛰어난 지계[增上戒],[288]

288 뛰어난 지계란 출리심을 바탕으로 한 지계를 의미한다. 일반적인 십선계는 외도에게도 있으므로 해탈을 동기로 한 불교의 지계를 뛰어난 지계라고 한다.

대승의 귀의와 지계, 원보리심, 보살계, 육바라밀의 모든 보살행을 순서대로 여법하게 행하는 상근기의 도를 가리킨다.

원보리심을 바탕으로 한
보살율의를 잘 지키고
육바라밀을 비롯한
보살의 모든 행을
최선을 다해 순서대로 여법히 행하라

라고 하였고, 또 다음과 같이 말씀하셨다.

방편과 지혜의 정수[289]
지관의 수행을 닦으라

『정자량품定資糧品』[290]에서도 다음과 같이 말씀하셨다.

정등각심, 즉 보리심을 견고히 하여 윤회의 재물과 안락에 집착하지 않고 인색함이 없는 보시를 비롯한 육바라밀행과 신심 등의 칠보의 원만함을 지닌 자는 스승을 부처님처럼 공경한다. 그 스승의 은혜로 밀교에서 말하는 보병, 비밀관정 등의 네 가지 관정을 받고 성취하게 된다. 그로써 신구의 허물을 정화하면 그러한 수행자는 구경성취(금강승)의 법기가 된다.

처음에는 대비심의 힘에서 생긴
정등각심正等覺心을 견고히 하라
윤회의 재화와 안락함에 집착하지 않고
인색함을 뒤로 한 보시 등의 육바라밀과

신심 등의 칠보[291]의 원만함을 지닌 자
스승을 부처님과 같이 공경하라

---

289 보시, 지계, 인욕을 비롯한 일반적인 선행과 육바라밀행은 무분별지에 의해 구분된다. 예를 들면 남에게 무언가를 베푸는 행위를 일반적인 보시라고 한다면, 보시바라밀행은 무분별지로써 보시행과 보시물, 보시 대상의 공함을 보고 베푸는 것이다. 이러한 행은 부처의 세계라는 바라밀(彼岸)에 이르게 하므로 바라밀행이라고 한다. 따라서 육바라밀행은 지혜가 관건이 된다. 그러한 무분별지를 얻기 위한 최상의 방편은 사마타라고 할 수 있다. 무분별지는 사마타의 성취 위에 위빠사나를 얻는 것이 핵심이기 때문이다. 그러므로 사마타와 위빠사나를 지혜와 방편의 정수라고 한 것이다.

290 아띠샤의 저술. 범본은 『samādhi sambharaparivrta』이다.

291 성현의 일곱 가지 보물로 지계(持戒), 지식(聞), 보시(施), 지혜(慧), 부끄러움을 아는 것(慚), 양심(愧), 신심(信)이다. (© 161쪽)

그가 보이는 삼매야계를 지녀서
온전히 지키는 데 크게 매진하라

보병寶甁과 비밀관정을 내려주시는
스승의 은혜로써 온전히 이루니
신구의身口意를 정화한
이 성취자는 구경성취의 법기

삼매의 줄기에서 생긴
복덕과 지혜자량을 완성하여
속히 구경성취를 이루게 되네
이처럼 금강승의 방식에 머무는 것이네

스승이 관정에서 설한 삼매야계와 계율을 온전히 지키기 위해 매진하는 것은 두 차제의 삼매를 이루는 원인이 되며 그것에서 복덕과 지혜자량이 완성된다. 그로써 속히 구경성취 금강지불의 지위에 이르게 된다. 이와 같은 행은 금강승의 수행방식에 머무는 것이다. (© 161쪽)

2) 의의

두 번째는 그러한 순서대로 이끄는 의의이다. 만일 하근기와 중근기의 가르침들이 상근기의 예비 수행이라면 그것을 상근기의 도차제라고 해도 무방한데 굳이 하근기의 도와 공통되는 도, 중근기의 도와 공통되는 도라는 뜻의 '공도共道'라는 용어가 어째서 필요한 것인가? 세 근기의 도를 각각으로 구분하여 이끄는 것에는 두 가지 큰 의의가 있기 때문이다.

그 의의는 이와 같다. 하근기의 도와 중근기의 도에 해당되는 의요가 생기지도 않았음에도 스스로를 상근기의 법기라고 여기는 증상만增上慢을 없애고, 각각의 도에 해당하는 상·중·하의 세 근기에 크게 도움이 되는 것이다.

그렇다면 각 도에 해당하는 근기에게 어떻게 도움이 되는가? 중근기에게도 선취를 구하는 마음이 필요하며, 상근기에게도 해탈을 구하는 마음이 필요하다. 따라서 중근기의 도로 나아갈 자에게 하근기의 의요와 상근기의 도로 나아갈 자에게 중근기의 의요를 닦는 법을 설하는 것은 허물이 되지 않을 뿐더러 오히려 공덕을 일으킨다. 설령 하근기가 상위의 도부터 배운다하더라도 상위의 의요가 생길 수는 없다. 왜냐하면 하위의 도를 버리고서는 아무것도 얻지 못하기 때문이다.

또 한편으로 상위의 선연자善緣者에게 하위의 공도를 설하여 그것을 닦게 하면 이전에 도가 생겼든 생기지 않았든 간에 속히 그러한 하위 도의 공덕이 생기게 된다. 따라서 하위의 도가 생기면 상위의 도로 이끌 수 있으므로 자신의 도로부터 멀어짐이 없는 것이다.

마음을 단계에 따라 순차적으로 이끌어야 하는 이유를 보여주는 경론의 근거는 도차제가 경론에 근거하고 있음을 나타낸다.

마음을 단계적으로 이끌어야 하는 이유를 『다라니자재왕청문경陀羅尼自在王請問經』에서 세공 장인이 보석을 순차적으로 정련하는 과정에 비유하여 말씀하시지만 설명이 길어질 것 같아 여기에 적지 않는다.

용수보살께서도 『중관보만론』에서 말씀하시길,

선취의 법(하근기)을 먼저 설하고, 영원한 행복인 해탈의 법(중근기)을 나중에 설한다. 그 이유는 하근기의 도를 통해 인간과 같은 선취에 태어나야 해탈이 가능하기 때문이다.

> 처음에는 증상생增上生[292]의 법을 보이고
> 이후 영원한 행복이 생기는 것을 설하네
> 무슨 까닭인가 증상생을 얻고 나서
> 점차로 영원한 행복이 가능하다네

이와 같이 증상생과 영원한 행복인 해탈도에 대해 순차적으로 이끌 것

292 증상(增上)이란 가장 뛰어남을 뜻한다. 따라서 증상생이란 육도 가운데 뛰어난 생인 천신과 인간의 생을 가리키며 여기서는 선취와 동일한 의미로 해석된다.

을 말씀하셨다. 성聖 무착보살께서도 『유가사지론』에서 다음과 같이 말씀하셨다.

> 또 보살이란 점차로 선한 방향으로 바른 것을 이루게 하는 까닭에 지혜를 가진 어린아이 중생에게 처음에는 쉬운 법을 설하고 쉬운 가르침과 그것과 관련된 법을 따라 행하게 한다. 보살은 그러한 이가 중근기의 지혜를 갖춘 것을 깨닫고서 중간 법을 설하고 중간 가르침과 그와 관련된 법을 따라 행하도록 한다. 그러한 이가 큰 지혜를 갖춘 것을 깨닫고서 크고 깊은 법을 설하고 심원한 가르침과 그와 관련된 법을 따라 행하도록 한다. 이것은 그의 중생들을 이롭게 하는 순서[次第] 대로인 것이다.

가르침은 이전에 알지 못했던 의미를 처음 설하는 것을, 관련된 법이란 그것을 잊지 않게 하는 법을 뜻한다. (© 164쪽)

성천聖天께서도 『섭행거론攝行炬論』[293]에서 먼저 현교 바라밀승의 마음을 닦은 후에 금강승에 들어가는 방식은 반드시 전후 순서가 있으며, 그 필요성을 논리적으로 밝혀서 체계를 정립하고 있다. 그리고 그 의미를 요약하여 다음과 같이 말씀하셨다.

> 초심자 중생들이
> 청정한 뜻에 들어가는 데에
> 정등각자正等覺者께서 이 방편은
> 계단을 오르는 순서와 같다 하셨네

초심자란 밀교의 생기차제 수행자를, 청정한 뜻은 원만차제를 말한다. (© 164쪽)

『사백송』에서도 다음과 같이 도의 차제를 정립하여 말씀하셨다.

293 범본명은 『cārya melāpana pradīpaṁ』이며, 무상요가 탄트라에 속하는 구야삼마자(Guhyasamāja)에 관한 밀교 저술이다.

처음에 복덕이 아닌 십악의 불선을 없애는 것은 하근기의 도이며, 중간에 해탈하기 위해 무명인 아견을 없애는 것은 중근기의 도이고, 마지막에 모든 사견과 사견의 습기인 소지장을 없애는 것은 상근기의 도이다. (© 164쪽)

보시 등의 이야기들이란 하근기와 중근기의 도, 그리고 상근기의 방편을 뜻한다. 마음의 뛰어남이란 보리심을 일으켜 지혜를 닦을 법기가 됨을 뜻하고, 법은 공성을 뜻한다.

복덕이 아닌 것을 처음에 없애고
중간에 나[我]를 없애며
마지막에 모든 견해를 없애네
이를 아는 그가 현자라네

대학자 아사리 마퀼[馬鳴]께서도 다음과 같이 말씀하셨다.

때가 없는 옷감에 색을 들이듯이
처음에는 보시 등의 이야기들로
마음에 뛰어남을 일으키고
그런 후에 법을 닦도록 하시네

그와 같이 말씀하셨기 때문에 이 구절은 대아사리 월칭月稱께서 또한 근거로 인용하여 도의 차제를 정립하고 있다.

수행을 하는 데 있어 그 길[道]로 이끄는 순서[次第]는 매우 중요하기 때문에 이러한 방식에 대한 확신을 가져야 할 것이다.

여기까지가 『보리도차제광론』의 예비수습편이다.

부록

참고문헌 (서명, 저자 및 편집자, 출판사, 출판년도 순서로 기명)

※ 티벳 문헌

- བྱང་ཆུབ་ལམ་རིམ་ཆེན་མོའི་མཆན་བཞི་སྦྲགས། byang chub lam rim chen mo'i mchan bzhi sbrags
  Drepung Gomang Library, 2005.

- ལམ་རིམ་འབྲིང་པོ། lam rim 'bring po (བྱང་ཆུབ་ལམ་གྱི་རིམ་པའི་ཁྲིད་ཡིག །གླེགས་བམ་གཉིས་པ། Vol.2)
  རྗེ་ཙོང་ཁ་པ། rje tsong kha pa
  Yongzin Lingtsang Labrang, 2012.

- ཞྭ་དམར་ལམ་རིམ། zhwa dmar lam rim (བྱང་ཆུབ་ལམ་གྱི་རིམ་པའི་ཁྲིད་ཡིག །གླེགས་བམ་བཞི་པ། Vol.4)
  ཞྭ་དམར་བ་དགེ་འདུན་བསྟན་འཛིན། zhwa dmar ba dge 'dun bstan 'dzin
  Yongzin Lingtsang Labrang, 2012.

- རྣམ་གྲོལ་ལག་བཅངས། rnam grol lag bcangs (བྱང་ཆུབ་ལམ་གྱི་རིམ་པའི་ཁྲིད་ཡིག །གླེགས་བམ་ལྔ་པ། Vol.5)
  སྐྱབས་རྗེ་ཕ་བོང་ཁ་པ། skyabs rje pha bong kha pa
  Yongzin Lingtsang Labrang, 2012.

- ལམ་རིམ་ཆེན་མོའི་བཤད་ཁྲིད། lam rim chen mo'i bshad khrid
  གླིང་རིན་པོ་ཆེ་ Ling Rinpoche / ཞུ་སྒྲིག་པ། 편집자 དགེ་བཤེས་ཐུབ་བསྟན་བསོད་ནམས། dge bshes thub bstan bsod nams
  나란다불교학술원 파일 자료, 2018.

- བྱང་ཆུབ་ལམ་རིམ་ཆེན་མོའི་བཀའ་ཁྲིད། byang chub lam rim chen mo'i bka' khrid/_bar cha
  རྒྱལ་མཆོག་སྐུ་ཕྲེང་བཅུ་བཞི་པ་ཆེན་པོ། rgyal mchog sku phreng bcu bzhi pa chen po
  Center for compilation and Editing of His Holiness The 14th Dalai Lama's writing and discourses 2018.

- ལམ་རིམ་བརྡ་བཀྲོལ། lam rim brda bkrol (Losel Literature Seties Vol. 21)
  འཇམ་དབྱངས་དགའ་བློ། 'jam dbyangs dga' blo
  Drepung Loseling Educationa Society, 1996.

■ ལམ་རིམ་བླ་བརྒྱུད་རྣམ་ཐར། lam rim bla brgyud rnam thar
ཡོངས་འཛིན་ཡེ་ཤེས་རྒྱལ་མཚན། yongs 'dzin ye shes rgyal mtshan
སྟོང་སྐོར་ནང་གཏེར་དཔེ་མཛོད། stong skor nang gter dpe mdzod, 2015.

■ མདོ་བཏུས་ལམ་སྒྲིག ། mdo btus lam sgrig
དགེ་བཤེས་ཐུབ་བསྟན་དཔལ་བཟང་། dge bshes thub bstan dpal bzang
Tse-Chok Ling Monastery, 2005.

■ བྱང་ཆུབ་ལམ་རིམ་ཆེན་མོ་དཔེ་བསྡུར་མ། byang chub lam rim chen mo dpe bsdur ma
དགེ་བཤེས་ཡེ་ཤེས་ཐབས་མཁས། dge bshes ye shes thabs mkhas
ཨ་རི་ནིའུ་འཇར་སི་བསླབ་གསུམ་བཤད་སྒྲུབ་གླིང་ཆོས་ཚོགས། bslab gsum bshad sgrub gling chos tshogs in New Jersey, 2016.

■ བྱང་ཆུབ་ལམ་རིམ་ཆེན་མོ་དཔེ་བསྡུར་མ། byang chub lam rim chen mo dpe bsdur ma
རྗེ་ཡབ་སྲས་གསུམ་གྱི་གསུང་འབུམ་སྡུད་སྒྲིག་ཁང་། rje yab sras gsum gyi gsung 'bum sdud sgrig khang
JE YABSE SUNGBUM PROJECT, 2019.

■ ལམ་རིམ་རྟགས་གསལ་མ། lam rim rtags gsal ma (དྭགས་པོ་སྒོམ་ཆེན་པའི་གསུང་འབུམ་ལས་གླེགས་བམ་དང་པོ།)
སྒོམ་ཆེན་ངག་དབང་གྲགས་པས་མཛད། sgom chen ngag dbang grags pas mdzad
ཀུན་བཏུས་འཕྲུལ་དེབ་ཁང་། kun btus 'phrul deb khang, 2013.

■ ཆེད་དུ་བརྗོད་པའི་ཚོམས་ཀྱི་རྣམ་པར་འགྲེལ་པ། ched du brjod pa'i tshoms kyi rnam par 'grel pa
སློབ་དཔོན་པྲ་ཛྙཱ་ཝརྨས་མཛད། slob dpon pra dz+nyA warmas mdzad
སྡེ་གེ་བསྟན་འགྱུར། མངོན་པ། sde ge bstan 'gyur/_mngon pa
Dege Tengyur ADARSHA, Dharma Treasure Corp, 2018.

■ བཤེས་པའི་སྤྲིངས་ཡིག་གི་འགྲེལ་པ་དོན་གསལ། bshes pa'i springs yig gi 'grel pa don gsal
རྗེ་བཙུན་རེད་མདའ་བས་མཛད། rje btsun red mda' bas mdzad
A Sakya Digital Library.

※ 티벳 사전

■ རྒྱ་བོད་ཚིག་མཛོད་ཆེན་མོ། rgya bod tshig mdzod chen mo
藏漢大事典, 民族出版社, 1998.

■ དུང་དཀར་ཚིག་མཛོད་ཆེན་མོ། dung dkar tshig mdzod chen mo
東噶西學大事典, 中國藏學出版社, 2002.

■ སྒོམ་སྡེ་ཚིག་མཛོད། sgom sde tsig mzod
སྒོམ་སྡེ་ལྷ་རམས་པ། སེར་བྱེས་རིགས་མཛོད་ཆེན་མོའི་རྩོམ་སྒྲིག་ཁང་། 2012.

■ སྐད་གསུམ་ཤན་སྦྱར་གྱི་ཚིག་མཛོད་རྒྱས་པ། (བོད་ཧིན་དབྱིན) skad gsum shan sbyar gyi tshig mdzod rgyas pa
Comprehensive Tri-Lingual Dictionary
Dr. Sanjib Kumar Das, Central Institute of Buddhist Studies, 2014.

※ 기타 문헌

■ 유가사지론(瑜伽師地論), 현장(玄奘) 역, K15-0464.

■ 아비달마구사론(阿毘達磨俱舍論) 권오민 역주, 동국역경원, 2002.

■ 영역본 THE GREAT TREATISE on the STAGES OF THE PATH TO ENLIGHTENMENT, Snow Lion Publication, 2000.

■ Digital database of texts : Adarshah (https://adarshah.org)

보리도차제광론 예비수습편 인용경전 목록

※ 인용된 순서로 기명 : 한글 한문 서명, 티벳어 서명(약칭/본 명칭), 동북 목록 명, 기타 이명, 저자명 등

■ 『현관장엄론(現觀莊嚴論)』, མངོན་རྟོགས་རྒྱན།, ཤེས་རབ་ཀྱི་ཕ་རོལ་ཏུ་ཕྱིན་པའི་མན་ངག་གི་བསྟན་བཅོས་མངོན་པར་རྟོགས་པའི་རྒྱན།, [東北] ཤེས་རབ་ཀྱི་ཕ་རོལ་ཏུ་ཕྱིན་པའི་མན་ངག་གི་བསྟན་བཅོས་མངོན་པར་རྟོགས་པའི་རྒྱན་ཞེས་བྱ་བའི་ཚིག་ལེའུར་བྱས་པ།/ 般若波羅蜜多優波提舍論現觀莊嚴頌/ No.3786/ 般若部/ 通帙第182Ka/1b1-13a7, Abhisamayālaṃkāra. Abhisamayālaṁkāra-nāma-prajñāpārami-topadeśaśastrakarika, 미륵(彌勒 Maitreya. བྱམས་པ་ byams pa) 무착(無着, Asaṅga, ཐོགས་མེད་ thogs med)

■ 『보리도등론(菩提道燈論)』, ལམ་སྒྲོན།, བྱང་ཆུབ་ལམ་གྱི་སྒྲོན་མ།, [東北] བྱང་ཆུབ་ལམ་གྱི་སྒྲོན་མ།/菩提道燈/ No. 3947/ 中觀部/ 通帙第 213Khi/ 238a6-141a4/ བྱང་ཆུབ་ལམ་གྱི་སྒྲོན་མ།/ 菩提道/ No.4465/ 阿底沙 小部集/ 通帙 315Pho/ 1b1-4b4, Bodhipatha pradīpa, 아띠샤 디빰가라슈리즈 냐나(atiśa dīpaṃ karaśrījñāna. 阿底峡. དཔལ་མར་མེད་མཛད་དཔལ་ཡེ་ཤེས་. dpal mar med mdzad dpal ye shes. ཨ་ཏི་ཤ་ མར་མེ་མཛད་དཔལ་ཡེ་ཤེས་ a ti sha mar me mdzad dpal ye shes. ཇོ་བོ་རྗེ་དཔལ་ལྡན་ཨ་ཏི་ཤ་ jo bo rje dpal ldan a ti sha)

■ 『팔십찬(八十讚)』, བསྟོད་པ་བརྒྱད་ཅུ་པ།, 『찬(讚)』 བསྟོད་པ།, 낙초(ནག་ཚོ་. nag tsho)

■ 『반야등광석(般若燈廣釋)』, ཤེས་རབ་སྒྲོན་མའི་རྒྱ་ཆེར་འགྲེལ།, [東北] ཤེས་རབ་སྒྲོན་མ་རྒྱ་ཆེར་འགྲེལ་པ།/ 智慧燈廣註/ No.3859/ 中觀部/ 通帙第 201Wa-203Za/1b1-341a7, Prajñāpradīpaṭīkā, 쩨레식 뚤슉(སྤྱན་རས་གཟིགས་བརྟུལ་ཞུགས་ spyan ras gzigs brtul zhugs. avalokitavrata)

■ 『보리심석(菩提心釋)』, བྱང་ཆུབ་སེམས་འགྲེལ།, [東北] བྱང་ཆུབ་སེམས་ཀྱི་འགྲེལ་པ།/ 菩提心釋/ No.1801/ 怛特羅部/ 通帙第 137 Ṅi/ 42b5-45a5, Bodhicittavivaraṇa, 용수(龍樹. Nāgārjuna. ཀླུ་སྒྲུབ་ klu sgrub)

■ 『석명론(釋明論)』, རྣམ་འགྲེལ།, [東北] ཚད་མ་རྣམ་འགྲེལ་གྱི་ཚིག་ལེའུར་བྱས་པ།/ 量釋頌 / No.4210/ 因明部/ 通帙 第 276Ce/ 94b1-151a7, Pramāṇavārttikakārikā, 법칭(法稱. Dhrmakirti. ཆོས་ཀྱི་གྲགས་པ་ chos kyi grags pa)

■ 『불모(佛母) 반야경』, ཡུམ་ཤེས་རབ་ཀྱི་ཕ་རོལ་ཏུ་ཕྱིན་པ། 『반야팔천송(般若八千頌)』, [東北] འཕགས་པ་ཤེས་རབ་ཀྱི་ཕ་རོལ་ཏུ་ཕྱིན་པ་ཁྲི་བརྒྱད་སྟོང་པ་ཞེས་བྱ་བ་ཐེག་པ་ཆེན་པོའི་མདོ།/ 聖般若波羅蜜多一萬八千頌大乘經/ No.10/ 般若部/ 通帙第 29Ka-31Ga/ 1b1-206a7, Ārya-aṣṭādaśasāhasrikā-prajñāpāramitā-nāma-mahāyāna sūtra, T05n0220_003 大般若波羅蜜多經 第 1 卷-第 200 卷)

■ 『승금강정경(勝金剛頂經)』, རྡོ་རྗེ་རྩེ་མོའི་རྒྱུད།/ vajra-śikhara-mahā-guhya-yoga-tantra

■ 『금강공행(金剛空行)』, རྡོ་རྗེ་མཁའ་འགྲོའི་རྒྱུད།/ śrī-vajraḍākā-nāma-mahātantrarājā

■ 『쌈부띠』, སམྦུ་ཊི།, སམྦུ་ཊིའི་རྒྱུད། / saṁuṭa-nāma-mahātantra

■ 『보성론(寶性論)』, རྒྱུད་བླ་མ།, ཐེག་པ་ཆེན་པོ་རྒྱུད་བླ་མའི་བསྟན་བཅོས།, [東北] ཐེག་པ་ཆེན་པོ་རྒྱུད་བླ་མའི་བསྟན་བཅོས་རྣམ་པར་བཤད་པ། / 大乘上怛特羅論解說/ No.4025/ 唯識部/ 通帙第 225Phi/ 74b2-129a7, Mahāyāno-ttaratantra śāstravyākhyā, T31n1611 究竟一乘寶性論, 미륵(彌勒, Maitreya, བྱམས་པ་ byams pa)

■ 『구사론(俱舍論)』, མཛོད།, [東北] ཆོས་མངོན་པའི་མཛོད་ཀྱི་ཚིག་ལེའུར་བྱས་པ།/ 阿毗達磨藏頌/ No.4080/ 阿毘達磨部 / 通帙第 242Ku/1b1-25a7,Abhidharmakoṣakārikā, T29n1560 阿毘達磨俱舍論本頌, 세친 (世親, Vasubandhu, དབྱིག་གཉེན་ dbyig gnyen)

■ 『수습차제론 하편(修習次第 下篇)』, བསྒོམ་པའི་རིམ་པ་ཐ་མ།, [東北] བསྒོམ་པའི་རིམ་པ།/ 修習次第/ No.3915/ 中觀部/ 通帙第 212Ki/22a1-41b7, Bhāvanākrama, T32n1664 廣釋菩提心論, 까말라실라(蓮華戒, Kamalaśīla, ཀ་མ་ལ་ཤཱི་ལ་, པདྨའི་ངང་ཚུལ་ pad+ma'i ngang tshul)

■ 『변섭일체연마경(遍攝一切研磨經)/섭연경(攝研經)』, རྣམ་པར་འཐག་པ་ཐམས་ཅད་བསྡུས་པ།, [東北] འཕགས་པ་རྣམ་པར་འཐག་པ་ཐམས་ཅད་བསྡུས་པ་ཞེས་བྱ་བ་ཐེག་པ་ཆེན་པོའི་མདོ།/ 聖攝一切細破大乘經/ No.227/ 經部/ 通帙第 63Dsa/ 177a3-188b7, Ārya-sarvavaidalyasaṁgraha-nāma-mahāyānasūtra, T09n0274 佛說濟諸方等學經, T09n0275 大乘方廣總持經

■ 『삼매왕경(三昧王經)』, ཏིང་ངེ་འཛིན་གྱི་རྒྱལ་པོ་ཞེས་བྱ་བ་ཐེག་པ་ཆེན་པོའི་མདོ།, [東北] འཕགས་པ་ཆོས་ཐམས་ཅད་ཀྱི་རང་བཞིན་མཉམ་པ་ཉིད་རྣམ་པར་སྤྲོས་པ་ཏིང་ངེ་འཛིན་གྱི་རྒྱལ་པོ་ཞེས་བྱ་བ་ཐེག་པ་ཆེན་པོའི་མདོ།/ 聖顯一切法自性平等三昧王大乘經 / No.127/經部/ 通帙第 55Da/ 1b1-170b7, Ārya-sarvadharmasvabhāvasamatāvipañcita samādhirāja-nāma-mahāyānasūtra, T15n0639 月燈三昧經. T15n0640 佛說月燈三昧經

■ 『법구경(法句經)』「청문품」, ཐོས་པའི་ཚོམས། [東北] ཆེད་དུ་བརྗོད་པའི་ཚོམས།/ 優陀那品/ No.326/經部/ 通帙第 72Sa/ 209a1-253a7 , Udānavarga, T04n0210 法句經. T04n 0212 出曜經. T04n 0213 法集要頌經, 법호(法護 ཆོས་སྐྱོབ་. chos skyob)

■ 「친우집(親友集)」, མཛའ་བཤེས་ཀྱི་ཚོམས། , ཆེད་དུ་བརྗོད་པའི་ཚོམས། 『법구경(法句經)』 25 품/ 經部/ 通帙第/ 72Sa/ 209a1-253a7/ Udānavarga, T04n0210 法句經. T04n 0212 出曜經. T04n 0213 法集要頌經, 법구(法救 ཆོས་སྐྱོབ་ chos skyob)

■ 『지장경(地藏經)』, སའི་སྙིང་པོའི་མདོ།, [東北] འདུས་པ་ཆེན་པོ་ལས་སའི་སྙིང་པོའི་འཁོར་ལོ་བཅུ་པ་ཞེས་བྱ་བ་ཐེག་པ་ཆེན་པོའི་མདོ།/ 大集經中地藏十輪大乘經/ No.239/ 經部/ 通帙第 65Sha/ 100a1-241b4, Daśacakrakṣitigarbha-nāma-mahāyānasūtra, T13n0410 大方廣十輪經. T13n0411 大乘大集地藏十輪經

■ 『입보살행론(入菩薩行論)』, སྤྱོད་འཇུག, [東北] བྱང་ཆུབ་སེམས་དཔའི་སྤྱོད་པ་ལ་འཇུག་པ།/ 入菩薩行/ No.3871/ 中觀部 / 通帙第 207La/1b1-40a7, Bodhisattvacaryāvatāra, T32n1662 菩提行經, 적천(寂天. 샨티데바, Śāntideva, ཞི་བ་ལྷ་ zhi ba lha)

■ 『섭덕보(攝德寶)』, ཡོན་ཏན་རིན་པོ་ཆེ་སྡུད་པ།, 『반야일만팔천송(般若一萬八千頌)』 ཁྲི་བརྒྱད་སྟོང་པ།, འཕགས་པ་ཤེས་རབ་ཀྱི་ཕ་རོལ་ཏུ་ཕྱིན་པ་ཁྲི་བརྒྱད་སྟོང་པ་ཞེས་བྱ་བ་ཐེག་པ་ཆེན་པོའི་མདོ། 『성반야바라밀일만팔천송(聖般若婆羅蜜一萬八千頌)』 / 般若部/ Aṣṭādaśasāhasrikāprajñāpāramitā

■ 『찬회(贊悔)』, བཤགས་བསྟོད།, [東北] བཤགས་པའི་བསྟོད་པ།/ 懺悔讚/ No.1159/ 禮讚部/ 通帙第 103Ka/ 204a5-206b5, Deśanāstava, 찬드라고미(Candragomi. ཙནྡྲ་གོ་མི་ tsan+d+ra go mi)

■ 『권발증상의요(勸發增上意樂)』, ལྷག་བསམ་བསྐུལ་བ།, [東北] འཕགས་པ་ལྷག་པའི་བསམ་པ་བསྐུལ་བ་ཞེས་བྱ་བ་ཐེག་པ་ཆེན་པོའི་མདོ།/ 聖僧上意樂促進大乘經/ No.69/ 寶積部/通帙第 43Ca/ 131a7-153b7, Ārya-adhyāśaya sañcodana-nāma-mahāyānasūtra, T11n0310_025 大寶積經 第 25 卷. T12n0327 發覺淨心經

■ 『법화경』, དམ་ཆོས་པད་དཀར།, [東北] དམ་པའི་ཆོས་པད་མ་དཀར་པོ་ཞེས་བྱ་བ་ཐེག་པ་ཆེན་པོའི་མདོ།/ 正法白蓮華大乘經/ No. 113/ 經部/ 通帙第 51Ja/ 1b1-180b7, Saddharmapuṇḍarīka-nāma-mahāyānasūtra, T09n 0262 妙法蓮華經

■ 『집학론(集學論)』, བསླབ་བཏུས།, [東北] བསླབ་པ་ཀུན་ལས་བཏུས་པ།/ 學集/ No.3940/ 中觀部/ 通帙第 213 Khi/ 3a2-194b5, Śikṣāsamuccaya, T32n1636 大乘集菩薩學論, 적천(寂天. Śāntideva)

■ 『해혜문경(海慧門經)』, བློ་གྲོས་རྒྱ་མཚོས་ཞུས་པ།, [東北] འཕགས་པ་བློ་གྲོས་རྒྱ་མཚོས་ཞུས་པ་ཞེས་བྱ་བ་ཐེག་པ་ཆེན་པོའི་མདོ།/ 聖意海所問大乘經/ No.152/ 經部/ 通帙第 58Pha/1b1115b 7, Ārya-sāgaramati paripṛcchā-nāma-mahāyānasūtra, T13n0397 大方等大集經 第 5 卷. T13n0400 佛說海意菩薩所問淨印法門經

■ 『비나야경(毗奈耶經)』, འདུལ་བའི་མདོ།, འདུལ་བ་མདོ་རྩ་བ།, [東北] འདུལ་བའི་མདོ།/律經/ No.4117/ 律部/ 通帙第 261Wu/1b1-100a7, 덕광(德光. ཡོན་ཏན་འོད་. yon tan 'od)

■ 『섭결정심장(攝決定心藏)』, སྙིང་པོ་ངེས་པར་བསྡུ་བ།, [東北] སྙིང་པོ་ངེས་པར་བསྡུ་བ་ཞེས་བྱ་བ།/ 心髓要攝/ No.3950/ 中觀部/ 通帙第 213Khi/ 293b6-294b6, Hṛdayanikṣepa-nāma, 아띠샤 (atiśa, 阿底峡)

■ 『보살장경(菩薩藏經)』, བྱང་ཆུབ་སེམས་དཔའི་སྡེ་སྣོད།, [東北] འཕགས་པ་བྱང་ཆུབ་སེམས་དཔའི་སྡེ་སྣོད་ཅེས་བྱ་བ་ཐེག་པ་ཆེན་པོའི་མདོ། / 聖菩薩藏大乘經/ No.56/ 寶積部/ 通帙第 40Kha/ 255b1-294a7, Ārya-bodhisattvapiṭaka-nāma -mahāyānasūtra, T11n0310_012 大寶積經 第 12 卷. T11n0316 佛說大乘菩薩藏正法經

■ 『대승장엄경론(大乘莊嚴經論)』, མདོ་སྡེའི་རྒྱན།, [東北] ཐེག་པ་ཆེན་པོ་མདོ་སྡེའི་རྒྱན་ཞེས་བྱ་བའི་ཚིག་ལེའུར་བྱས་པ།/ 大乘經之莊嚴頌/ No.4020/ 唯識部/ 通帙第 225Phi/ 1b1-39a4, Mahāyānasūtrālaṃ kāra/ Mahāyāna sūtrālaṁkāra-nāma-kārikā, T31n1604 大乘莊嚴經論, 미륵(彌勒. Maitreya. བྱམས་པ་ byams pa)

■ 『별해탈경(別解脫經)』, སོ་སོར་ཐར་པ།, [東北] སོ་སོར་ཐར་པའི་མདོ།/ 波羅提木叉經/ No.2/ 律部/ 通帙第 5Ca/ 1b1-20b7, Prātimokṣa-sūtra, T24n1454 根本說一切有部戒經

■ 『분변교(分辨教)』, ལུང་རྣམ་འབྱེད།, ལུང་རྣམ་པར་འབྱེད་པ། 『광계경(廣戒經)』/ འདུལ་བ།, Vinaya/ 律部/ d3/ Vinaya-vibhaṅga, T23n1442, 義淨 譯 根本說一切有部戒經

■ 『묘비청문경(妙臂請問經)』, དཔུང་བཟང་གིས་ཞུས་པ།, [東北] འཕགས་པ་དཔུང་བཟང་གིས་ཞུས་པ་ཞེས་བྱ་བའི་རྒྱུད།/ 聖賢臂所問怛特羅/ No.805/ 十萬怛特羅部/ 通帙第 96Wa/118a1-140b7, Ārya-subāhuparīpṛcchā-nāma-tantra, T18n0895 蘇婆呼童子請問經. T18n0896 妙臂菩薩所問經

■ 『사백송(四百頌)』, བཞི་བརྒྱ་པ།, [東北] བསྟན་བཅོས་བཞི་བརྒྱ་པ་ཞེས་བྱ་བའི་ཚིག་ལེའུར་བྱས་པ།/ 四百論頌/ No.3846/ 中觀部/ 通帙第 199Tsha/ 1b1-18a7, Catuḥśatakaśāstrakārikā-nāma, T30n1570 廣百論本, 성천(聖天. Āryadeva. འཕགས་པ་ལྷ་ 'phags pa lha)

■ 『중관심요(中觀心要)』, དབུ་མའི་སྙིང་པོ།, [東北] དབུ་མའི་སྙིང་པོའི་ཚིག་ལེའུར་བྱས་པ།/ 中觀心頌(중관심송)/ No. 3855/ 中觀部/ 通帙第 200Dsa/ 1b1-40b7, Madhyamakahṛdayakārikā, 청변(清辨. Bāviveka/ Bhava-viveka/ Bhavya. ལེགས་ལྡན་འབྱེད་ legs ldan 'byed)

■ 『보살별해탈경(菩薩別解脫經)』, བྱང་ཆུབ་སེམས་དཔའི་སོ་སོར་ཐར་པ།, [東北] བྱང་ཆུབ་སེམས་དཔའི་སོ་སོར་ཐར་པ་ཆོས་བཞི་སྒྲུབ་པ་ཞེས་བྱ་བ་ཐེག་པ་ཆེན་པོའི་མདོ།/ 菩薩各各解脫四法成就大乘經/ No.248/ 經部/ 通帙第 66Za/ 46b1-59a5, Bodhisattvapratimokṣa catuṣka nirhāra-nāma-mahāyānasūtra

■ 『현불현증삼매경(現佛現證三昧經)』, སངས་རྒྱས་མངོན་སུམ་པའི་ཏིང་ངེ་འཛིན།, [東北] འཕགས་པ་ད་ལྟར་གྱི་སངས་རྒྱས་མངོན་སུམ་དུ་བཞུགས་པའི་ཏིང་ངེ་འཛིན་ཞེས་བྱ་བ་ཐེག་པ་ཆེན་པོའི་མདོ།/ 聖現前住佛面前三昧大乘經/ No.133/ 經部/ 通帙第 56Na/ 1b1-70b2, Ārya pratyutpannebuddhasaṁmukhāvasthita samādhi-nāma-mahāyāna sūtra, T13n0416 大方等大集經賢護分. T13n0417 般舟三昧經. T13n0418 般舟三昧經. T13n0419 拔陂菩薩經

■ 『보등다라니경(寶燈陀羅尼經)』, དཀོན་མཆོག་ཏ་ལ་ལའི་གཟུངས།, [東北] འཕགས་པ་དཀོན་མཆོག་ཏ་ལ་ལའི་གཟུངས་ཞེས་བྱ་བ་ཐེག་པ་ཆེན་པོའི་མདོ།/ 聖寶燈明陀羅尼大乘經/ No.145/經部/ 通帙第 57Pa/ 34a4-82a8, Ārya-ratnolka-nāma-dhāraṇīmahāyāna-sūtra, T10n0299 大方廣總持寶光明經

■ 『십법경(十法經)』, ཆོས་བཅུ་པ།, [東北] འཕགས་པ་ཆོས་བཅུ་པ་ཞེས་བྱ་བ་ཐེག་པ་ཆེན་པོའི་མདོ།/ 聖十法大乘經/No.53/寶積部/ 通帙第 40Kha / 164a6-184b6, Ārya daśadharmaka nāmamahāyānasūtra, T11n0310_ 009 大寶積經 第 28 卷 大乘十法會第九. T11n0314 佛說大乘十法經

■ 『금강수관정속(金剛手灌頂續)』, ལག་ན་རྡོ་རྗེ་དབང་བསྐུར་བའི་རྒྱུད།, [東北] འཕགས་པ་ལག་ན་རྡོ་རྗེ་དབང་བསྐུར་བའི་རྒྱུད་ཆེན་པོ།/聖金剛手灌頂大怛特羅/ No.496/ 十萬怛特羅部/ 通帙第 87Da/1b1-156b7, Ārya-vajrapāṇy abhiṣeka-mahātantra

■ 『보운경(寶雲經)』, དཀོན་མཆོག་སྤྲིན།, [東北] འཕགས་པ་དཀོན་མཆོག་སྤྲིན་ཞེས་བྱ་བ་ཐེག་པ་ཆེན་པོའི་མདོ།/ 聖寶雲大乘經/ No.231/ 經部/ 通帙第 64Wa/ 1b1-112b7, Ārya-ratnamegha-nāma-mahāyānasūtra, T14n 0489 佛說除蓋障菩薩所問經. T16n0658 寶雲經. T16n0659 大乘寶雲經

■ 『맹리문경(猛利問經)』, དྲག་ཤུལ་ཅན་གྱིས་ཞུས་པ།, [東北] འཕགས་པ་ཁྱིམ་བདག་དྲག་ཤུལ་ཅན་གྱི་ཞུས་པ་ཞེས་བྱ་བ་ཐེག་པ་ཆེན་པོའི་མདོ།/ 聖郁伽長者所問大乘經/No.63/寶積部/通帙第 42Ṅa/257a7-288a4, Ārya-gṛhapati-ugraparipṛcchā-nāma, T11n0310_019 大寶積經 第 19 卷. T12n0322 法鏡經. T12n0323 郁迦羅越問菩薩行經

■ 『화엄경(華嚴經)』, སྡོང་པོ་བཀོད་པ།, སྡོང་པོ་བཀོད་པའི་མདོ།, [東北] སངས་རྒྱས་ཕལ་པོ་ཆེ་ཞེས་བྱ་བ་ཤིན་ཏུ་རྒྱས་པ་ཆེན་པོའི་མདོ།/ 佛華嚴大方廣經/ No.44/ 華嚴部/ 通帙第 35Ka-38A/1b1-363a6, Buddha-avataṁsaka-nāma-mahāvaipūlya-sūtra, T09n0278 大方廣佛華嚴經. T10n0279 大方廣佛華嚴經. T10n 0297 普賢菩薩行願讚

■ 『존중오십송(尊重五十頌) 』 བླ་མ་ལྔ་བཅུ་པ།, 『오십송(五十頌)』 ལྔ་བཅུ་པ།, [東北]/上師五十/ No.3721 / 怛特羅部/ 通帙第 181Tshu/ 10a2-12a2, Gurupañcāśikā, T32n1687 事師法五十頌, 마명(馬鳴. Aśvaghoṣa. རྟ་དབྱངས་. rta dbyangs)

■ 『불가사의비밀경(不可思議秘密經)』, གསང་བ་བསམ་གྱིས་མི་ཁྱབ་པ།, དེ་བཞིན་གཤེགས་པ་གསང་བ་བསམ་གྱིས་མི་ཁྱབ་པའི་མདོ།, [東北] འཕགས་པ་དེ་བཞིན་གཤེགས་པའི་གསང་བ་བསམ་གྱིས་མི་ཁྱབ་པ་བསྟན་པ་ཞེས་བྱ་བ་ཐེག་པ་ཆེན་པོའི་མདོ།/ 聖說如來秘密不思議大乘經/ No.47/ 寶積部/ 通帙第 39Ka/ 100a1-203a7, Ārya-tathāgatācintyaguhyanirdeśa-nāma-mahāyānasūtra, T11n0310_003 大寶積經 第 3 卷. T11n0312 佛說如來不思議祕密大乘經

■ 『흑염마적석난론(黑閻魔敵釋難論)』, དགྲ་ནག་གི་དཀའ་འགྲེལ།, [東北] གཤིན་རྗེ་དགྲ་ནག་པོའི་རྒྱུད་ཀྱི་དཀའ་འགྲེལ།/ 黑閻魔敵怛特羅難語釋/ No.1922/ 怛特羅部/ 通帙第 148Bi/ 312b5-337a7, Kṛṣṇayamāritantra pañjikā, Padapāṇi

■ 『정법념처경(正法念處經)』, དྲན་པ་ཉེ་བར་བཞག་པ།, མདོ་སྡེ་དྲན་པ་ཉེར་བཞག, [東北] འཕགས་པ་དམ་པའི་ཆོས་དྲན་པ་ཉེ་བར་གཞག་པ།/ 聖正法念處/ No.287/ 經部/ 通帙第 68Ya-71/ Śa 82a1-229b7, Ārya-saddharmasmṛtyupasthāna, T17n0721 正法念處經 卷 1-卷 18

■ 『열반경(涅槃經)』, མྱ་ངན་ལས་འདས་པ།, [東北] འཕགས་པ་ཡོངས་སུ་མྱ་ངན་ལས་འདས་པ་ཆེན་པོའི་མདོ།/聖大涅槃經/ No.121/ 經部/ 通帙第 54Tha/ 151a4-152b7, Ārya-mahāparinirvāṇasūtra, T12n 0390 佛臨涅槃記法住經

■ 「제자품(諦者品)」, བདེན་པ་པོའི་ལེའུ། , 『성보살행경변현방편경대승경(聖菩薩行境變現方便境大乘經)』 제4품. 求那跋陀羅 譯 佛說菩薩行方便境界神通變化經, 菩提留支 譯 大薩遮尼乾子所說經

■ 『친우서(親友書)』, བདེན་པ་པོའི་ལེའུ། 東北] བཤེས་པའི་སྤྲིང་ཡིག/ 親友書翰/ No.4182/ 書翰部/ 通帙第 275Ṅe/ 40b4-46b3/ བཤེས་པར་སྤྲིང་ཡིག།/ 親友書翰/ No.4496/ 阿底沙小部集/ 通帙第 315Pho/60a3-65b6, Suhṛllekha, T32n1672 龍樹菩薩爲禪陀迦王說法要偈. T32n1673 勸發諸王要偈. T32n1674 龍樹菩薩勸誡王頌, 용수(龍樹. Nāgārjuna)

■ 『현구론(顯句論)』, འགྲེལ་བཤད་ཚིག་གསལ།, 『반야현구론』, པར་ཕྱིན་གྱི་འགྲེལ་བཤད་ཚིག་གསལ་བ།, 다르마 (Dharma mitra, 法友, ཆོས་བཤེས་, chos bshes)

■ 『친우서석(親友書釋)』, བཤེས་སྤྲིངས་འགྲེལ་པ།, [東北] བཤེས་པའི་སྤྲིང་ཡིག་གི་རྒྱ་ཆེར་བཤད་པ་ཚིག་གསལ་བ།/ 親友書翰廣疏語句明/ No.4190/ 書翰部/ 通帙第 275Ṅe/73b6-112a7, Vyaktanadāsuhṛllekhaṭīkā, 마하마띠 (Mahāmati, བློ་གྲོས་ཆེན་པོ་, blo gros chen po)

■ 『팔무가론(八無暇論)』, [東北] མི་ཁོམ་པ་བརྒྱད་ཀྱི་གཏམ།/ 八難譚/ No.4167/ 書翰部/ 通帙第 274Ge/ 175a4-178a7/ 八難譚/ No.4510/ 阿底沙小部集/ 通帙第 315Pho/ 102b2-105b3/, Aṣṭākṣaṇa kathā, 마명(馬鳴, Aśvaghoṣa, རྟ་དབྱངས་, rta dbyangs)

■ 『유가사지론 성문지(聲聞地)』, ཉན་ས།, ཉན་ཐོས་ཀྱི་ས།, རྣལ་འབྱོར་སྤྱོད་པའི་ས་ལས་ཉན་ཐོས་ཀྱི་ས།/ 瑜伽行地中聲聞地/ No.4036/ 唯識部/ 通帙第 230Dsi/ 1b1-195a7, Yoga caryābhūmauśrāvakabhūmi, T30n 1579 瑜伽師地論 卷 21-34, 무착

■ 『제자서(弟子書)』, སློབ་སྤྲིངས།, སློབ་མ་ལ་སྤྲིངས་པ།, [東北] སློབ་མ་ལ་སྤྲིངས་པའི་སྤྲིང་ཡིག/ 致弟子書翰/ No.4183/ 書翰部/ 通帙第 275Ṅe/ 46b3-53a6, Śiṣyalekha, 찬드라고미(Candragomi)

■ 『입태경(入胎經)』, མངལ་དུ་འཇུག་པ།, དགའ་བོ་མངལ་འཇུག་གི་མདོ།, [東北] འཕགས་པ་ཚེ་དང་ལྡན་པ་དགའ་བོ་ལ་མངལ་དུ་འཇུག་པ་བསྟན་པ་ཞེས་བྱ་བ་ཐེག་པ་ཆེན་པོའི་མདོ།/ 聖為長者難陀說入胎大乘經/ No.58/ 寶積部/ 通帙第 41Ga/ 237a1-248a7, Ārya āyuṣmannandagarbhāvakrāntinirdeśa, T11n0310_013 大寶積經 第 13 卷, T11n 0317 佛說胞胎經 Subhāṣitaratnakaraṇḍakakathā

■ 『선설보협론(善說寶匧論)』, ལེགས་པར་བཤད་པ་རིན་པོ་ཆེ་ཟ་མ་ཏོག་ལྟ་བུའི་གཏམ། / སྐྱེས་རབས། Jataka 本生部, Subhāṣita ratnakaraṇḍakakathā, 마명

■ 『사교(四教)』, ལུང་གཞི།, འདུལ་བ་ལུང་གཞི།, [東北] འདུལ་བ་གཞི།/ 律本事(율본사)/ No.1/ 律部/ 通帙第 1Ka-4ṅa/ 1b1-302a5, Vinaya-vastu, T23n1444 根本說一切有部毘奈耶出家事. T23n1445 根本說一切有部毘奈耶安居事. T23n1446 根本說一切有部毘奈耶隨意事. T23n1447 根本說一切有部毘奈耶皮革事. T24n1448 根本說一切有部毘奈耶藥事. T24n1449 根本說一切有部毘奈耶羯恥那衣事. T24n1450 根本說一切有部毘奈耶破僧事

■ 『섭행등론(攝行燈論)』, སྤྱོད་བསྡུས་སྒྲོན་མ།, [東北] 行集燈/ No.4466/ 阿底沙小部集/ 通帙第 315Pho/ 4b4-5b3, Caryāsaṁgrahapradīpa, 아띠샤

■ 『구사론석(俱舍論釋)』, མཛོད་འགྲེལ།, [東北] ཆོས་མངོན་པའི་མཛོད་ཀྱི་བཤད་པ།/ 阿毗達磨藏疏/ No.4090/ 阿毘達磨部/ 通帙第 242Ku-243Khu/ 26b1-95a7, Abhidharmakoṣabhāṣyā, T29n1559 阿毘達磨俱舍釋論, 세친(世親. Vasubandhu)

■ 『섭결택론(攝決擇論)』, གཏན་ལ་དབབ་པ་བསྡུ་བ།, [東北] རྣལ་འབྱོར་སྤྱོད་པའི་ས་རྣམ་པར་གཏན་ལ་དབབ་པ་བསྡུ་བ།/ No. 4038/ 瑜伽行地攝決擇/ 唯識部/ 通帙第 232Shi-233Zi/1b1-127a4, Yogacaryābhūmiviniścaya saṁ graha, T30n1579_051-080 瑜伽師地論 卷 51-80, 무착

■ 『수습속보리심』, ཀུན་རྫོབ་བྱང་ཆུབ་ཀྱི་སེམས་བསྒོམ་པ།, ཀུན་རྫོབ་བྱང་ཆུབ་ཀྱི་སེམས་བསྒོམ་པའི་རིམ་པ།, [東北] ཀུན་རྫོབ་བྱང་ཆུབ་ཀྱི་སེམས་བསྒོམ་པའི་མན་ངག་ཡི་གེར་བྲིས་པ།/ 俗諦菩提心修習優波提舍書/ No.3911/ 中觀部/ 通帙第 212Ki/ 13b5-15a6/ ཀུན་རྫོབ་བྱང་ཆུབ་ཀྱི་སེམས་སྒོམ་པའི་མན་ངག་ཡི་གེར་བྲིས་པ།/ 俗諦菩提心修習優波提舍書 / No.4519/ 阿底沙小部集/ 通帙第 315Pho/ 130b3-132a7, Saṁvṛtibodhicitabhāvanopadeśavarṇasaṁgraha, 마명

■ 『중관심론(中觀心論)』, དབུ་མ་སྙིང་པོའི་ཚིག་ལེའུར་བྱས་པ།/ madhyāmaka hṛīdaya kārikā / 청변

■ 『입중론(入中論)』, དབུ་མ་ལ་འཇུག་པ།, [東北] དབུ་མ་ལ་འཇུག་པ་ཞེས་བྱ་བ།/ 入中觀/ No.3861/中觀部/ 通帙第 204Ḥa/ 201b1-219a7, Madhyamakāvatāra-nāma, 찬드라끼르띠(Candrakīrti. 월칭, 月稱, ཟླ་བ་གྲགས་པ་, zla ba grags pa)

■ 『섭수대승도방편론(攝修大乘道方便論)』, [東北] ཐེག་པ་ཆེན་པོའི་ལམ་གྱི་སྒྲུབ་ཐབས་ཡི་གེར་བསྡུས་པ།/ 大乘道成就法語攝/ No.3954/ 中觀部/ 通帙第 213Khi/ 299a5–302b6/ ཐེག་པ་ཆེན་པོ་ལམ་གྱི་སྒྲུབ་ཐབས་ཡི་གེར་བསྡུས་པ།/ 大乘道成就法語攝/ No.4479/ 阿底沙小部集/ 通帙第 315Pho/24a3–27b4, Mahāyānapathasādhana varṇasaṁgraha, 아띠샤

■ 『정자량품(定資糧品)』, [東北] ཏིང་ངེ་འཛིན་ཚོགས་ཀྱི་ལེའུ།/ 三昧資糧品/ No.2460/ 通帙第 155Zi/ 134b5–135a6, 아띠샤

■ 『중관보만론』, མགོན་པོ་ཀླུ་སྒྲུབ།, དབུ་མ་རིན་ཆེན་ཕྲེང་བ།, [東北] རྒྱལ་པོ་ལ་གཏམ་བྱ་བ་རིན་པོ་ཆེའི་ཕྲེང་བ།/ 王譚寶鬘/ No.4158/ 書翰部/ 通帙第 274Ge/ 1b1–126a4, Rājaparikathāratnamālā, T32n1656 寶行王正論, 용수(龍樹. Nāgārjuna)

■ 『섭행거론(攝行炬論)』, སྤྱོད་པ་བསྡུས་པའི་སྒྲོན་མ།, [東北] 行合集燈/ No.1803/ 怛特羅部/ 通帙第 137 Ṅi/ 57a2–106b7, Caryāmelāpakapradīpa, 성천(聖天. Āryadeva)

찾아보기

ㄱ

ㅈ

ㅊ

역자　박은정(朴濦涏)

대학졸업 후 도미渡美하였다가 달라이라마와의 인연으로 2000년에 인도로 건너갔다. 그 후 13년간 티벳의 전통학제에서 티벳어와 티벳불교를 수학하였다. 달라이라마가 설립한 승가대학(Institute of Buddhist Dialectics)의 분교(College for Higher Tibetan Studies)에 입학하여 티벳어학 및 기초 논리학을 배우고 Institute of Buddhist Dialectics에 진학하여 반야와 중관 과정을 졸업하였다. 2002년에 달라이라마 한국어 공식 통역관으로 발탁되어 2018년까지 활동했다. 귀국 후 동국대학교 경주캠퍼스 ㈠티벳장경연구소에서 전임연구원을 지냈으며, 현재는 동국대학교에서 강의를 하고 나란다불교학술원에서 티벳원전을 번역하는 일에 매진하고 있다.

역경 불사에 후원해 주신 분들

리종린포체(제102대 겔룩파 종정), 삼동린포체

비구니 원로의원 혜운스님, 백관스님, 최된스님

김성철 교수님, 문정섭 선생님, 故박진현 선생님

이사장 동일스님, 이사 묘덕스님 외 이사진

장은비 외 나란다불교학술원 회원

보리도차제광론 1
– 예비수습 –

초판 발행일 _ 2018년 6월 2일
개정판 2쇄 발행일 _ 2024년 3월 10일
발행인 _ 이호동

지은이 _ 쫑카빠
옮긴이 _ 박은정
감수 _ Drepung Loseling Geshe, Thupten Sonam Gurung
디자인 _ 안종국

펴낸곳 _ 도서출판 나란다
출판등록 _ 제 505-2018-000002
출판등록일 _ 2018. 5. 14
주소 _ 경상북도 경주시 금성로 189, 1층
전화 _ 054-624-5353
홈페이지 _ www.nalanda.or.kr
e-mail _ nalandakorea@gmail.com

ISBN 979-11-963653-4-9-93220
이 책의 수익금은 전액 역경사업 기금으로 사용됩니다.
책값은 뒤표지에 있습니다.